EL EVANGELIO SIN DIOS

JULIAN BAGGINI

EL EVANGELIO SIN DIOS

¿Fue Jesús un gran maestro de moral?

Traducción de Pablo Hermida Lazcano

PAIDÓS Contextos

Obra editada en colaboración con Editorial Planeta - España

Título original: *The Godless Gospel: Was Jesus a Great Moral Teacher?*, de Julian Baggini
Originalmente publicado en inglés por Granta Books.
Publicado por acuerdo con Casanovas & Lynch Literary Agency

Maquetación: Realización Planeta

Bajo el sello editorial PAIDÓS M.R.
Avenida Presidente Masarik núm. 111,
Piso 2, Polanco V Sección, Miguel Hidalgo
C.P. 11560, Ciudad de México
www.planetadelibros.com.mx
www.paidos.com.mx

Primera edición impresa en España: septiembre de 2023
ISBN: 978-84-493-4127-4

Primera edición impresa en México: diciembre de 2023
ISBN: 978-607-569-623-2

Impreso en los talleres de Impregráfica Digital, S.A. de C.V.
Av. Coyoacán 100-D, Valle Norte, Benito Juárez
Ciudad De Mexico, C.P. 03103
Impreso en México - *Printed in Mexico*

A todo el equipo de Granta, que lleva dieciséis años apoyándome en mis obras y ayudándome a forjar una relación que va más allá de lo profesional

SUMARIO

Primera parte
La filosofía moral de Jesús de Nazaret

Segunda parte
El Evangelio sin Dios

PRIMERA PARTE

La filosofía moral de Jesús de Nazaret

INTRODUCCIÓN

Jesús fue un gran maestro de moral.

RICHARD DAWKINS

En enormes extensiones de la Tierra encontramos signos de una larga historia cristiana. Se han construido iglesias y capillas en islas remotas, en las profundidades de los bosques y en cordilleras escasamente pobladas, así como en todas las principales ciudades del mundo. Casi un tercio de la población mundial se identifica como cristiana, significativamente más que la cuarta parte que pertenece a la siguiente religión más numerosa, el islamismo.[1] Sin embargo, en la mayoría de las sociedades industriales avanzadas, sus edificios religiosos están medio vacíos o abandonados, o bien se han reconvertido para destinarlos a fines seculares. En muchos países cada vez son menos las personas que aceptan la divinidad de Cristo. En los Estados Unidos cristianos, por ejemplo, una encuesta sugería que una mayoría de mileniales creen que Jesús fue un mortal o no están seguros de su divinidad, en tanto que el 62 por ciento de las personas mayores creen que es Dios.[2] Incluso una minoría considerable del clero interpreta su resurrección y su descripción como «el hijo de Dios» en términos metafóricos. A principios de este siglo, una encuesta al clero de la Iglesia anglicana reveló que un tercio ponía en duda la resurrección física o no creía en ella.[3]

No obstante, se sigue profesando un gran respeto a ese Mesías caído. Hasta el más notorio ateo actual, Richard Dawkins, ha afirmado que «Jesús fue un gran maestro de moral».[4] En muchos países nominalmente cristianos, son pocos los que creen que resucitara a los muertos o diera de comer a cinco mil personas con solo cinco panes y dos peces. En Reino Unido, solo uno de cada diez cree los relatos bíblicos de sus milagros y casi la mitad declara no creer que Jesús hiciera ningún milagro.[5] Sin embargo, muchos creen en el amor al prójimo, en el perdón y en tratar a los demás como desearías ser tratado, principios todos ellos atribuidos a Jesús de Nazaret.

Puede que la fe en Cristo esté en declive, pero la creencia en las enseñanzas morales de Jesús de Nazaret parece más robusta que nunca. Muchos creen que la moralidad cristiana proporciona el pegamento moral que mantiene unida a nuestra sociedad, unos valores compartidos que la secularización amenaza con socavar. No es de extrañar que los líderes cristianos expresen esta idea con la máxima contundencia. El exarzobispo de Westminster, el cardenal Cormac Murphy-O'Connor, ha declarado que «la incapacidad de creer en Dios y de vivir conforme a la fe es el mayor de los males. Vemos que el resultado de ello es la afrenta a la dignidad humana, la destrucción de la confianza entre los pueblos, el dominio del egoísmo y la pérdida de la paz».[6] El papa Benedicto XVI culpaba a la secularización de la pedofilia descubierta en su propia Iglesia. «En última instancia, la razón es la ausencia de Dios», afirmaba.[7]

Incluso algunos no cristianos creen que la sociedad necesita la moralidad de la religión que ellos rechazan. El filósofo ilustrado del siglo XVIII Voltaire era un deísta que creía que el Dios creador no se interesaba por los asuntos humanos, pero le preocupaba que la impiedad debilitara «los vínculos sagrados de la sociedad», concluyendo que «si Dios no existiera, sería necesario inventarlo».[8] Como decía la revista británica de actualidad *The Spectator* en un editorial: «Aunque pocos de nosotros nos definamos como cristianos, seguimos siendo un país impregnado de valores cristianos».[9] La mayoría de las personas han abandonado el culto y los credos cristianos, pero son menos los que parecen estar preparados para renunciar a la moral cristiana. Y ello a pesar de que, hoy en día, la mayoría de la gente tiene solamente una vaga noción de lo que Jesús enseñaba en realidad, un débil recuerdo de su educación infantil.

Ahora bien, ¿tiene sentido rechazar a Jesús como un personaje divino y aferrarse a sus enseñanzas? No si consideramos que los Evangelios son el registro definitivo de las enseñanzas de Cristo. Los aspectos religiosos de la misión de Cristo son centrales, no accesorios. Leyendo con atención los Evangelios, se pone de manifiesto que los elementos *sobrenaturales* constituyen casi la mitad. Si nos centramos exclusivamente en las enseñanzas de Jesús, entonces no sobrevive casi nada de la vida temprana de Jesús antes de asumir su ministerio y la historia termina con su sepultura. Por el camino hay páginas de curaciones y milagros, la resurrección de un muerto, referencias a Dios y numerosos versículos que nos cuentan cómo las acciones de Jesús cumplen las profecías. Apenas queda nada del Evangelio según Juan, descrito con frecuencia como el más *espiritual*. Al margen de lo que pensemos sobre los Evangelios, ciertamente estos no son tratados de filosofía moral secular. Lo divino y lo sobrenatural están por doquier.

Los cristianos nunca han visto a Jesús como un hombre cualquiera. Para casi todos los que llenan los bancos de las iglesias, Jesús continúa siendo, en las palabras del Credo de Nicea, el «Hijo único de Dios» que «por nosotros los hombres y por nuestra salvación bajó del cielo» y «por obra del Espíritu Santo se encarnó de María, la Virgen, y se hizo hombre». Fue crucificado, «padeció y fue sepultado», pero «resucitó al tercer día» y luego «subió al cielo, y está sentado a la derecha del Padre; y de nuevo vendrá con gloria para juzgar a vivos y muertos, y su reino no tendrá fin». Si Jesús fue solo un maestro de moral, es un personaje muy diferente del Cristo dominante de la cristiandad.

El autor de literatura infantil y teólogo C. S. Lewis tachaba de «realmente absurda» la declaración común «Estoy dispuesto a aceptar a Jesús como un gran maestro de moral, pero no acepto su pretensión de ser Dios». A su juicio: «Un hombre que fuese meramente un hombre y dijera el tipo de cosas que decía Jesús no sería un gran maestro de moral..., sería o bien un lunático, al nivel del hombre que afirma ser un huevo escalfado, o bien el Diablo del Infierno». Para Lewis, si relegamos a Jesús de lo divino a lo meramente mortal, socavamos su cordura. «Podemos cerrarle la boca por loco, podemos escupirle y matarlo como un demonio, o podemos caer a sus pies y llamarle Señor y Dios, pero no vengamos con sandeces condescendientes sobre el gran maestro de moral que es. Él no nos ha dejado esta opción. No pretendía hacerlo.»[10]

Lewis está sin duda en lo cierto si consideramos que los Evangelios son una historia precisa. Sin embargo, la mayoría de las personas que no creen que Jesús fuese el Mesías tampoco creen que estuviera loco. Creen la alternativa más plausible: que Jesús fue un maestro humano al que se mitificó tras su muerte. Los autores de los Evangelios añadieron ornamentos sobrenaturales a su versión fabulada de su vida. Ni estaba loco ni era divino, simplemente fue tergiversado.

Si esto es correcto, los Evangelios son poco fiables históricamente e ignoramos lo que Jesús dijo en realidad. No contamos con ninguna otra fuente importante para sus enseñanzas, aparte de las versiones distorsionadas de los Evangelios. Los únicos otros textos históricos que proporcionan evidencias incluso acerca de su existencia son las *Antigüedades judías* del historiador judío Josefo (c. 93-94 d. C.) y los *Anales* del historiador romano Tácito (c. 109 d. C.). Ha habido toda una industria de eruditos que han intentado reconstruir al Jesús histórico, pero ninguno puede asegurar con razón haberlo encontrado. Parecería imposible evaluar su filosofía moral.

Si Jesús fue simplemente un gran maestro de moral, sus enseñanzas se han perdido para la historia y han sido remodeladas por el mito.

No obstante, sigue existiendo una manera de extraer una filosofía moral secular de las enseñanzas religiosas de los Evangelios. Podemos despojar de los elementos religiosos los relatos sobre la vida y las enseñanzas de Jesús, y ver qué ética laica permanece. Esto no supone un intento de reconstruir una versión históricamente auténtica de sus enseñanzas, sino simplemente un ejercicio consistente en ver si cabe hallar importantes intuiciones morales en los Evangelios, tal como son, que vayan dirigidas a una sociedad laica, así como a una cristiana.

Esta es la estrategia que yo he adoptado. He recorrido los cuatro Evangelios y he suprimido todos los elementos sobrenaturales, tales como los milagros, las sanaciones y las pretensiones de haber cumplido profecías. Las únicas categorías de referencias religiosas que he conservado son las relativas al «Reino de los Cielos», que entiendo que conciernen a un ideal o estado interior más que a un reino sobrenatural, quizá —como sostienen algunos teólogos— como se pretendía que se entendiese. Una vez dejado a un lado lo sobrenatural, he creado un Evangelio sin Dios híbrido, combinando diferentes versiones de las mismas historias y enseñanzas con el fin de evitar las repeticiones. Las veinte mil palabras de este Evangelio constituyen un fascinante documento que destila las enseñanzas éticas de Jesús y que se reproduce en su integridad en la segunda parte.

Este no es el primer Evangelio reducido de esta guisa. Tolstói publicó en 1892 *El Evangelio abreviado*, sintetizando los cuatro Evangelios y eliminando los milagros y la resurrección. El Jesús de Tolstói sigue siendo, no obstante, el hijo de Dios y el Mesías. Thomas Jefferson intentó algo similar en 1820, cuando cortó y pegó con cuchilla y pegamento los pasajes de los Evangelios que creía que representaban mejor las enseñanzas éticas de Jesús. *The Life and Morals of Jesus of Nazareth* [La vida y la moral de Jesús de Nazaret], comúnmente conocida como *La Biblia de Jefferson*, se les presentaba a los nuevos miembros del Congreso de Estados Unidos cada año desde 1904 hasta la década de 1950. Al igual que *El Evangelio sin Dios*, *La Biblia de Jefferson* excluye todos los milagros de Jesús, sus pretensiones de divinidad y su resurrección. Dista de ser un evangelio plenamente secularizado, toda vez que conserva las referencias a los demonios y los ángeles, las curaciones de Jesús y las frecuentes menciones a Dios, incluido el mandato de temerlo. Con todo, el proyecto de Jefferson es indicativo de una larga tradición de deseo de salvar la ética del Nuevo Testamento de la religión y otorgar el protagonismo a la humanidad en lugar de a la divinidad de Jesús.

En busca de ayuda en mi intento de extraer una filosofía moral laica de las enseñanzas de Jesús, he mantenido discusiones con varios teólogos y filósofos. Casi todos ellos son cristianos, y he incluido muchas de sus observaciones y comentarios en este libro. Una cosa que me han ayudado a clarificar ha sido que Jesús no nos dejó un conjunto de enseñanzas morales claras, simples e inequívocas ni una teoría moral plenamente desarrollada. «En realidad se marchó muy abruptamente, sin dejar ningún tipo de libro ni conjunto de normas o de instrucciones. Tuvieron que conformarse con eso», dice Lucy Winkett, una colaboradora habitual del programa *Thought for the Day* de la BBC Radio Four, en el que figuras religiosas disponen de cerca de tres minutos para ofrecer elementos de reflexión edificantes a oyentes de todos los credos y de ninguno.

Una de las razones por las que resulta difícil extraer un sistema moral completo y coherente de los Evangelios es que estos no son nada semejante a un tratado moral o filosófico. «Los Evangelios son narraciones», afirma Nick Spencer, un teólogo del laboratorio de ideas cristiano Theos, que combina las firmes convicciones religiosas con el compromiso con la discusión abierta e inteligente. «Con la posible excepción del sermón de la montaña, la mayor parte de lo que entendemos de los preceptos éticos de Jesús proviene de los encuentros particulares. Por lo tanto, lo que dice depende inevitablemente de si está hablando con un sacerdote, un levita, una mujer o un leproso.»

Otro obstáculo para la claridad es que Jesús enseñaba con parábolas, muchas de las cuales son crípticas o ambiguas. Sus enseñanzas tampoco son enteramente coherentes. Jesús no es exactamente el mismo personaje en los cuatro Evangelios. Cada biógrafo tiene una visión diferente de él; la de Juan es notablemente distinta de las versiones más similares retratadas en Mateo, Marcos y Lucas.

Sería fácil percatarse de esas contradicciones y tachar de incoherente la filosofía moral de Jesús. Yo prefiero adoptar el principio de intentar comprender lo que otros dicen de la manera que resulte más razonable: interpretar las diversas enseñanzas de tal forma que mantengan su unidad con la mayor coherencia posible. Las aparentes contradicciones deberían tornarse compatibles sin retorcer la interpretación hasta romperla, un vicio teológico común. Con demasiada frecuencia me encuentro con que los apologistas religiosos utilizan un versículo de las Escrituras idiosincrásico y conveniente para explicar otros delicados más numerosos. En mi opinión, la estrategia correcta es la contraria: allí donde parecen existir contradicciones, hemos de considerar primordial aquello que es más dominante y recurrente.

Un último problema a la hora de extraer una filosofía moral adecuada para nuestro tiempo es que ciertas enseñanzas específicas no se corresponden con lo que la mayoría de nosotros consideraríamos hoy en día una buena ética. Estas podrían utilizarse perezosamente como varas con las que golpear a Jesús. Sin embargo, lo mismo puede decirse de casi cualquier maestro de moral de épocas anteriores, como uno de los pensadores fundacionales de la filosofía occidental, Aristóteles. Somos capaces de separar de su sistema más amplio sus repugnantes concepciones de las mujeres y los esclavos. Si aspiramos a tratar a Jesús como un maestro de moral, le debemos la misma caridad interpretativa.

Estas advertencias preliminares muestran que cualquier teoría moral extraída de los Evangelios ha de ser una interpretación. Nadie puede evitar usar su juicio personal. Por ese motivo ha habido tanto espacio para la discrepancia acerca de lo mandado por Jesús. Yo ofrezco mis propias reflexiones más como formas prometedoras de empezar a pensar en Jesús como un filósofo moral secular que como una interpretación definitiva. Insto al lector a examinar *El Evangelio sin Dios* y ver si encuentra una lectura más convincente.

En *The Quest of the Historical Jesus* [La búsqueda del Jesús histórico], Albert Schweitzer escribió: «cada época sucesiva de la teología encontraba sus propias ideas en Jesús; de hecho, esa era la única manera en la que lograba hacerlo vivir. Pero no solo cada época encontraba su reflejo en Jesús; cada individuo lo creaba de acuerdo con su propio carácter».[11] Consciente de esta tendencia, he intentado no crear la imagen de Jesús que más me agradase, ni tampoco la versión de hombre de paja que me resultara más fácil desacreditar. Al mismo tiempo, creyentes o no, solamente podemos verlo desde nuestra situación actual. He intentado aceptar el reto de entender a Jesús de un modo que tenga sentido para nosotros hoy en día, sin actualizarlo tanto que se pierda su capacidad de cuestionar y derribar los supuestos del mundo moderno.

Las perspectivas de una filosofía moral laica basada en las enseñanzas de Jesús en los Evangelios podrían parecer poco halagüeñas. Me ha sorprendido descubrir que la mayoría de los pensadores a los que he consultado dudaran de que Jesús fuera esencialmente un maestro de moral. El teólogo Keith Ward fue especialmente claro al respecto. «No hay muchas enseñanzas morales claras en los Evangelios —me dijo—. La única que parece clara es "ama a Dios y ama a tu prójimo", que es muy vaga. Si hacemos una lista de los grandes maestros de moral y omitimos la parte en la que el Espíritu Santo transforma nuestra vida, probablemente yo pondría a Confucio por delante de Jesús.» Karen Kilby, una teóloga católica, coincide con Ward al afirmar que «Si nos limitamos a lo que dijo Jesús, no seríamos capaces de construir un sistema moral conforme al cual vivir».

A pesar de sus palabras de advertencia, he descubierto que pueden hallarse ideas morales interesantes y relevantes en la vida y las palabras de Jesús. De hecho, lo que emerge es más rico y más interesante de lo que yo había previsto. Admito que, cuando empecé, esperaba que su filosofía moral simplificada consistiría en poco más que una exhortación a la caridad y al perdón, nada de lo cual resulta particularmente original ni controvertido en el mundo actual. Lo que me encontré en realidad fue un sistema de creencias que va en contra de la imagen amable de Jesús como un defensor de verdades morales sencillas que todos podemos abrazar fácil y efusivamente. Buena parte de sus enseñanzas son incómodas, y bastantes de ellas son cuestionables. Sin embargo, esto es algo que incluso muchos creyentes podrían acoger de buen grado. Rescata a Jesús de la imagen literalmente infantilizadora del bebé dócil y apacible en el pesebre que viene a traer la paz. Lo transforma en un revolucionario iconoclasta, tan amenazador que fue crucificado. La filosofía moral de Jesús es con frecuencia desafiante y radical, tanto para los creyentes como para los paganos.

CAPÍTULO 1

Una revolución del alma

Después del cuento del bebé nacido en un pesebre en Belén, la segunda historia de Navidad más famosa del mundo es, sin duda, *Cuento de Navidad,* de Charles Dickens. Se trata de un relato costumbrista de un cascarrabias avaro y mezquino, Ebenezer Scrooge, que es obligado a enfrentarse a la verdad acerca de su propio pasado, presente y futuro por tres espíritus que lo visitan en Nochebuena. Cuando el último de esos espíritus le muestra su propia tumba abandonada y no querida, a Scrooge le embarga la inquietud de que sea demasiado tarde para cambiar, demasiado tarde para ser redimido: «Espíritu Bondadoso... ¡Asegúrame que todavía estoy a tiempo de cambiar estas sombras que me has mostrado si transformo mi vida!».

Pese a su dulzón sentimentalismo, el mensaje central del libro es una versión fiel pero familiar de una de las principales enseñanzas de los Evangelios. Lo que necesitamos por encima de todo es un *cambio de actitud.* La palabra griega empleada en el Nuevo Testamento es *metanoia*, un compuesto de *meta* ('después' o 'con') y *noeo* ('percibir' o 'pensar'). La mayoría de las veces se traduce como «cambio de mentalidad y de corazón» o «cambio de conciencia». Esto es lo que experimenta Scrooge. Pasa de ser una persona mezquina a una bondadosa y generosa, de ser despiadado a compasivo, de egoísta a abnegado. Sus acciones cambian completamente como resultado de su cambio de actitud.

Leyendo *El Evangelio sin Dios*, me parece evidente que la *metanoia* está en su núcleo. Jesús está llamando nada menos que a una revolución del alma. Es una pena que, en el léxico tradicional del cristianismo, *metanoia* se haya convertido en *arrepentimiento*, que sugiere la primacía de confesar nuestros pecados. Esto oscurece el sentido original de una transformación del yo.

Podríamos concebir el arrepentimiento como una cuestión de *transformación interior*, pero Nick Spencer advierte que eso es potencialmente engañoso. Spencer sostiene que la actual idea de sentido común del yo como esencialmente interior y privado resulta anacrónica si se aplica a las enseñanzas bíblicas. Muchos han argüido que solo se generalizó en Occidente a partir de Descartes, quien, en el siglo XVII, identificó el yo con una esencia consciente y privada: «Pienso, luego existo». Hay buenos motivos para creer que, en numerosas culturas a lo largo de la historia, no se ha dado la misma importancia a los aspectos privados y subjetivos de la experiencia. Lo más habitual ha sido que las personas se considerasen a sí mismas primordialmente como seres que existen en relación con otros, no como unidades atomizadas e independientes. Es importante tener esto presente a la hora de pensar en cómo Jesús buscaba una transformación del yo. Para Jesús y sus coetáneos, ese yo nunca es puramente interior. Se halla esencialmente ligado a lo exterior, en particular a nuestras relaciones sociales.

Teniendo esto en mente, deberíamos entender la *metanoia* no solo como un cambio de nuestro ser interior, sino como una transformación que afecta a nuestra manera de comportarnos y de relacionarnos con los demás. Lo que denominamos *interior* y *exterior* son dos caras de la misma moneda. Si creemos tener buenas intenciones, pero obramos mal, eso demuestra que a nuestro cultivo moral le queda un largo camino por recorrer. Si realizamos las acciones correctas sin las intenciones correctas, solo somos virtuosos en apariencia, no en la realidad. Es como la diferencia entre hacer un regalo por cariño genuino y hacerlo porque sabemos que eso es lo que se espera de nosotros. El acto físico es el mismo, pero su naturaleza y su significado son completamente diferentes. Para Jesús, tenemos que hacer lo correcto porque estemos motivados a hacerlo por las razones adecuadas. Nuestras buenas obras deberían dimanar del estado de nuestro yo, que, como veremos, nunca es perfectamente bueno (ni siquiera Jesús lo es), pero está aspirando a la perfección como una meta inalcanzable.

Cuando Jesús lava los pies de sus discípulos, es como si estuviera representando una parábola acerca de la importancia de lograr la verdadera pureza que se expresa en la acción (Sin Dios 5, 21-30). La clave no está en la limpieza literal. De hecho, el lavatorio purifica a aquel que lava más que al que es lavado, toda vez que le permite practicar la humildad y el servicio. Que esto es un acto simbólico queda patente cuando Simón Pedro, que inicialmente no quería que su maestro lo sirviera, cambia de parecer y le suplica: «Señor, no solo los pies, sino hasta las manos y la cabeza». Jesús le responde: «El que se ha bañado, no necesita lavarse; está del todo limpio. Y vosotros estáis limpios, aunque no todos». La limpieza a la que se está refiriendo es claramente espiritual, y da a entender la traición que Judas va a cometer pronto.

Para muchos cristianos, la idea de la *metanoia* está ligada a la idea de *volver a nacer*. Esto tiene su sentido, dado que el cambio radical de actitud es una profunda transformación que requiere abandonar nuestra vida pasada. Ahora bien, *volver a nacer* ha pasado a referirse a un *acontecimiento* transformador de la vida, en tanto que para Jesús era un *proceso* sin fin. Como explica el filósofo John Cottingham, eso es «lo que los benedictinos llaman conversión de la vida, que es un proyecto que dura toda la vida. No se trata de un estruendo después del cual ya estás salvado».

Cottingham me dio clase en mis años universitarios en Reading a finales de la década de 1980, y hemos mantenido el contacto desde entonces. Cottingham posee una generosidad intelectual que yo siempre he tratado de emular. Recuerdo una clase en la que alguien le hizo una pregunta que me pareció tan estúpida que costaba creer que quien la había formulado hubiera estado prestando algo de atención. Cottingham no la emprendió con aquel estudiante como con una mosca molesta, como podría haber hecho fácilmente. Se detuvo a pensar y luego ofreció una respuesta que hizo que la pregunta pareciera más razonable de lo que era. Como me confirmaría más tarde, acostumbra a preguntarse qué preocupación seria y genuina podría estar tratando de expresar incompetentemente un interrogador. Aquella fue la mejor demostración que yo he visto del principio de caridad en acción. Si hubiera más personas que lo emplearan en sus discusiones acerca de la religión, tendríamos más entendimiento y respeto mutuos, y menos incomprensión y mofa.

La paradoja de la *metanoia* consiste en que esta requiere una aguda atención a nuestro yo, pero el resultado es que nos volvemos más abnegados. Versiones de esta paradoja aparecen en muchas religiones y tradiciones de sabiduría, especialmente en varias tradiciones índicas y budistas. Todas ellas comparten el objetivo de llegar a estar menos apegados a nuestro ego. La única forma de hacer esto es trabajar muy duro sobre nuestro yo con el fin de aflojar ese apego.

El pensamiento cristiano también tiene sus versiones de la pérdida del yo. La palabra que mejor expresa esto es *kénosis*, que significa literalmente 'vaciamiento'. A los cristianos se les pide que sigan el ejemplo de Jesús, quien tuvo que vaciarse de su propia voluntad con el fin de seguir la voluntad de Dios. En su segunda epístola a los filipenses, Pablo dice que Jesús «se despojó de sí mismo [...] se humilló a sí mismo obedeciendo hasta la muerte» (Filipenses 2, 7-8).[1] La *kénosis* es un concepto particularmente importante en el cristianismo ortodoxo, pero la idea básica resuena en otras denominaciones.

Para Lucy Winkett, la *kénosis* es lo que torna distintivo y especial el mensaje cristiano. Muchas tradiciones tienen versiones de la regla de oro (trata a los demás como desearías ser tratado), pero, a su juicio, estas tienden a ser formas de una «ética de la reciprocidad, que es más transaccional que sacrificial. Para Jesús, no hemos de poner el foco de atención tanto en ese "trata a los demás como desearías ser tratado", cuanto en "haz lo que yo he hecho contigo". Ese es el nuevo mandamiento del Jueves Santo [el día de la Última Cena antes de su crucifixión], cuando lava los pies a sus discípulos. Todo ese paradigma del lavatorio de pies es la *kénosis* de la que habla san Pablo, la ética del autovaciamiento, que no es lo mismo que tratar a los demás como te gustaría ser tratado. Eso es lo que me atrapa: una persona libre, con dignidad, decidiendo arrodillarse para lavarle los pies a otra persona».

Aunque la *kénosis* parece ser un concepto teológicamente cargado, no es difícil interpretarlo en términos laicos. La *kénosis* secular requiere vaciarnos a nosotros mismos de nuestros deseos egoístas y hacer lo correcto. Por ejemplo, no supone demasiado esfuerzo reconocer esta clase de *kénosis* en el imperativo del filósofo Immanuel Kant de seguir nuestros deberes morales o en el mandato utilitarista de maximizar el bienestar de todos.

La imagen cristiana del autovaciamiento y el cambio de actitud es extremadamente poderosa y sugiere una suerte de destripamiento espiritual. En cierta ocasión, Jesús emplea esta metáfora con resultados extremos, instruyéndonos a arrancarnos el ojo derecho o a cortarnos una mano o un pie si nos hacen pecar (Sin Dios 2, 28-30). Es evidente que tales comentarios no deberían tomarse al pie de la letra. Lo que nos induce a hacer el mal no son nuestras extremidades ni nuestros órganos. Esta es simplemente una manera gráficamente vívida de explicar cuán profunda ha de ser la *metanoia*. «Más vale que entres manco en la Vida que, con las dos manos, ir a la gehena, al fuego que no se apaga.» Dada la naturaleza figurativa del pasaje, no es difícil no interpretar tampoco literalmente el infierno. En el infierno estamos alienados de lo mejor de nosotros mismos y atrapados en una forma inferior de existencia. Para escapar necesitamos reconocer que vivir una vida buena es más importante que vivir una vida saludable o próspera. Y aunque nos detendríamos en seco ante la automutilación como un medio para evitar el pecado, no estamos tan lejos de hacer justamente eso cuando consideramos la castración química o la medicación para refrenar los impulsos violentos.

Estas metáforas de la automutilación son buenos ejemplos del uso del lenguaje simbólico por parte de Jesús. Su tendencia a la exageración deliberada es algo de lo que muchos teólogos nos advierten que hemos de tener cuidado. Su estilo no era el de la fría sala de seminario. «Debemos entenderlo en el contexto de toda una línea de profetas judíos —dice Cottingham—. A lo largo y ancho de la Biblia hebrea, la verdad es que la gente se pone de vuelta y media.»

El vicario Brian Mountford coincide con Cottingham en que «La tradición profética adopta con frecuencia una posición extrema y exagera sus argumentos. Decirle la verdad al poder de una manera profética puede requerir asimismo acciones que a muchos se les antojen poco razonables». Él lo comparaba con las personas que habían estado protestando contra el cambio climático en Londres en la época de nuestra conversación. «En realidad no pueden justificar la interrupción de todo el tráfico de Londres, pero lo harán porque saben que así conseguirán ser escuchados. Creo que hay algo de eso en las enseñanzas de Jesús.»

No me sorprendió oír a Mountford hablando a favor de los disruptores radicales. Cuando era vicario de la iglesia de la Universidad de Oxford, acostumbraba a invitar a ateos de vez en cuando a dar un sermón, y en cierta ocasión me escogió a mí. Como sugiere el título de su libro *Christian Atheist* [Ateo cristiano], Mountford se sitúa en un extremo muy liberal del espectro cristiano.

Las vívidas y a veces violentas imágenes de parte del lenguaje de Jesús no son meras florituras estilísticas. Son también un indicio de cuán desafiantes y contraculturales son sus enseñanzas. La revolución del alma es una ardua empresa que cuestiona nuestras prioridades ordinarias, incluidas las morales. Tanto la *metanoia* como la *kénosis* nos exigen que nos centremos en desarrollar una pureza de espíritu que está en tensión con el énfasis de Jesús en el amor y la compasión.

Consideremos la historia de las hermanas Marta y María. Cuando Jesús las visita, Marta se encarga de todo el trabajo duro de la anfitriona, mientras María se sienta a hablar con él. Comprensiblemente, Marta se queja, pero Jesús le dice que María tiene claras sus prioridades: «Marta, Marta, te preocupas y te agitas por muchas cosas; y hay necesidad de pocas, o mejor, de una sola. María ha elegido la parte buena, que no le será quitada» (Sin Dios 6, 28-30). Marta está demasiado preocupada por atender bien a Jesús y no lo suficiente por cultivarse a sí misma. María se ocupa de sí misma, y Marta, de sus invitados, pero es a María a quien Jesús elogia, desestimando la aparente amabilidad de Marta como un exceso de ansiedad y preocupación.

Cabría decir que este aspecto de las enseñanzas de Jesús contiene una de las semillas del individualismo que se ha apoderado progresivamente de la cristiandad. El judaísmo se centraba en el grupo, el pueblo elegido. Puede que los ritos y las normas no siempre sirvieran a un elevado propósito moral, pero formaban parte del tejido que mantenía cohesionada la sociedad. Jesús se centró menos en la relación entre Dios y su pueblo y más en la relación entre Dios y cada individuo. Como dice Nick Spencer: «Tu relación con Dios, en última instancia, es independiente de todas las demás relaciones que tengas a tu alrededor».

Jesús tiene poco positivo que decir sobre cualquiera de las cosas que se centran en el grupo más que en la salud moral del individuo. De hecho, decía reiteradamente a las personas que la *metanoia* les exigía que dieran la espalda a la tradición, a sus familias y a sus lealtades tribales, y que se concentraran en lo que hoy denominaríamos *crecimiento personal*, si bien de una clase muy diferente. Para Cottingham, la *metanoia* significa que «para cada uno de nosotros existe una tarea que estamos llamados a llevar a cabo. Esta es, por una parte, una cuestión de purificación, descartando los impulsos dañinos, frustrantes y orientados hacia nosotros mismos, y, por otra parte, consiste en orientarnos hacia un bien objetivo. Al hacerlo, encontramos el alma o el yo que estamos destinados a ser». Si nos apartamos de esta tarea consistente en llegar a ser quienes deberíamos ser, perdemos, en efecto, a quienes verdaderamente somos. Esto es lo que advierte Jesús cuando dice: «Pues ¿de qué le servirá al hombre ganar el mundo entero si arruina su vida? O ¿qué puede dar el hombre a cambio de su alma?» (Sin Dios 4, 15). Como dice Cottingham: «Hay un yo primordial que estás llamado a ser y ninguna cantidad de éxito, de dinero ni de cualquier otra cosa compensará la pérdida de ese yo».

Decir que Jesús contribuyó al nacimiento del individualismo moderno no equivale a decir que Jesús promovió el egocentrismo egoísta. El grado de nuestro progreso en el autodesarrollo se mide en función de cómo influye nuestra manera de obrar y, en particular, nuestra forma de tratar a los demás. No obstante, no es demasiado descabellado sugerir que el énfasis de Jesús en el individuo ayudó a crear las condiciones en las que podría florecer la clase equivocada de egoísmo. Ese no es motivo para rechazar las enseñanzas originales que dieron origen al individualismo moderno. En todo caso, es una razón para regresar con más atención a la fuente y ver con más claridad la diferencia entre el autocultivo egoísta y la alternativa más altruista.

Por supuesto, la gente pregunta qué sentido tiene la *metanoia* si no existe ningún Dios ni ninguna fuente trascendente de valores morales. ¿Por qué habríamos de estar motivados a buscar un cambio de actitud sin Dios? ¿Acaso los seres humanos somos capaces siquiera de obrarlo sin la asistencia divina? Consideraremos todas estas cuestiones a su debido tiempo.

He quedado un tanto sorprendido al descubrir lo fácil que resulta describir las ideas de Jesús acerca de la *metanoia* autotransformadora sin necesidad de esforzarse por desvincularlas de su contexto religioso habitual. Eso no significa que Jesús se viera a sí mismo como un maestro de moral laica. Ni siquiera está claro que un concepto semejante hubiera tenido sentido en su tiempo. No obstante, todos podemos comprender la nobleza del intento de purificarnos de nuestros deseos más bajos, de vaciarnos de pensamientos egoístas y de centrarnos en ser buenas personas. También podemos entender que una vida egoísta no es una vida deseable, toda vez que nos deja atrapados en el mundo de nuestros propios deseos irrealizables. Todo esto puede comprenderse sin recurrir a Dios ni al cielo. Las enseñanzas de Jesús sobre el autocultivo moral pueden desarraigarse del suelo judío en el que crecieron y echar raíces en tierra atea.

CAPÍTULO 2

Una cuestión de carácter

En mayo de 2018, un hombre caminaba por las calles de París para ir a ver un partido de fútbol. Una multitud de personas que miraban a la cuarta planta de un edificio de apartamentos captó su atención. Había un niño pequeño colgado desesperadamente del borde de un balcón, a veces con una sola mano. El hombre no se unió a los observadores. En vez de ello, con una fuerza y una destreza increíbles, escaló el edificio, agarró al niño por debajo del brazo y lo puso a salvo dentro del balcón. El hombre, Mamadou Gassama, era un inmigrante ilegal de Mali. Tal fue la admiración por su heroísmo, que el presidente Macron le concedió la nacionalidad francesa por la vía rápida y consiguió un empleo en el cuerpo de bomberos.

Ninguna de las informaciones mencionaba la religión de Gassama ni si se adhería a alguna teoría ética, pues eso se consideraba irrelevante. Como él mismo diría más tarde, no tuvo tiempo para pensar. No necesitó pensar qué habría hecho Jesús o, más probablemente, Mahoma (Mali es un país mayoritariamente islámico). Tampoco habría calculado cuál de las acciones a su alcance tenía más probabilidades de maximizar la mayor felicidad del mayor número de personas, o qué principio de acción podría ser deseado como una ley universal. Simplemente actuó.

Creo que ese es el motivo por el cual las personas como Gassama nos parecen tan encomiables. Nuestra admiración refleja una verdad importante acerca de la ética. Las personas verdaderamente buenas no se guían por normas o principios. No necesitan preceptos que les impidan asesinar, robar o mentir. Simplemente no hacen tales cosas porque poseen un fuerte carácter moral y hacen lo correcto de forma casi automática.

Esta idea del carácter moral como el núcleo de la ética es la tesis central de lo que se ha dado en llamar *éticas de la virtud*. Se asocia básicamente con la articulación de Aristóteles en la *Ética nicomáquea*, pero también fue defendida en alguna forma por muchos pensadores griegos y romanos antiguos. El foco de atención en la ética de la virtud no se pone en las buenas o malas acciones, sino en el cultivo del carácter moral. Nuestra tarea moral primordial consiste en practicar el comportamiento virtuoso en todas nuestras acciones diarias, con el fin de que hacer lo correcto se convierta en algo natural. Con la práctica continuada, desarrollamos una especie de destreza moral que nos permite ver lo que está bien y lo que está mal. Esa misma destreza implica que en los raros casos en los que matar, robar o mentir sea realmente lo correcto, la persona de buen carácter moral esté dispuesta a hacer una excepción a la regla habitual.

El énfasis de Jesús en la *metanoia* (cambio de corazón y de mentalidad) y la reforma del carácter concuerda con esto. Cuando ataca a los escribas y a los fariseos, ambos expertos legales, suena muy parecido a un ético de la virtud. Los critica por convertir lo que no son más que reglas generales en leyes morales estrictas. Advierte a las personas contra el seguimiento ciego de las normas y las exhorta a centrarse en cambio en la reforma de su propio carácter. Y muestra una disposición a hacer excepciones a ciertas reglas cuando sea preferible hacerlas.

Una de las parábolas más curiosas de Jesús cobra más sentido, asimismo, a la luz de las virtudes éticas. El protagonista epónimo de la parábola del administrador infiel (Sin Dios 7, 40-50) es despedido por su jefe. Incapaz de pensar en otra manera de ganarse la vida después de esa desgracia, trata de granjearse el favor de los deudores reduciendo el valor de sus deudas para que «me reciban en sus casas». Lejos de enfadarse por esa devaluación de su balance, en realidad el señor alaba al administrador. ¿Por qué habría de elogiar Jesús una conducta semejante?

El Evangelio ofrece dos explicaciones. La primera parece cínicamente instrumental: «Haceos amigos con el dinero injusto, para que, cuando llegue a faltar, os reciban en las eternas moradas». La traducción de la Nueva Versión Internacional deja esto un poco más claro, si no totalmente diáfano: «Por eso les digo que se valgan de las riquezas mundanas para ganar amigos, a fin de que cuando estas se acaben haya quienes los reciban a ustedes en las viviendas eternas». No queda claro si esto significa que deberíamos usar el dinero para hacer amigos e influir en las personas con el fin de que, cuando vengan mal dadas, estén ahí para ayudarnos, o si ese empleo del dinero nos ayuda a entrar en el más allá. Parece más probable lo primero, pero ninguna de las dos interpretaciones suena loable ni concuerda con mucho de lo que Jesús dice acerca de la evitación de los bienes terrenales y la reputación mundana.

Más sentido tiene, sin embargo, la segunda razón para elogiar al administrador. Jesús dice: «El que es fiel en lo mínimo, lo es también en lo mucho; y el que es injusto en lo mínimo, también lo es en lo mucho. Si, pues, no fuisteis fieles con el dinero injusto, ¿quién os confiará lo verdadero?» (Sin Dios 7, 47-48). La idea aquí es uno de los principios fundamentales de la ética de la virtud clásica: si haces lo correcto en todos los pequeños asuntos cotidianos, cultivas el hábito de hacer lo correcto en las situaciones más importantes y más excepcionales. De ahí que el administrador sea elogiado porque demuestra actuar de tal manera que refleja un carácter virtuoso: generoso con los deudores y prudente en lo que atañe a sus propios intereses. Esto es loable aun cuando implique en realidad incumplir las normas. Es más fiel a las virtudes necesarias para vivir bien que a su estricto deber.

La idea de que revelamos nuestro yo moral en todas nuestras acciones concuerda con nuestros juicios intuitivos acerca de qué personas son verdaderamente buenas. Cuando vemos que alguien se comporta mal en un aspecto, por pequeño que sea, tendemos a dudar de su carácter. Cuando vemos que una persona importante trata mal a las personas que desempeñan empleos de rango inferior, desconfiamos de su bonhomía con sus iguales. Tendemos a despreciar a los empleados excesivamente legalistas, que insisten en aferrarse a la literalidad de las normas cuando resulta evidente que una excepción sería útil e inocua. También nos tomamos en serio el testimonio de los testigos de carácter, pues creemos que existe al menos una cierta coherencia general en el comportamiento de las personas. Si alguien es ampliamente respetado y se considera digno de confianza, ello es en sí mismo un motivo para respetarlo y confiar en él (si bien no es una razón infalible).

Si aceptamos que el carácter es la clave de la bondad, las enseñanzas morales no consisten en una transferencia de conocimientos, sino en ayudar a las personas en su propio desarrollo moral. Aristóteles, por ejemplo, enfatiza la necesidad de *phrónesis*, que se traduce habitualmente como «sabiduría práctica». Esta es la habilidad para hacer buenos juicios morales —rápidamente si es preciso, cuidadosamente si no lo es— caso por caso.

Si reconocemos la necesidad de atender a los aspectos concretos de cada situación, siempre recelaremos de las leyes universales. Esto significa que si dos personas actúan de manera diferente, no se sigue necesariamente de ello que una se equivoque. Consideremos la queja de Jesús porque «ha venido Juan el Bautista, que no comía pan ni bebía vino» y la gente decía: «Demonio tiene», pero cuando Jesús come y bebe, decían: «Ahí tenéis un comilón y un borracho, amigo de publicanos y pecadores» (Sin Dios 11, 37). En cierto nivel, esto supone un simple ataque a la hipocresía de aquellos que condenan a unos por ayunar demasiado y luego cambian las reglas del juego para criticar a otros por no ayunar lo suficiente. Ahora bien, dado que Jesús fue bautizado por su primo Juan y nunca lo criticó, no es posible que Jesús pensara que debían decidir cuál de los dos estaba ayunando del modo adecuado. Antes bien, está sugiriendo que existe más de una forma de actuar que es compatible con la bondad. Juan no hacía mal al ayunar tanto, ni hacía mal Jesús al ayunar menos. Ambos manifestaban su bondad de maneras diferentes. Sería especulativo especificar cuál es esa diferencia, pero podría ser algo en la línea de que la misión de Jesús le exigía trabajar con las personas más que Juan y, por consiguiente, tenía que adoptar un estilo de vida menos austero.

La capacidad de ser sensible a las diferencias contextuales requiere un agudo juicio moral. Se trata de una destreza y, por tanto, la educación moral ha de verse como una suerte de entrenamiento. Esta concepción del entrenamiento moral ha sido muy común en muchas tradiciones a lo largo de la historia y por todo el planeta. El budismo temprano empleaba el lenguaje de las acciones hábiles e inhábiles, en lugar de buenas y malas, enfatizando la necesidad de aprender el arte de obrar éticamente. El confucianismo destaca la necesidad de cultivar la virtud. El *Xunzi* dice: «Cuando observes la maldad en otros, examínate a ti mismo, temeroso de descubrirla. Si encuentras la bondad en tu persona, apruébate a ti mismo, deseoso de mantenerte firme en ella. Si hallas maldad en tu persona, repróchatelo a ti mismo y considérala una calamidad».[1]

Ahora bien, ¿cómo se enseña el dominio ético? Las parábolas son un instrumento muy efectivo. Tomemos la parábola más famosa de todas, la historia del buen samaritano (Sin Dios 9, 14-24). Jesús le dice a un legista que siga el mandamiento de «Amarás a tu prójimo como a ti mismo».[2] El erudito replica: «¿Y quién es mi prójimo?». Jesús le responde con la historia de un hombre a quien unos ladrones atacaron y dejaron medio muerto. Un sacerdote y un levita (un ayudante de un sacerdote) pasaron junto al hombre sin ayudarlo. Finalmente fue salvado por un samaritano, alguien de una tribu distante. «¿Quién de estos tres te parece que fue prójimo del que cayó en manos de los salteadores?», pregunta Jesús. «El que practicó la misericordia con él», responde el legista, sacando la conclusión por sí mismo. Jesús confirma que está en lo cierto diciendo: «Vete y haz tú lo mismo».

En ningún momento de esa conversación formula claramente Jesús un principio moral, y no porque este sea demasiado obvio. Jesús es deliberadamente opaco. Aunque suele creerse que Jesús enseñaba por medio de parábolas para hacer sus ideas fácilmente comprensibles para todos, el Evangelio pone de manifiesto que la intención era justo la contraria (Sin Dios 7, 10). Jesús les dice a sus discípulos que enseña con parábolas porque las masas «viendo no ven, y oyendo no oyen ni entienden. Porque se ha embotado el corazón de este pueblo, han hecho duros sus oídos, y sus ojos han cerrado; no sea que vean con sus ojos, con sus oídos oigan, con su corazón entiendan y se conviertan». Jesús aclara el significado de las parábolas solo en privado a un grupo selecto: «pero a sus propios discípulos se lo explicaba todo en privado» (Sin Dios 7, 27).

Jesús enseña mediante parábolas porque estas requieren que el oyente o el lector completen el argumento por sí mismos. Si alguien no es capaz de hacer esto, no está preparado para el mensaje que contiene la parábola. Es como el principio de Confucio: «Si expongo a alguien una arista de un asunto y él no puede aprender las otras tres, en tal caso no repito mi lección».[3] Si uno necesita que todo se le explique con detalle, no ha aprendido aún lo suficiente.

La mera formulación de los principios morales no sirve para el desarrollo moral, porque para ser bueno se necesita algo más que el conocimiento de los hechos, y obrar bien requiere algo más que tener la información correcta. La sabiduría moral es más un tipo de *saber-cómo* que de *saber-qué*. Para ser bueno, nunca es suficiente con tener buenas teorías sobre lo que es correcto. Ni siquiera es necesario disponer de una teoría moral. De hecho, una característica de muchas personas moralmente admirables es que, cuando se les pregunta por qué actúan como lo hacen, no pueden ofrecer ninguna respuesta teórica. Al igual que Mamadou Gassama, sienten que no pueden evitar responder con bondad y sencillamente no entienden la insensibilidad y la crueldad. Una buena persona no necesita que le expliquen pormenorizadamente las normas morales. «Aquellos que no roban no necesitan preceptos contra el robo», decía el maestro zen Bankei Yōtaku.[4] La otra cara de la moneda es que no se puede enseñar a una persona a ser buena simplemente dándole preceptos morales, por muy sólidos que estos sean.

Las parábolas no eran el único medio que usaba Jesús para exponer sus enseñanzas morales. Quizá más importante aún sea el hecho de que, a lo largo de su vida, Jesús se presenta como un ejemplo para ser seguido por los demás. Cuando lava los pies a sus discípulos, dice con claridad: «Porque os he dado ejemplo, para que también vosotros hagáis como yo he hecho con vosotros» (Sin Dios 5, 29). Asimismo, les dice explícitamente a sus seguidores que una de las formas más importantes en las que pueden propagar la palabra es dar ejemplo ellos mismos: «Brille así vuestra luz delante de los hombres, para que vean vuestras buenas obras», dice (Sin Dios 2, 19). Esta idea es captada en una de las imágenes más célebres: «Vosotros sois la luz del mundo. No puede ocultarse una ciudad situada en la cima de un monte. Ni tampoco se enciende una lámpara y la ponen debajo del celemín, sino sobre el candelero, para que alumbre a todos los que están en la casa» (Sin Dios 2, 16).

Jesús alcanza acaso su máxima ejemplaridad durante su juicio y ejecución. Soporta mofa y maltrato sin reaccionar, y sin mostrar ningún rencor hacia aquellos que lo agreden y lo matan. Se mantiene digno y sereno, negándose a rebajarse al nivel de sus ejecutores. Este ejemplo es más poderoso aún sin una resurrección. Mantener la virtud sin perspectiva alguna de recompensa resulta más admirable que hacerlo temporalmente sabiendo que serás retribuido en su momento, al igual que recibirán su merecido tus maltratadores.

Brian Mountford coincide en que el poder de la crucifixión queda un tanto menguado por la resurrección: «El corazón espiritual y moral del Evangelio no se expresa tanto el día de la Pascua como en todo cuanto lo precede. Si uno no ha captado el mensaje cuando Jesús es clavado a la cruz, no lo va a captar jamás. Al contar la historia, nuestra cultura contemporánea se ha concentrado en toda la hermosura del día de la Pascua, y lo ha decorado con *kitsch* (huevos y conejitos), cuando el poder de la historia reside en la resiliencia y la integridad de Jesús mientras atraviesa el valle de la sombra de la muerte».

Esta podría ser una visión más auténticamente cristiana de lo que cabría pensar. El primero de los cuatro Evangelios, el de Marcos, no prestó mucha atención a la resurrección. Originalmente terminaba en el capítulo 16 versículo 8, sin ninguna aparición del Cristo resucitado. María Magdalena, María —la madre de Santiago (no de Jesús)— y Salomé acuden a la tumba de Jesús y ven «a un joven sentado en el lado derecho, vestido con una túnica blanca». Este les dijo: «No os asustéis. Buscáis a Jesús de Nazaret, el Crucificado; ha resucitado, no está aquí. Ved el lugar donde le pusieron. Pero id a decir a sus discípulos y a Pedro que irá delante de vosotros a Galilea; allí le veréis, como os dijo». Lo que sigue fue añadido posteriormente.

Por supuesto, este pasaje sigue proclamando que Cristo ha resucitado y que se encontrarán con él, pero deja en el misterio la naturaleza de esa resurrección y los encuentros venideros. La última oración no es de consuelo, sino de temor: «Ellas salieron huyendo del sepulcro, pues un gran temblor y espanto se había apoderado de ellas, y no dijeron nada a nadie porque tenían miedo». Este final más enigmático torna la muerte de Jesús en la cruz más real que esa otra en la que vuelve milagrosamente a la vida.

La experiencia confirma que la ausencia de resurrección es precisamente lo que vuelve tan poderoso el ejemplo del autosacrificio. Los memoriales de guerra resultan especialmente elocuentes para mí. Consideremos la obra *Folk Stones,* de Mark Wallinger, que consiste en 19.240 guijarros fijados en el suelo en una formación cuadrada, cada uno de ellos numerado en representación de los hombres muertos el primer día de la batalla del Somme en 1916. Yo lo he visto varias veces en Folkestone, la localidad en la que me crie. Me resulta profundamente conmovedor porque capta la inmensa pérdida y el desperdicio de vidas. La batalla volvió a cada uno de aquellos soldados tan inerte como las piedras que los representan. Por eso sentimos la necesidad de honrar y recordar su supremo sacrificio y su ejemplo hace que nos sintamos humildes. Semejantes monumentos tornan comprensible la gravedad de las palabras de Jesús: «Nadie tiene mayor amor que el que da su vida por sus amigos» (Sin Dios 2, 44).

Los memoriales y los monumentos no son la única manifestación de la importancia de los grandes ejemplos morales. En 2019, por ejemplo, gentes del mundo entero expresaron su admiración por cómo la primera ministra de Nueva Zelanda, Jacinda Ardern, respondió con compasión y dignidad a la muerte de cincuenta y una personas en la mezquita de Christchurch y sus alrededores. Comprendía la importancia de mostrar mediante su ejemplo cómo una sociedad puede negarse a morder el anzuelo del odio y, en vez de ello, puede unirse para resistirse a aquellos que pretenden dividirla. También apreciamos los ejemplos morales cotidianos. Yo me avergüenzo con frecuencia por lo bondadosas, libres de prejuicios y generosas que son otras personas en la vida diaria comparadas conmigo.

La importancia de los ejemplos morales se refleja en la atención que presta la sociedad a los modelos de conducta. Sentimos intuitivamente que el comportamiento de las personas a las que admiramos influye en el comportamiento de los demás. Pensemos en lo significativo que resultó el hecho de que celebridades de la talla de Angelina Jolie se pronunciaran en contra de los *diamantes de sangre* extraídos por el trabajo esclavo. Cuando incluso alguien asociado con las joyas ostentosas dice no a una piedra preciosa, la gente toma nota. Inversamente, las personas influyentes pueden legitimar las malas conductas. La manera en la que Donald Trump sirvió de modelo de racismo y misoginia durante su campaña presidencial y cuando estaba en el poder es deplorable.

La idea de que una buena persona actúa como un modelo ejemplar para otras se encuentra una y otra vez en las grandes tradiciones morales del mundo. Akeel Bilgrami ha sostenido que Mahatma Gandhi respalda implícitamente el principio de que «Cuando uno escoge para sí mismo, establece un ejemplo para todos».[5] En el *Bhagavad-Gītā* se dice: «Cualquier cosa que haga un gran hombre es imitada por los demás. Cualquier estándar que establezca es seguido por el mundo».[6] El *Bhagavad-Gītā* forma parte de la epopeya india del siglo II a. C. el *Mahābhārata*, que también dice: «Si el rey la estima, la justicia se vuelve apreciada por doquier».[7] Confucio advierte a los gobernantes que, si guían a las personas con virtud, «las personas sentirán vergüenza y rectificarán por sí mismas».[8] El budismo cuenta asimismo con una sólida tradición de ver al *bodhisattva* y al propio Buda como alguien que transmite y difunde la virtud mediante su ejemplo. «La fragancia de la virtud impregna el viento, todo lo penetra la virtud del bien» dice el *Dhammapāda*.[9] Y el Corán describe al profeta Mahoma como «un modelo excelente».[10]

El propio Jesús es retratado como dotado de una presencia segura de sí misma y carismática, que impresiona a todo aquel que entra en contacto con él, incluidos sus enemigos, a quienes asusta su poder. Cuando llama a sus discípulos, estos lo siguen sin vacilar. Su manera de hablar y de comportarse irradia una suerte de autoridad. En el inicio de su misión, se dice que «les enseñaba como quien tiene autoridad, y no como sus escribas» (Sin Dios 3, 32).

En los Evangelios, la autoridad de Jesús no solo dimanaba de su ejemplo, sino también de su realización de numerosos milagros. Sin embargo, en muchos sentidos, ese alarde de un mandato divino choca con el mensaje central que nos transmiten sus enseñanzas. En un pasaje clave reprende a las gentes por querer signos milagrosos, diciéndoles que no los necesitan porque todas las señales que precisan están a su alrededor. Llega al extremo de definirlas como «una generación malvada» porque pide una señal (Sin Dios 10, 45-47). Esa es una de las razones por las que muchos prefieren ver las historias milagrosas como relatos alegóricos de sanación espiritual, más que como registros históricos de curaciones físicas.

Si ser bueno es una especie de habilidad, entonces tiene sentido que podamos desarrollarla emulando a otros. Después de todo, así es como adquirimos la mayor parte de las destrezas. Los músicos imitan a sus maestros, los actores estudian a otros actores, los artesanos suelen pasar una etapa de aprendices. En cada caso, nunca basta con que te *digan* lo que has de hacer; tienes que *ver* cómo se hace y practicarlo por ti mismo. Esta emulación no puede consistir en una simple copia, pues parte de lo que estamos intentando emular es la sensibilidad a las necesidades de cada persona y situación concretas. Como dice el teólogo Richard Burridge, lo que importa no es hacerse pasar por Jesús, sino imitarlo, lo cual resulta inevitable hoy en día, puesto que nos enfrentamos a numerosas situaciones que Jesús de Nazaret nunca tuvo que afrontar.[11]

Por muy diferentes que sean las concepciones que tienen los cristianos del estatus divino de Jesús, todos ellos lo consideran alguna clase de ejemplo que hay que seguir. Vemos esto en la popularidad del acrónimo WWJD (*What would Jesus do?*, es decir, ¿Qué haría Jesús?) que muchos lucen en pulseras, cinturones e incluso tatuajes. No obstante, Jesús es quizá especialmente atractivo para los no religiosos como un ejemplo para los demás. «La idea de que Jesús es alguien digno de ser imitado pertenece a la parte del cristianismo que se centra en el Jesús humano», sostiene Clare Carlisle, una filósofa que no es cristiana, si bien posee una sensibilidad religiosa. «Obviamente, existen la idea de que Jesús trae la salvación y la afirmación de que Jesús es divino. Ahora bien, la visión de Jesús como un modelo de conducta es la vertiente ética del cristianismo.»

La visión de Jesús como un modelo de conducta se reforzó en un diálogo entre el monje benedictino Laurence Freeman y el decimocuarto dalái lama. «Jesús es un modelo de cómo vivir mi vida —decía el padre Freeman—. Yo lo considero un maestro universal, una persona íntegra con autoridad natural que encarna la verdad.» Resulta significativo que, cuando Freeman piensa en Jesús de esta manera, la cuestión de su divinidad deviene irrelevante. «Pienso en Jesús como en un ser humano, una persona histórica posteriormente concebida como el Hijo de Dios —decía—. Me identifico con él como un Jesús natural, un ser humano extraordinario, uno de los pocos que han llegado a ser maestros universales.» Este Jesús humano posee el potencial de convertirse en un maestro de moral para todos. Cuando Freeman hizo estos comentarios, su interlocutor budista fue capaz de responder con entusiasmo: «Maravilloso, maravilloso, en realidad esa es mi propia forma de entender a Jesús».[12]

Un rasgo pasado por alto del ejemplo de Jesús es que ofrece un modelo de la necesidad de trabajar sobre uno mismo. La supuesta divinidad de Cristo tiende a hacernos pensar en su bondad como algo inherente, pero no es así como se representa en los Evangelios. Sin lugar a dudas, tenía una sabiduría precoz, como demuestran sus discusiones con los sabios doctores en el templo cuando contaba doce años: «todos los que le oían estaban estupefactos por su inteligencia y sus respuestas. Jesús progresaba en sabiduría y en estatura» (Sin Dios 1, 9). Y, sin embargo, no comenzó su ministerio hasta cumplir treinta años. Incluso alguien tan moralmente dotado como Jesús necesitó tiempo para que creciese su sabiduría, y esa sabiduría necesitaba nutrirse constantemente. Jesús se aleja con frecuencia para orar, lo cual podría interpretarse en términos laicos como una suerte de meditación. Jesús ejemplifica la idea de que la bondad no es simplemente una cualidad que tenemos o no tenemos, sino que ha de ser cultivada.

Jesús muestra también que este trabajo sobre uno mismo no se completa jamás, que nadie puede afirmar nunca que es verdaderamente bueno. «¿Por qué me llamas bueno?», le pregunta a alguien que se dirige a él como «Maestro bueno». En los Evangelios originales, Jesús dice: «Nadie es bueno sino solo Dios». En *El Evangelio sin Dios*, esto se convierte sencillamente en «Nadie es bueno» (Sin Dios 6, 13). Jesús se hace eco aquí de Sócrates, quien declaraba no saber nada. El hecho de saber eso es lo que hacía de él el hombre más sabio de Atenas, según el oráculo de Delfos. Análogamente, la sugerencia en el Evangelio es que, con el fin de ser todo lo buenos que podamos, hemos de saber que nunca podremos ser buenos del todo. Si ni siquiera el excelente ejemplo moral de Jesús merece el elogio de bueno, nadie lo merece. Para comprender esto, se vuelve más importante aún la necesidad de trabajar en el perfeccionamiento de nuestro carácter, mucho más que memorizar normas y seguirlas.

CAPÍTULO 3

Una revolución de la ley

En mi adolescencia temprana, yo era un cristiano comprometido. Había sido educado en la creencia en Dios y me resultaba extraño que, conforme me hacía mayor, cada vez fueran menos las personas que parecían dedicar siquiera un momento a reflexionar sobre su propósito o destino último. Sin embargo, mi gravedad existencial iba a ser la perdición de mi fe. La historia cristiana se me antojaba cada vez más inverosímil, y su teología, increíble. Mi asunción de que existía un dios iba siendo reemplazada progresivamente por una convicción igualmente sólida de que no existía. Ahora bien, habiendo sido un ateo convencido (aunque no dogmático) durante toda mi vida adulta, a veces me sorprendo al recordar la seriedad de mi religiosa juventud. La memoria de que las cosas que antaño me parecían evidentes ahora me resultan obviamente absurdas supone un buen recordatorio de que hemos de apresurarnos a desestimar a aquellos cuyas ideas se nos antojan ridículas.

Asistí al menos durante algún tiempo a las reuniones de la Unión Cristiana en mi colegio. Lo sé solo porque recuerdo una ocasión en la que un ferviente muchacho evangélico compartió un dilema con el grupo. Estaba indeciso acerca de si debía aceptar un empleo de fin de semana que le exigía trabajar los domingos, el *sabbat* o sábado del cristianismo. No quería el sueldo para comprarse frivolidades. Su madre soltera estaba en apuros y a él le habría gustado contribuir al presupuesto familiar. Sin embargo, en aquel momento, todos parecían pensar que se trataba de una decisión difícil. Dado que yo mismo tenía un trabajo de fin de semana, el debate me hizo cuestionarme mi propia devoción. Hoy me parece evidente que el espíritu de las enseñanzas de Jesús habría aprobado el acto sacrificial de amor de aquel muchacho. Todas aquellas lamentaciones eran un signo de cuántos cristianos han sido incapaces de incorporar las enseñanzas de su fundador acerca de todas las normas religiosas, no solo las que gobiernan el sábado.

Las reiteradas exhortaciones de Jesús a seguir el espíritu, más que la letra, de las leyes antiguas se hallan íntimamente conectadas con sus ideas relativas al autodesarrollo moral. Una persona dotada de un buen carácter moral nunca obedece ciegamente las normas, sino que es sensible a las necesidades de cada situación. Por ejemplo, en cierta ocasión sus hambrientos discípulos arrancan espigas, las desgranan con sus manos y se las comen. Eso sucede en sábado, cuando está prohibido trabajar. Al ser interrogado por los fariseos, Jesús les dice: «El sábado ha sido instituido para el hombre y no el hombre para el sábado» (Sin Dios 10, 17-26). El propósito de las leyes religiosas es ayudar a los seres humanos a ser las mejores personas posibles. Una vez que esas leyes se consolidan, tendemos a olvidar eso y a concebir las leyes en términos puramente mecanicistas, como si lo único importante fuese que las siguiéramos.

Eso es precisamente lo que hacen los fariseos. Tal es el inflexible rigor de su interpretación de la ley que incluso se oponen a la curación de los enfermos en sábado. Jesús los califica de hipócritas, diciendo que ninguno de ellos vacilaría en desatar del pesebre «en sábado a vuestro buey o a vuestro asno para llevarlos a abrevar» o en sacar una oveja de un hoyo. El doble rasero salta a la vista. Ahora bien, está implicado aquí un sentido más profundo de la hipocresía. La defensa de la ley con una rigidez literal genera una contradicción entre el propósito moral de la ley y sus consecuencias efectivas. Si las leyes morales dejan de guiarnos hacia nuestro yo más elevado, ya no cumplen su función apropiada y en realidad socavan su propio propósito. Por ejemplo, cuando predicamos la moralidad de la compasión y prohibimos la práctica de esta mediante nuestras leyes morales, nos volvemos hipócritas.

La forma en que prosigue la historia subraya este mensaje. Se dice que Jesús está enojado con los fariseos y «apenado por la dureza de su corazón». Su principal defecto es la falta de compasión, que permite que las normas triunfen sobre el corazón y la empatía. El hecho de que los fariseos aparezcan conspirando contra Jesús en reacción a las enseñanzas de este no hace sino enfatizar cómo aquellos que siguen con más rigidez la ley están en el lado del mal, no del bien.

Hemos de ser cautos para no exagerar la oposición de Jesús a las normas. La *metanoia* es un cambio de actitud, no de leyes o principios. El ataque de Jesús a la rigidez excesiva sucedió en un contexto histórico muy particular. «La Palestina del siglo I era una sociedad posterior al exilio y a la revuelta macabea», explica Elizabeth Oldfield, directora de Theos. Oldfield ha sido durante años una interlocutora fiable e interesante, comprometida por igual con sus profundas creencias, con el debate racional y con la escucha comprensiva de los otros. «Los judíos estaban intentando con desesperación mantener cohesionada su identidad minoritaria en un contexto pagano muy sincrético y pluralista. Una de las formas en las que trataban de hacerlo, a la que recurren con frecuencia los grupos minoritarios, era redoblar los significantes identitarios: las leyes alimentarias, la prohibición de los matrimonios mixtos, los rituales del lavado de manos. Una lectura posible de los Evangelios es la de un Jesús que anda por ahí poniendo todo esto patas arriba casi pícaramente, cuestionando esas maneras muy comprensibles en las que la identidad se endurece bajo presión.»

Según esta interpretación, Jesús está exagerando hasta cierto punto su rechazo de la letra de la ley como un correctivo necesario para la importancia desproporcionada que las leyes antiguas habían llegado a tener en esa época. No está tanto rechazando la ley como corrigiéndola. Jesús deja patente que sus interpretaciones de las viejas leyes concuerdan plenamente con su verdadero significado y propósito. «No penséis que he venido a abolir la Ley. No he venido a abolir, sino a dar cumplimiento —dice—. [...] El cielo y la tierra pasarán antes que pase una i o una tilde de la Ley sin que todo suceda» (Sin Dios 2, 21).

A muchos, esto les suena insincero. ¿Cómo se puede poner patas arriba una tradición y, al mismo tiempo, asegurar que se está continuando? En realidad, la mayoría de las revoluciones del pensamiento ocurren en el seno de las tradiciones. Shankaracharya, Kapila y otros pensadores clave de las escuelas ortodoxas de la filosofía india, por ejemplo, han sido personas que han declarado estar limitándose a defender la verdad revelada en los antiguos Vedas. Sin embargo, sus interpretaciones han sido tan diversas, y con frecuencia tan originales, que en la práctica provocaron unos cambios enormes.

Análogamente, Jesús transformó las enseñanzas morales del judaísmo, pero no transformó este en otra cosa. A título de analogía, consideremos las clases de innovaciones radicales de los grandes músicos de *jazz*. Figuras como Charlie Parker transformaron por completo el *jazz* cuando desarrollaron el *bebop*. Ahora bien, no convirtieron el *jazz* en otra cosa, en algo diferente del *jazz*, como el *heavy metal* o la música de cámara barroca. En contraste, en los últimos años, el Partido Comunista Chino ha transformado el comunismo en una forma de capitalismo controlado por el Estado que solo ellos creen (o afirman) que sigue siendo comunismo. Jesús veía con claridad que él estaba *transformando la ley*, pero no *transformando la ley en otra cosa*.

Varios pasajes refuerzan esta interpretación. Uno de los más enigmáticos reza: «Así, todo escriba que se ha hecho discípulo del Reino de los Cielos es semejante al dueño de una casa que saca de sus arcas lo nuevo y lo viejo» (Sin Dios 9, 12). La idea aquí es que, para seguir las enseñanzas de Jesús, se requiere lo mejor tanto de lo nuevo como de lo viejo. La vieja ley es un antiguo tesoro que ha de ser apreciado y valorado. La nueva joya es la comprensión de que la mejor manera de respetar la ley es seguir su espíritu y no quedar atrapados en la adhesión dogmática a las prácticas rituales.

Debido en parte al hecho de que Jesús da por sentada la ley, nos afanamos para encontrar un sistema moral claro y completo en sus enseñanzas. «No está diciendo "En esto consiste ser una buena persona"», asegura Karen Kilby. Kilby era la presidenta de la Sociedad para el Estudio de la Teología cuando esta tomó la decisión extraordinariamente ecuménica de invitarme a intervenir en su conferencia anual. La ocasión ofrecía nuevas evidencias de que, con la actitud adecuada, es posible el diálogo respetuoso e inteligente que salve la brecha entre ateos y creyentes.

«Creo que asume que su público ya tiene la ley con la que vivir y que, por tanto, ya tiene un patrón de vida —continúa Kilby—. Dentro de ese patrón hay ciertas cosas que está radicalizando y cuestionando. A mi juicio, es más un perturbador que un presentador.» Resulta ciertamente asombroso cómo en varias ocasiones, cuando alguien le pregunta a Jesús qué debería hacer, él se limita a remitirlo a la ley. «¿Qué está escrito en la Ley? ¿Cómo lees?» (Sin Dios 9, 15) y «¿Tampoco habéis leído en la Ley que [...]?» (Sin Dios 10, 20).

Por consiguiente, lo que está en juego no es si debe seguirse o no la ley; Jesús dice con claridad que ha de seguirse. La cuestión es lo que significa seguir la ley. Para Jesús, se trata de respetar su espíritu, y también de respetar la humanidad de aquellos para los que estaba destinada. Esta aproximación más humana a la ley se ilustra hacia el final de la vida de Jesús, cuando alguno de los discípulos de Juan el Bautista le preguntó a Jesús por qué sus discípulos no ayunaban tan a menudo como los fariseos. Jesús le respondió: «¿Pueden acaso los invitados a la boda ponerse tristes mientras el novio está con ellos? Días vendrán en que les será arrebatado el novio; entonces ayunarán» (Sin Dios 10, 40-41). Ayunar conforme a la ley cuando Jesús tenía tan poco tiempo para estar con ellos supondría no respetar a Jesús como valioso en sí mismo, para ser atesorado mientras todavía seguía con vida. Anteponer las leyes sobre el ayuno implicaría poner el ritual por encima de la humanidad.

Lo extraordinario acerca de la transformación de la ley obrada por Jesús es que, aunque superficialmente podría parecer que la torna menos rigurosa, en realidad la vuelve más exigente. Es suficiente con evitar asesinar a alguien, pero Jesús dice que la propia ira es pecaminosa, aun cuando no sea homicida: «Todo aquel que se encolerice contra su hermano, será reo ante el tribunal» (Sin Dios 2, 24). El adulterio sigue estando prohibido, pero no basta con abstenerse de la fornicación: «Todo el que mira a una mujer deseándola, ya cometió adulterio con ella en su corazón» (Sin Dios 2, 27). No es de extrañar, pues, que Jesús diga: «Vuestra justicia ha de ser mayor que la de los escribas y los fariseos» (Sin Dios 2, 23). El requisito es ser mejores que aquellos que se limitan a seguir las normas, y cultivar en cambio la auténtica pureza y virtud de la intención. Así de profunda ha de ser la *metanoia*.

El contexto de las enseñanzas de Jesús es, por tanto, claramente religioso. Él era un judío que propugnaba la reforma de la ley judía, no alguien que trataba de establecer una alternativa a ella. No obstante, su mensaje acerca de ir más allá de la ley tiene resonancia secular. No es una cuestión de asumir una excesiva culpa religiosa ni de sentirse fatal por tener extraños pensamientos lujuriosos o violentos. Se trata de apreciar la diferencia entre aquellos que no se meten en líos por un interés propio puramente prudencial y aquellos que se sienten motivados a comportarse bien. Solo estos últimos inspiran auténtico respeto y afecto.

El conocimiento, la comprensión y el respeto de Jesús hacia la ley hebrea es especialmente evidente cuando los fariseos y los escribas reprenden a sus discípulos por comer sin lavarse las manos, por motivos religiosos más que higiénicos (Sin Dios 10, 27-33). La sofisticada respuesta de Jesús llama su atención sobre el hecho de que se trata meramente de una tradición, no prescrita en absoluto por la ley moral. A continuación, los critica por defender otros principios sobre la base de tradiciones que, dice, van en contra de la ley moral de honrar a tu madre y a tu padre. «Hipócritas, este pueblo me honra con los labios, pero su corazón está lejos de mí. Dejando el precepto de Dios, os aferráis a la tradición de los hombres, como la purificación de los jarros y las copas, y muchas cosas semejantes a estas. [...] ¡Qué bien violáis el mandamiento de Dios, para conservar vuestra tradición!» Así pues, los maldice por su hipocresía.

Este es un pasaje al que las Iglesias cristianas harían bien en prestar más atención. Gran parte de las prácticas religiosas son meras tradiciones y no están establecidas por la Biblia. De hecho, buena parte de las prácticas cristianas van, en realidad, en contra de los Evangelios. Jesús condenó claramente las riquezas y, sin embargo, hay iglesias por todo el mundo llenas de floridos y costosos ornamentos, muebles, recipientes y objetos. Resulta fácil imaginar a Jesús viendo todo esto hoy y diciendo: «Dejando el precepto de Dios, os aferráis a la tradición de los hombres».

El segundo mensaje clave en su respuesta a los fariseos es que, una vez más, están priorizando la exhibición y el espectáculo exterior sobre la más importante realidad holística. «¡Ay de vosotros, escribas y fariseos hipócritas, que purificáis por fuera la copa y el plato, mientras por dentro están llenos de rapiña e intemperancia!» Jesús va más allá e insiste en que lo importante es lo que sucede en el interior y que, si esto está bien, nada externo puede mancillarlo. «Todo lo que de fuera entra en el hombre no puede contaminarle, pues no entra en su corazón, sino en el vientre.» Nos hacen moralmente impuros las cosas malas que hacemos, las cosas que salen de una mente corrupta. «Lo que sale del hombre, eso es lo que contamina al hombre» (Sin Dios 10, 34).

Para asegurarnos de no preocuparnos en exceso del espectáculo externo de la bondad, es preferible no hacer ninguna innecesaria exhibición externa. En el sermón de la montaña, Jesús enumera tres cosas que deberíamos hacer lo más discretamente posible: dar limosna, orar y ayunar (Sin Dios 3, 1-3). Si ayunas, por ejemplo, no andes por ahí pálido y demacrado, diciéndole a la gente lo duro que es. Intenta parecer normal y no menciones siquiera que estás ayunando.

Las enseñanzas de Jesús son aquí inequívocamente críticas hacia aquellos que dan dinero para fines caritativos para que se grabe su nombre en los edificios o incluso se incluya en los programas o en los respaldos de los asientos. La defensa habitual de esta clase de egolatría es de índole práctica: el reconocimiento de los benefactores hace más probables sus donaciones y la demostración de filantropía ejerce más presión sobre otros para que hagan lo mismo. Esa es la justificación de la iniciativa de Bill Gates y Warren Buffett The Giving Pledge (La promesa de dar), que es «un compromiso por parte de los individuos y las familias más ricos del mundo de dedicar la mayor parte de su riqueza a la retribución». Su meta es «ayudar a transformar las normas sociales de la filantropía [...] y a inspirar a las personas a dar más, a establecer antes sus donaciones y a dar de formas más inteligentes».

Si su objetivo es crear el máximo «valor social» posible a través de la filantropía, esto parece totalmente razonable. Ahora bien, Jesús de Nazaret no era un utilitarista, alguien que cree que deberíamos hacer lo que fuese menester para incrementar el número de vidas salvadas o disminuir la cantidad de sufrimiento en el mundo. Elogia la importancia de esos objetivos, pero antepone el deber de actuar con integridad y buena voluntad. Por lo tanto, incluso si pudiera demostrarse que su exhortación a dar con discreción conllevaría en conjunto una disminución de las donaciones, no tenemos razones para pensar que hubiera cambiado su consejo. Como sostiene John Cottingham: «Los principales imperativos impuestos por Dios en las Escrituras judeocristianas no son utilitaristas, sino morales, en el sentido estricto de los deberes, sintetizados en el deber primordial de amar al prójimo como a sí mismo».[1]

A Jesús no le preocupa principalmente ni seguir leyes estrictas ni hacer lo que sea preciso para producir los mejores resultados. Pone el foco de atención en que lleguemos a ser las mejores versiones de nosotros mismos de las que seamos capaces. En qué medida lo logremos no se demuestra mediante las declaraciones de piedad, sino mediante lo que hagamos. Muchas de las historias de Jesús evidencian el mensaje de que las acciones son más elocuentes que las palabras. En la parábola de los dos hijos (Sin Dios 9, 3-7), un hombre pidió a sus hijos que fuesen a trabajar en su viña. El primero le dijo que no iría, «pero después se arrepintió y fue», mientras que el segundo le dijo que iría «y no fue». Jesús preguntó: «¿Cuál de los dos hizo la voluntad del padre?». La respuesta es, por supuesto, que el primero.

Jesús critica con frecuencia a aquellos cuyas acciones no concuerdan con sus palabras más de lo que elogia a aquellos que viven según sus creencias. Es como si los buenos no necesitaran alabanzas porque ya están prosperando. Son las ovejas perdidas las que necesitan atención, no las salvadas. La historia del buen samaritano, por ejemplo, condena a dos personas, el sacerdote y el levita, y alaba solamente a una (Sin Dios 9, 14-24). Obsérvese que, al final de la historia, Jesús dice: «Vete y haz tú lo mismo». El mandamiento es siempre *hacer*.

Su denuncia más airada de los hipócritas la hallamos en una de sus largas diatribas contra los escribas y los fariseos (Sin Dios 11, 39-53). Está llena de invectivas contra aquellos que predican una cosa y hacen otra, que tienen la apariencia externa de bondad, «que devoráis la hacienda de las viudas so capa de largas oraciones», pero carecen de auténtica bondad. Sus palabras están llenas de imágenes y frases memorables y vívidas. Los llama «guías ciegos, que coláis el mosquito y os tragáis el camello», que «purificáis por fuera la copa y el plato, mientras por dentro están llenos de rapiña e intemperancia». Los compara con «sepulcros blanqueados, que por fuera parecen bonitos, pero por dentro están llenos de huesos de muertos y de toda inmundicia».

Las acciones no importan porque lo que hacemos sea más importante que quienes somos, sino porque lo que hacemos revela y expresa quienes somos; un eco de la ética de la virtud, que dice que si llegamos a ser buenos, haremos el bien, y ser buenos concierne a nuestra forma de ser. Jesús dice que si de veras lo escuchamos y seguimos sus enseñanzas, seremos como «el hombre prudente que edificó su casa sobre roca: cayó la lluvia, vinieron los torrentes, soplaron los vientos, y embistieron contra aquella casa; pero ella no cayó, porque estaba cimentada sobre roca» (Sin Dios 3, 30). Nuestra integridad será inquebrantable y obraremos en consecuencia. En caso contrario, seremos como «el hombre insensato que edificó su casa sobre arena: cayó la lluvia, vinieron los torrentes, soplaron los vientos, irrumpieron contra aquella casa y cayó, y fue grande su ruina» (Sin Dios 3, 31). Una idea similar se expresa cuando Jesús extrae la moraleja de la segunda parábola de la higuera: «El hombre bueno, del buen tesoro saca cosas buenas, y el hombre malo, del tesoro malo saca cosas malas» (Sin Dios 9, 31).

Las críticas reiteradas de Jesús a aquellos que siguen los ritos, pero carecen de compasión y auténtica bondad, forman parte de la priorización del vínculo entre el corazón puro y la acción pura. Los ritos religiosos rompen esa conexión, introduciendo requisitos formales que acaban tornándose más importantes que la motivación para hacer el bien o las auténticas buenas obras. Esto explica en parte que Jesús prohíba prestar juramento (otra clara enseñanza que la mayoría de los cristianos han ignorado), diciendo que «no juréis en modo alguno: ni por el Cielo ni por la Tierra, ni por Jerusalén. Ni tampoco jures por tu cabeza». En vez de eso, «Sea vuestro lenguaje: "sí, sí"; "no, no": que lo que pasa de aquí viene del mal» (Sin Dios 2, 33-34). El mensaje aquí es que, para la buena persona, es suficiente con su palabra; para la mala, la adición de un juramento no contribuye a que se mantenga fiel a su palabra.

La esencia de estas enseñanzas puede captarse en la consigna «obras, no palabras». Lo que demuestra nuestra bondad no es lo que decimos, sino lo que hacemos. Jesús expresa esto más memorablemente en una imagen empleada en más de una ocasión: «Por sus frutos los conoceréis» (Sin Dios 3, 25). La segunda parábola de la higuera extiende la metáfora (Sin Dios 9, 27-30). Un hombre tiene una higuera plantada, pero al cabo de tres años todavía no ha dado fruto. Le manda al viñador que la corte, «porque por el fruto se conoce el árbol». Entonces, el viñador le pide que le conceda otro año, «y mientras tanto cavaré a su alrededor y echaré abono, por si da fruto en adelante; y si no da, la cortas». La idea aquí es que alguna clase de juicio caerá sobre nosotros si no demostramos nuestra valía con nuestras acciones.

«Obras, no palabras» tiene como corolario «obras, no credos». Este mensaje se pierde con frecuencia en los seguidores posteriores que enfatizan la ortodoxia doctrinal por encima de la práctica moral. Estos harían bien en recordar un lema (falsamente) atribuido a san Francisco de Asís: «Predica el Evangelio en todo momento y, si es necesario, utiliza las palabras». Para llegar a ser más relevante para la gente en la actualidad, la Iglesia haría bien en predicar menos y centrarse más en ofrecer un ejemplo de una vida superior y más abnegada.

El mensaje de «obras, no palabras» tiene sus complicaciones. Una de ellas es que las palabras figuran entre nuestros frutos. De ahí que Jesús diga también que «de toda palabra ociosa que hablen los hombres darán cuenta. Porque por tus palabras serás declarado justo y por tus palabras serás condenado» (Sin Dios 9, 32). Las palabras no son irrelevantes. El lenguaje puede estar cargado de odio, puede ser provocativo, rencoroso y malicioso. Ciertas formas de discurso son obras, además de palabras, ya que hay cosas que hacemos con las palabras: avergonzamos, calumniamos, silenciamos, humillamos.

Otra complicación es la desconcertante historia de la higuera con la que Jesús se topa en su regreso de Betania cuando siente hambre (Sin Dios 9, 25-26). Cuando examina el árbol, descubre que no tiene frutos, lo cual no era de extrañar, pues se nos dice que «no era tiempo de higos». No obstante, Jesús maldice el árbol exclamando: «¡Que nunca jamás coma nadie fruto de ti!». Este siempre ha sido un pasaje difícil de interpretar. Parecería sugerir que, si bien hemos de ser juzgados por nuestros frutos, ese juicio podría ser manifiestamente injusto. Podría ser una manera hiperbólica de mostrarnos que el tiempo no corre a nuestro favor y la promesa de los frutos venideros no es suficiente. Quizá, sin embargo, sea simplemente una rara vislumbre de la fragilidad humana de Jesús. No puedo decir con frecuencia que Jesús me recuerde a mí mismo, pero un arrebato de petulante impaciencia cuando está hambriento se me antoja una reacción muy humana.

Aunque las enseñanzas morales de Jesús están firmemente enraizadas en el seno de la tradición judía, resulta asombroso una vez más lo bien que pueden traducirse a la tradición puramente secular. Su aproximación a las normas y a los principios contribuye a iluminar y posiblemente a mejorar una de las más célebres teorías morales laicas: el sistema deontológico del prusiano del siglo XVIII Immanuel Kant. La ética de Kant se centra en el deber, que es el significado de la raíz griega *déon*. Si bien la ética cristiana se categoriza con frecuencia como deontológica, la ética kantiana se asocia a menudo precisamente a la clase de rigidez de las normas que Jesús criticaba, en gran parte debido a la alegación formulada por uno de los coetáneos de Kant, Benjamin Constant, quien creía que «ante asesinos que os preguntasen si vuestro amigo a quien persiguen se ha refugiado en vuestra casa, la mentira sería un delito». En su respuesta, Kant mantenía que: «El ser veraz (sincero) en todas las declaraciones es, pues, un sagrado mandamiento de la razón, incondicionalmente exigido y no limitado por conveniencia alguna».[2]

Los estudiosos rebaten que la respuesta de Kant confirmara efectivamente la acusación de Constant. En cualquier caso, sería un error interpretar el enfoque deontológico de Kant puramente como una defensa de las leyes universales sin excepciones. Una de sus ideas clave no tiene nada que ver con las normas rígidas y es consistente con las enseñanzas de Jesús. «Ni en el mundo ni, en general, tampoco fuera del mundo, es posible pensar nada que pueda considerarse como bueno sin restricción, a no ser tan solo una buena voluntad», escribió. Incluso si una persona fuera incapaz de alcanzar algo bueno, si tuviera sinceramente la intención de hacer lo correcto, «sería esa buena voluntad como una joya brillante por sí misma».[3] Su idea recuerda la historia que nos cuenta Jesús sobre la viuda que dio dos moneditas de muy poco valor al arca del tesoro de la sinagoga, una cantidad ínfima comparada con los donativos de los ricos (Sin Dios 6, 8-9). Es alabada por dar más que aquellos que tienen más, pues «ha echado de lo que necesitaba, todo cuanto tenía para vivir». Su buena voluntad sincera vale más que el propio dinero.

Para Kant, «una voluntad incondicionalmente buena» siempre seguiría la ley suprema: «obra solo según una máxima tal que puedas querer al mismo tiempo que se torne ley universal».[4] En otras palabras, haz lo que quisieras que hicieran los demás. Esto suena muy parecido a la regla de oro de Jesús: «Y lo que queráis que os hagan los hombres, hacédselo vosotros igualmente» (Sin Dios 2, 38). Aunque Kant pensaba que eso implicaba seguir leyes universales, Jesús rechazaba explícitamente seguir las leyes al pie de la letra en lugar de guiarse por su espíritu. Ahora bien, si nos tomamos en serio la afirmación de Jesús de que él no venía a destruir, sino a completar la ley, esta diferencia deviene menos significativa. De hecho, cabría argüir que es precisamente la atención al «espíritu de la ley» lo que Kant necesita para salvar su sistema del absurdo. Una persona que tenga la preciada buena voluntad de Kant nunca seguirá ciegamente una ley, como los fariseos, sino que prestará atención al propósito y a la motivación que subyacen a la ley.

Un segundo aspecto de la ética deontológica de Kant recuerda las enseñanzas de Jesús. Una persona, decía Kant, «no es una cosa, y, por tanto, no puede ser usada meramente como un medio, sino que, en todas sus acciones, ha de ser considerada como un fin en sí mismo».[5] Utilizar a otro ser humano como un mero instrumento siempre está mal. Debemos respetar en todo momento la humanidad de los otros.

Jesús nunca propugna explícitamente un principio como este, pero la forma en la que prioriza el espíritu de la ley sobre la letra encaja con esta manera de pensar. Jesús antepone el bienestar humano al cumplimiento de las normas. Cuando los fariseos ponen la letra de la ley por encima de las necesidades de los seres humanos, son culpables precisamente del delito descrito por Kant: están tratando a los humanos como medios para cumplir la ley, sin respetar su valor como fines en sí mismos.

Jesús es sumamente claro al respecto cuando ataca a los expertos en la ley religiosa que la Biblia del rey Jacobo llama erróneamente *lawyers* (abogados). A esos legistas les reprocha que «imponéis a los hombres cargas intolerables». Cuando instruyen en la ley no están interesados en conseguir que la gente entienda cuál es su propósito moral, sino que buscan meramente la obediencia. Por eso les dice que «os habéis llevado la llave de la ciencia» y que esas mismas cargas «vosotros no las tocáis ni con uno de vuestros dedos». Para ellos, el cumplimiento de la ley no requiere sacrificio, pues su trabajo y su estatus lo hacen fácil. Y puesto que no les interesa el sentido interno de la ley, les basta con cumplir con las formalidades sin preocuparse de las demandas más profundas de la ley de servir y respetar a los demás. Las críticas de Jesús a esos legistas no podrían ser más feroces: «¡Serpientes, raza de víboras! ¿Cómo vais a escapar a la condenación?» (Sin Dios 11, 54-56).

La ira de Jesús estaba plenamente justificada. Pensemos en cómo se ha utilizado la ortodoxia doctrinal como una razón para torturar e incluso matar a la gente a lo largo de los años. Resulta asombroso que la Iglesia cristiana haya sido culpable tan a menudo justamente de esa clase de dogmatismo que antepone las normas, que Jesús detestaba con tanta nitidez.

Las simples consignas «obras, no palabras» y «seguid el espíritu de la ley más que su letra» no aciertan a captar los matices y la radicalidad de su revolución de la ley. En la raíz de las enseñanzas morales de Jesús se halla la necesidad de cultivar una buena voluntad. Un pensamiento semejante genera principios semejantes a leyes, ya que requiere un cierto grado de coherencia en nuestro comportamiento para que no exijamos a los demás el cumplimiento de normas que nosotros mismos no obedezcamos. Tales normas nunca deberían ser absolutas, porque la compasión y la sensibilidad a las necesidades humanas requieren más sensibilidad de la que las leyes rígidas pueden brindar. Esta concepción aparentemente flexible de la ley moral es en realidad más exigente que un enfoque más rígido, toda vez que requiere algo más que limitarse a marcar las casillas de las acciones *correctas*. Antes bien, demanda un esfuerzo continuo para obrar guiados por la buena voluntad, de buena fe y con buen corazón. La verdadera moral cristiana no es una larga lista de lo que se debe y no se debe hacer. Es un desafío consistente en responder con amor a las necesidades específicas de cada situación concreta.

CAPÍTULO 4

La renuncia al mundo

Una vez elegido cabeza de la Iglesia católica romana en 2013, Jorge Mario Bergoglio llegó a ser conocido enseguida por su solidaridad con los pobres. Decidió no vivir en los apartamentos papales del Palacio Apostólico, sino en la residencia del Vaticano, donde conviven en comunidad los clérigos visitantes. Declaró un año jubilar, a partir de diciembre de 2015, dedicado al tema de la misericordia de Dios, que considera el mensaje más poderoso de Jesús, y que formaba parte de un intento más amplio de alentar a la Iglesia a centrarse más en los asuntos de la justicia social y la pobreza.

El predecesor del papa Francisco, Joseph Ratzinger, escogió *Benedicto* como su nombre papal. San Benedicto (san Benito) fundó la orden monástica benedictina, que estaba comprometida con la vida sencilla. Los hermanos tenían prohibidas las posesiones privadas y compartían todas las tareas diarias de cocinar, limpiar, cultivar alimentos y cuidar de los animales. Solo cuando el papa Benedicto se retiró, sin embargo, soplaron de nuevo vientos verdaderamente benedictinos por los pasillos del Vaticano.

Para quien conociera únicamente los Evangelios y nada de la historia de la Iglesia, la idea de que la cabeza de la Iglesia no fuera ascética podría antojarse extraña. Es evidente que Jesús renunció profundamente a los bienes y a los poderes terrenales. La naturaleza de su camino estaba clara desde el inicio de su misión, cuando se nos dice: «Se volvió del Jordán y se dirigió al desierto. No comió nada en aquellos días y, al cabo de ellos, sintió hambre. Acabada toda tentación, Jesús volvió a Galilea» (Sin Dios 1, 11-12).

Este breve pasaje presenta a Jesús como un arquetipo que, en aquella época, todo el mundo habría reconocido: el renunciante ascético que se aparta de las comodidades materiales del mundo en busca de un bien y un propósito superiores. En todo el antiguo Mediterráneo, los sabios y los filósofos coincidían casi universalmente en que la vida buena requería no otorgar ningún valor a las posesiones ni a las preocupaciones mundanas. Diferían tan solo en los extremos de su austeridad. El estoico romano Séneca, por ejemplo, enseñaba que no deberíamos estar apegados a las posesiones mundanas, aunque él mismo era muy rico. No le parecía que esto fuera una hipocresía porque pensaba que siempre y cuando nos relacionemos con nuestras posesiones con indiferencia, poco importa que las tengamos o no.

Al antiguo cínico griego Diógenes no le habría impresionado la flexibilidad de Séneca. «Es el privilegio de los dioses no querer nada, y el de los hombres divinos querer poco», escribió. Su tocayo Diógenes Laercio cuenta una historia maravillosa de cómo Platón encontró a Diógenes lavando unas lechugas y le dijo: «Si sirvieras a Dioniso [el dios del vino y la diversión], no estarías lavando lechugas». Su respuesta fue: «Y si tú lavaras lechugas, no tendrías que servir a Dioniso».[1] En otras palabras, si practicas la vida sencilla, no sentirás la necesidad de perseguir los efímeros placeres físicos.

Varios pasajes del Evangelio nos dicen que Jesús no era tan ascético como Juan el Bautista. No obstante, aun cuando fuera indulgente según los estándares de Juan, era sin lugar a dudas un renunciante según los estándares actuales, algo que a los seguidores modernos de sus enseñanzas morales les resulta muy conveniente pasar por alto. La naturaleza de su ascetismo parece cercana a los preceptos establecidos en *La regla de san Benito*, que era estricta sin ser excesivamente austera. Los monjes hacían solo dos comidas diarias, excepto cuando ayunaban, y se les permitía elegir dos platos en cada comida. También podían beber media pinta de vino al día, pero sin emborracharse, lo cual habría sido difícil en cualquier caso, teniendo en cuenta lo flojo que era el vino por aquel entonces. San Benito escribió que no esperaba «establecer nada duro ni penoso», pero advertía que «cuando sea conveniente, para enmendar los vicios y conservar la caridad, se presenta algo un poco más severo que de ordinario», y exhortaba al futuro monje en estos términos: «no abandones enseguida, asustado, el camino de la salvación, que necesariamente ha de iniciarse con un comienzo estrecho».[2]

Los votos monásticos de pobreza armonizan con la enseñanza inequívoca de Jesús de que la riqueza es incompatible con la bondad. «Pero ¡ay de vosotros, los ricos!, porque habéis recibido vuestro consuelo —dice—. ¡Ay de vosotros, los que ahora estáis hartos!, porque tendréis hambre» (Sin Dios 2, 12). Jesús aplica este principio al joven rico que le pregunta cómo puede «tener en herencia vida eterna» (Sin Dios 6, 12-18). Jesús le indica primero que ha de obedecer los mandamientos, uno de los numerosos recordatorios de que no ha abandonado su tradición. Cuando el hombre confirma que eso es lo que hace desde su juventud, Jesús le dice: «Si quieres ser perfecto, anda, vende lo que tienes y dáselo a los pobres; luego ven, y sígueme». El joven «se marchó entristecido, porque tenía muchos bienes». Jesús se apresuró a ponerlo de ejemplo: «¡Qué difícil es que los que tienen riquezas entren en el Reino de los Cielos!».

La moraleja de la historia es inequívoca: «Es más fácil que un camello pase por el ojo de la aguja, que el que un rico entre en el Reino de los Cielos» (Sin Dios 6, 19). El hecho de que no estuviera señalando con el dedo solamente a los *muy* ricos queda patente por la reacción de los apóstoles. Estos se asombraron y le preguntaron: «¿Y quién se podrá salvar?». La respuesta de Jesús, «Todo es posible», permite albergar esperanzas, pero ciertamente no implica que la entrada en el reino de los cielos sea para todos (Sin Dios 6, 20-21). Si nos tomáramos en serio las enseñanzas morales de Jesús, nunca podríamos sentirnos moralmente cómodos con el bienestar material.

A mí se me antoja extraordinario cuántos cristianos tratan de diluir este mensaje. Una maniobra particularmente desesperada consiste en objetar las traducciones de los textos que parecen meridianamente claras. Por ejemplo, una hipótesis es que la palabra *kamêlos* (camello) era un error de transcripción de *kamilos* (soga). Incluso si esto es cierto, el mensaje central sigue siendo clara e innegablemente el mismo, pues pasar una soga por el ojo de una aguja es casi imposible. Una de mis favoritas es que el «ojo de la aguja» era en realidad el nombre de una estrecha puerta de entrada a Jerusalén, por la que los camellos solo podían pasar descargados. Esto anima a creer que no es prácticamente imposible que los ricos entren en el cielo, sino meramente difícil. Ahora bien, si a lo que Jesús se refería era a la puerta, el mensaje deviene más claro todavía. La imagen es aquí la del camello que necesita estar completamente descargado para poder pasar, lo cual encaja con la instrucción de Jesús a aquel hombre de que lo entregara todo.

No cabe dudar con seriedad de que Jesús veía la riqueza como un problema. Pero ¿por qué? No es simplemente porque «aun en la abundancia, la vida de uno no está asegurada por sus bienes» (Sin Dios 6, 23). Casi todo el mundo está de acuerdo en que el tamaño de nuestra cuenta bancaria no es la medida del valor de nuestra vida, y en que son muchas las cosas que el dinero no puede comprar. Jesús llega más allá, insistiendo en que el dinero y las posesiones mundanas son incompatibles con vivir una vida buena. Esto necesita explicación.

El camello cargado es un útil punto de partida. Es una imagen que nos ayuda a descifrar la afirmación de Jesús, por lo demás enigmática, de que «mi yugo es suave, y mi carga, ligera» (Sin Dios 8, 13). Dada la frecuencia con la que Jesús declara que la senda de la bondad es extremadamente difícil, este enunciado parecería una absoluta incongruencia. Sin embargo, si lo entendemos a la luz del camello, se torna más comprensible. Su camino nos exige descargarnos de nuestras preocupaciones materiales y mundanas, como el camello que se prepara para atravesar la puerta de entrada. La liviandad y la liberación nos aguardan si somos capaces de hacer esto, pero, como ponen de manifiesto las enseñanzas de Jesús, esa renuncia nos resulta muy difícil.

Esto me recuerda un comentario del filósofo Bertrand Russell en una carta a *lady* Ottoline Morrell acerca del filósofo Ludwig Wittgenstein, que provenía de una familia muy adinerada. «Les entregó todo su dinero a sus hermanos y a sus hermanas —decía Russell—, porque las posesiones terrenales se le antojaban una carga.»[3] Según Russell, Wittgenstein había pensado incluso en hacerse monje, si bien Russell descartaba escépticamente aquello como «una idea, no una intención». No obstante, Wittgenstein siguió su vocación filosófica con mucha seriedad moral y las distracciones dinerarias le resultaban demasiado difíciles de soportar. Habría comprendido la idea de Jesús de que la renuncia a la riqueza es una especie de alivio, pero también habría apreciado la enorme dificultad de hacerlo. En realidad, Wittgenstein nunca «entregó» todo su dinero. Su familia tenía su parte y, sin lugar a dudas, esta sería suya en cuanto la solicitara.

La idea de que renunciar a nuestro apego a la riqueza supone una liberación tiene mucho sentido en términos laicos, y es una interpretación más creíble que la explicación más obviamente religiosa de por qué Jesús denunciaba las posesiones mundanas: si somos esencialmente espíritu y estamos destinados a una vida en el cielo, entonces deshacernos de nuestro apego a las cosas materiales podría ser una preparación esencial. Para los secularistas que no creen en un más allá, poner los ojos en un cielo distante no es un error cualquiera, sino uno muy peligroso. Incluso aquellos que creen en una vida venidera estarían de acuerdo con que una atención excesiva a los cielos puede fomentar la falta de preocupación por quienes moran en la tierra. El ejemplo más llamativo con el que yo me he encontrado es el de una mujer a quien le permitían cuidar de los hijos de sus familiares, aunque estos sabían que era drogadicta. Solo cuando descubrieron que era atea le impidieron hacer de canguro. A la mayoría de nosotros nos resultaría absurda la idea de que una atea represente un riesgo mayor para un bebé que una drogadicta. Ahora bien, ni que decir tiene que si estamos convencidos de que solo los creyentes van al cielo, entonces el riesgo comparativo varía decisivamente. Lo peor que una drogadicta puede hacer es matar al bebé; lo peor que una atea puede hacer es enviarlo al infierno.

Aunque se trate de un ejemplo extremo, la misma inquietante priorización de lo eterno es evidente en muchos creyentes religiosos. Una de las acusaciones más serias contra la madre Teresa, la misionera católica romana, por ejemplo, es precisamente que su preocupación por los pobres de Calcuta concernía más a su salvación espiritual que a su bienestar terrenal. Cuando Robin Fox, editor de la revista médica británica *The Lancet*, visitó sus hogares de Calcuta en 1991, descubrió que las hermanas tenían escasos conocimientos médicos y no recurrían lo suficiente a los analgésicos, y que la orden era incapaz de distinguir entre pacientes curables e incurables.[4] Una revisión de casi toda la literatura sobre la madre Teresa por un grupo de profesores de la Universidad de Montreal en 2013 concluía: «A ojos de la madre Teresa, la pobreza, el sufrimiento y la muerte son unas oportunidades estupendas para unirse con Dios y compartir la pasión de Cristo [...]. Para Teresa, el cuidado óptimo que puede ofrecerse es la oración [...]. Más aún, cuando suena la campana que anuncia la oración, las hermanas, según el testimonio de una de ellas, han de dejar inmediatamente de cuidar a los enfermos y acudir a la capilla».[5]

Quienes piensen que es malo preocuparse por la vida futura tienen a Jesús de su lado. Incluso en los Evangelios, no está nada claro que fuese la promesa del más allá la que apuntalase la no mundanidad de Jesús. Jesús jamás ofrece una promesa clara de un futuro cielo sobrenatural. El reino de los cielos nunca es explícitamente extraterrestre y se halla con frecuencia explícitamente aquí y ahora, en armonía con la relativa falta de preocupación del judaísmo por un más allá.

Incluso si creemos en el cielo, de ello no se sigue automáticamente que este sea un lugar en el que las cosas mundanas carezcan de valor. Para que nuestra vida futura fuese reconociblemente humana, tendría que haber una clase de encarnación, una sensación del paso del tiempo y una experiencia sensorial. En otras palabras, el cielo, tal como muchos lo imaginan, es una vida de abundancia en la que la enfermedad, la pobreza y la miseria han sido erradicadas, pero abundan las cosas buenas de la vida, que son más fiables y no tienen desventajas. El rechazo completo de los bienes mundanos significaría el rechazo de nuestra naturaleza humana. Un más allá en el que nos transformemos en espíritus puros (signifique lo que signifique eso) no es en realidad una continuación de nuestra vida, sino algún tipo de extensión radicalmente diferente de esta.

El rechazo de las preocupaciones mundanas halla un fundamento más sólido en la idea de que la pobreza supone un desahogo. Ciertos elementos del sermón de la montaña apuntalan este argumento. Este es el único sermón formal y extenso que pronuncia Jesús en los Evangelios, y lanza su ministerio. Jesús dice aquí a sus seguidores claramente: «No andéis preocupados por vuestra vida, qué comeréis, ni por vuestro cuerpo, con qué os vestiréis» (Sin Dios 3, 4-10). Dos de las razones que da para ello justifican la indiferencia hacia la riqueza y las posesiones, pero no el rechazo rotundo de estas. La primera es la idea familiar y no controvertida de que la vida consiste en algo más que en estas cosas materiales: «¿No vale más la vida que el alimento, y el cuerpo más que el vestido?» (Sin Dios 3, 6).

La segunda es que la preocupación por la riqueza carece de sentido. A los lirios del campo les va estupendamente, aunque ni se fatigan ni hilan, al igual que a las aves que no siembran, ni cosechan ni recogen en graneros. El pedante podría replicar que, para bien o para mal, los seres humanos hemos evolucionado para ser la clase de criaturas que no pueden sobrevivir solo por el instinto. En realidad, necesitamos trabajar y vestirnos. Ahora bien, la clave no está en que debamos llegar a ser literalmente como los animales. «¿No valéis vosotros más que ellas?», pregunta Jesús retóricamente. Se trata simplemente de que, en lo tocante a las cuestiones de supervivencia, de nada sirve la preocupación: «¿quién de vosotros puede, por más que se preocupe, añadir un solo codo a la medida de su vida?» (Sin Dios 3, 7).

Jesús va más allá y ofrece otro par de razones por las que deberíamos desdeñar en realidad los bienes mundanos. La primera es que los bienes terrenales son corruptibles: «No os amontonéis tesoros en la tierra, donde hay polilla y herrumbre que corroen, y ladrones que socavan y roban» (Sin Dios 3, 4). Semejantes bienes son un frágil locus para el valor y una endeble base sobre la que construir una vida. Esta es una idea compartida por muchos sabios y filósofos. Como se dice en Proverbios 27, 24: «porque no es eterna la riqueza, no se transmite una corona de edad en edad».

Tanto el budismo como el estoicismo enfatizan la impermanencia de las cosas materiales y la necesidad de centrarnos en nuestra propia virtud. A mi parecer, este es también el principal mensaje en las palabras de Jesús acerca del templo de Jerusalén (Sin Dios 11, 11-15): «¿Ves estas grandiosas construcciones? No quedará piedra sobre piedra que no sea derruida». Interpretado habitualmente como una profecía sobre la destrucción del templo, este enunciado debería leerse con cautela por varios motivos, empezando porque fue escrito después de que el templo hubiera sido destruido por los romanos en el año 70 d. C. Y lo que es más importante, el mensaje que transmite Jesús no requiere ningún contenido profético. No es preciso ser vidente para saber que, con el tiempo, hasta los más grandes edificios quedarán reducidos a escombros. Lo que está señalando es que la materia es perecedera, pero la verdad y la bondad son, en cierto sentido, eternas: «El cielo y la tierra pasarán, pero mis palabras no pasarán».

Tanto esta línea de pensamiento como las comparaciones con las aves y los lirios sugieren algo más que un simple rechazo del valor de las posesiones materiales. Sugieren que no deberíamos pensar en absoluto en nuestro futuro. Karen Kilby se pregunta si este es el desafío más profundo de Jesús a los valores de la clase media: «A veces pienso que lo que me hace pertenecer a la clase media es el número de capas de protección que tengo: mediante la familia, mediante la educación, asegurándome de tener una carrera y ahorros. Definitivamente, Jesús no está promoviendo capas de seguridad».

El deseo de seguridad y la ilusión de que podemos tenerla son aflicciones peculiares de las clases medias. Haríamos bien en recordar que el mundo es voluble e impredecible y que, por consiguiente, resulta estúpido confiar en un futuro confortable. Sin embargo, para Jesús, el problema fundamental no es que nada sea plenamente confiable. Es que la prosperidad mundana es simplemente la clase equivocada de cosa a la que conferir valor. Esto lo explica en la cuarta y más importante razón que ofrece en el sermón de la montaña para rechazar las preocupaciones mundanas: «Porque donde está tu tesoro, allí estará también tu corazón» (Sin Dios 3, 4). Deberíamos intentar transformar y enriquecer nuestros corazones, no nuestras carteras, aspirar a la transformación interior, no a la mejora de las circunstancias exteriores. Si acumulamos riquezas, casi inevitablemente acabamos otorgándoles valor, y eso significa que ponemos el corazón en las cosas equivocadas.

Vemos cómo funciona esto a nuestro alrededor. Cuanto más tenemos, más tendemos a encariñarnos con lo que tenemos y a creer que no podemos prescindir de ello. Incluso las cosas que en un principio parecen lujos milagrosos pueden convertirse pronto en cosas sin las cuales apenas podemos imaginarnos nuestra vida. A eso se debe en parte el hecho de que tan pocas personas de los países prósperos se consideren a sí mismas ricas: se acostumbran a su nivel de ingresos y no pueden imaginarse sobreviviendo con menos. El dinero y la seguridad material devienen trampas más que comodidades. Como dice Jesús en otro lugar: «Ningún criado puede servir a dos señores, porque aborrecerá a uno y amará al otro; o bien se entregará a uno y despreciará al otro. No podéis servir al bien y al dinero» (Sin Dios 7, 49). Esto sería cierto incluso si nuestra salud y nuestra riqueza fuesen seguras e incorruptibles.

Volvemos una vez más a la idea de que lo que importa por encima de todo lo demás es llegar a ser mejor persona: «Buscad primero la justicia» (Sin Dios 3, 9). Esta tarea es absorbente e incompatible con la preocupación por lo que pueda suceder o no en el futuro. «Así que no os preocupéis del mañana: el mañana se preocupará de sí mismo. Cada día tiene bastante con su propio mal» (Sin Dios 3, 10). Esa última oración es crucial. Tenemos suficiente con preocuparnos de luchar para mantener a raya nuestro peor yo.

Esta enseñanza es llamativa, pero no es especialmente original ni religiosa en su carácter. De hecho, ninguna de las enseñanzas morales de Jesús es única ni completamente original. «Muchas de las cosas que dijo Jesús no son tan peculiares», sugiere Lucy Winkett. «Algunos estudiosos del Nuevo Testamento dicen que podemos encontrar en Jesús dos enseñanzas morales que eran novedosas o inusuales —dice Keith Ward—. Una era no divorciarse, y la otra, no prestar juramento jamás. En realidad, yo no creo en ninguna de las dos.» El estudioso bíblico Runar M. Thorsteinsson cataloga las innumerables maneras en las que las ideas de Jesús son similares a otras prevalentes en el mundo grecorromano en su meticuloso y fascinante *Jesus as Philosopher: The Moral Sage in the Synoptic Gospels* [Jesús como filósofo: el sabio moral en los Evangelios Sinópticos].[6]

Incluso en los tiempos de Jesús, muchos filósofos habían propugnado la falta de preocupación por el futuro y el rechazo de las ilusiones de la secularidad. Por ejemplo, los estoicos creían que lo único verdaderamente bueno o malo era nuestro carácter moral, nuestra virtud. Todas las demás cosas deberíamos considerarlas *indiferentes*, sencillamente, no merecedoras de nuestra preocupación. Para ellos, la vida virtuosa era la vida conforme a los principios de la razón y de la naturaleza.

Jesús va más allá que los estoicos, porque cree que no basta con que seamos indiferentes a las preocupaciones del mundo; debemos ser activamente hostiles a ellas. A este respecto, sus enseñanzas se acercan más a las de los budistas. En la tradición budista, la renuncia al mundo puede ser extraordinariamente severa. Existen meditaciones budistas sobre la muerte que supuestamente han de practicarse en los campos crematorios, a fin de que los cadáveres nos recuerden cuán repugnantes son los cuerpos. Incluso se nos anima a alimentar nuestra repugnancia por nuestra propia carne. En un texto de una monja se dice: «Me repele y me humilla este cuerpo putrefacto y fétido, frágil y sujeto a la desintegración: he extirpado los deseos sensuales».[7]

Aunque Jesús nos exhorta a rechazar las cosas del mundo, nada de lo que nos dice es tan extremo como esto. Así pues, ¿cuán hostiles piensa él que deberíamos ser a los bienes mundanos? Algunos, como la teóloga Elizabeth Oldfield, ven los aspectos negadores del mundo de sus enseñanzas «como una continuación de la obsesión del Antiguo Testamento con la idolatría. No neguemos el mundo; simplemente, no lo adoremos». No obstante, Jesús suena con frecuencia mucho más severo que esto. En un extenso pasaje en el que dicta instrucciones a los apóstoles (Sin Dios 5, 30-42), la división entre preocupaciones superiores y mundanas se expresa en el lenguaje contundente del odio: «Si el mundo os odia, sabed que a mí me ha odiado antes que a vosotros». Quienes siguen la justicia han de esperar que el mundo los rechace. Pero el desdén es mutuo. «No sois del mundo, porque yo al elegiros os he sacado del mundo», dice Jesús a los apóstoles. El mensaje es claro: seguir la senda de Jesús supone dar la espalda al mundo, hasta el extremo de despreciar nuestra existencia terrenal. «El que odia su vida en este mundo, la guardará.»

Se describe un mundo lleno de lobos y víboras. Los apóstoles son enviados a enseñar el mensaje de Jesús, pero cuando se encuentren con que no se presta atención a ese mensaje, lo cual les sucederá, se les indica que respondan con gestos que muestren abiertamente desprecio por aquellos que permanecen aferrados al mundo: «sacudiendo el polvo de la planta de vuestros pies, en testimonio contra ellos», dice. Habla con desdén de aquellos que no aceptan su filosofía: «No echéis vuestras perlas delante de los puercos, no sea que las pisoteen con sus patas, y después, volviéndose, os despedacen». Esto choca de algún modo con la imagen de un Jesús que es bondadoso y caritativo con todos.

El aspecto más desafiante del rechazo de lo terrenal es la aceptación de que incluso nuestro propio cuerpo no es nada. Como dice Jesús: «No temáis a los que matan al cuerpo, y después de esto no pueden hacer más» (Sin Dios 11, 35). Si concebimos a un ser humano como un alma temporalmente alojada en un cuerpo físico, esto resulta fácil de entender. Por ejemplo, en el *Fedón*, una crónica de los últimos días de Sócrates, Platón arguye que no deberíamos temer la muerte física. La muerte no es nada más que «la separación del alma y el cuerpo». Esto es deseable porque «mientras tengamos nuestro cuerpo, y nuestra alma esté contaminada de esta corrupción, jamás poseeremos el objeto de nuestros deseos».[8]

En un evangelio sin fe, esta falta de preocupación por el cuerpo carece de sentido. Ahora bien, ni siquiera en los Evangelios originales está claro que Jesús creyera en algo semejante a la idea platónica de una completa separación de cuerpo y alma, o incluso de alguna clase de vida después de la muerte. Los estudiosos coinciden por lo general en que la concepción platónica del cuerpo y el alma como dos entidades discretas estaba ausente en el cristianismo temprano. El filósofo jesuita Roland Teske escribió que no existió la idea del espíritu como una sustancia incorpórea hasta la época de Agustín, en el siglo IV.[9] Por eso las crónicas de la resurrección de Cristo y la promesa de la resurrección de los muertos en el juicio final eran ambas plenamente corpóreas. En Juan 20, 27, Jesús le dice al incrédulo Tomás: «Acerca aquí tu dedo y mira mis manos; trae tu mano y métela en mi costado». Era importante el hecho de que hubiera resucitado con su cuerpo también, no meramente como un espíritu. Eso sucede incluso en Juan, ampliamente aceptado como el Evangelio con mayor influencia griega y, asimismo, el más dualista.

Fuera cual fuese la intención original de Jesús, es posible comprender sus enseñanzas sobre nuestros cuerpos sin recurrir a la creencia en las almas inmateriales. Si, como sostenía Jesús, lo que importa sobre todo lo demás es nuestra virtud, cabe aducir que esta es la que posee el valor supremo, incluso por encima de la propia vida. Aunque nuestra vida nos sea arrebatada, nuestra virtud permanecerá incólume. La verdadera bondad es invulnerable, no porque perviva sin el cuerpo, sino porque no es en absoluto una propiedad de los cuerpos.

Pensemos en lo que decimos acerca de las buenas personas que mueren sirviendo a una buena causa. Consideremos a la diputada británica Jo Cox, asesinada por un supremacista blanco en 2016. Cox era una infatigable defensora de los derechos humanos, y muchos de los homenajes que se le rindieron se centraron en cómo el asesinato no había extinguido su bondad. Su marido viudo, Brendan Cox, escribiría más tarde: «Jo habría mantenido su optimismo a pesar de todo lo ocurrido. No por fe ciega, sino porque creía que lo que tenemos en común es más significativo que nuestras diferencias. Nosotros tenemos la tarea de hacer realidad su visión».[10] Tenemos una firme convicción de que el bien que hacen las personas les sobrevive. Aun cuando deshagamos el buen trabajo realizado por alguien, no podemos hacer que sea falso que era un buen trabajo. En ese sentido, la virtud es inmortal.

Aunque podamos hallar algún sentido a la invulnerabilidad de la bondad, pisamos un terreno más movedizo en lo que atañe a la invulnerabilidad de las buenas personas. En una visión del mundo completamente laica, el hecho de que nuestra virtud sea en cierto modo intocable supone un consuelo, pero no debería volvernos indiferentes al sufrimiento y a la muerte. Aristóteles pensaba claramente en Platón cuando afirmaba: «Los que andan diciendo que el que es torturado o el que ha caído en grandes desgracias es feliz si es bueno dicen una necedad». Tampoco creía Aristóteles que la buena persona debiera preocuparse menos por la muerte. Por el contrario, cuanto mejor es una persona, «tanto más penosa le será la muerte, pues para un hombre así el vivir es lo más digno, y él, conscientemente, se privará de los mayores bienes, y esto es doloroso».[11]

Si creemos que esta vida es la única que tenemos, resulta muy difícil defender el rechazo completo de los bienes mundanos y la fortuna. Cabe entender en cierta medida las afirmaciones de Jesús de que la muerte no puede afectar a lo más importante de nuestra vida. Ahora bien, a menos que exista vida en primer lugar, y una vida libre de sufrimientos extremos, no existirá nada de valor que pueda verse afectado.

Las enseñanzas de Jesús de la renuncia al mundo son difíciles de aceptar para cualquiera que esté remotamente apegado a su existencia mortal. Tal vez por ello haya muchos que sostienen que Jesús no es tan poco mundano como algunos de sus pronunciamientos sugieren. Hasta qué punto dice que deberíamos dar la espalda al mundo parece depender del contexto. Cuando envía por vez primera a los apóstoles a predicar, por ejemplo, les dice: «No toméis nada para el camino, fuera de un bastón, ni pan, ni alforja ni calderilla en la faja; sino calzados con sandalias y no vistáis dos túnicas» (Sin Dios 5, 36). Sin embargo, en el monte de los Olivos, anticipando la misión de estos tras su muerte, les dice: «Pues ahora, el que tenga bolsa que la tome y lo mismo alforja» (Sin Dios 12, 23). Esto no es incoherente porque Jesús introduce estas instrucciones con un recordatorio de que «os envié sin bolsa, sin alforja y sin sandalias» y de que nada les faltaba como resultado. Su instrucción había cambiado porque las circunstancias habían cambiado.

Otros ejemplos muestran a Jesús ajustando la severidad de su mensaje. Ya hemos visto cómo le indicaba al joven rico que vendiera todo cuanto poseía. Pero también hemos visto que no era tan ascético como Juan el Bautista. Elogia a Zaqueo, el recaudador de impuestos, por entregar solamente la mitad de su riqueza (Sin Dios 8, 6-13) y está encantado de que le unjan los pies con costosos ungüentos (Sin Dios 10, 11).

No obstante, resulta un tanto desesperado señalar esos ejemplos como pruebas de que Jesús no elogiaba la simplicidad y la pobreza. La enseñanza moral del Evangelio no es un tratado sistemático. Sería perverso negar que Jesús tenía un mensaje antimaterialista de renuncia al mundo sumamente contundente sobre la base de unos pocos casos en los que aceptó bienes mundanos. Jesús rechaza totalmente el valor de la riqueza en su conjunto y exhorta a todos aquellos que lo siguen a hacer una suerte de voto de pobreza. Aceptemos la hospitalidad y las cosas buenas al pasar si se cruzan en nuestro camino, pero no deberíamos codiciarlas, buscarlas ni aferrarnos a ellas.

No es de extrañar que a los cristianos occidentales contemporáneos les cueste abrazar plenamente esta enseñanza. De hecho, en términos comparativos, la versión más exigente de este mensaje en el pensamiento moral contemporáneo la hallamos en el utilitarismo laico estricto asociado con Peter Singer. Singer sostiene que, quienes se hallen en condiciones, «deben aportar tanto como les sea posible, esto es, hasta alcanzar el punto a partir del cual seguir dando causaría serio sufrimiento a uno mismo y a los que dependen de uno».[12]

Los pensadores cristianos con los que he hablado confesaban su malestar al disfrutar de sus confortables estilos de vida, al tiempo que seguían ostensiblemente a Jesús. Podían ofrecer unas cuantas explicaciones de por qué no eran menos materialistas, pero admitían que no llegaban a ofrecer buenas justificaciones.

Brian Mountford, por ejemplo, decía: «Es difícil escoger una vida ascética en la Gran Bretaña actual sin ser considerado de algún modo un inadaptado, y existe un sentido relacionado en el que a un líder religioso le resulta útil vivir en la misma categoría social que aquellos a quienes sirve». Mencionaba a un colega vicario que vivía en una parroquia pobre de las afueras de Liverpool, donde todos eran igualmente necesitados. Él vivía con sencillez, según los estándares actuales, y empáticamente con la comunidad a la que servía, a pesar de residir en la casa más grande de Kirkby, pero la casa parroquial seguía siendo allanada con frecuencia. Antes de jubilarse, Mountford vivía en North Oxford, «donde algunas casas cuestan seis millones de libras esterlinas», y reconoce que se contagió de aquel ambiente. Recuerda cuando se mudó allí: «Nos invitaban personas con las que discutíamos sobre grandes cuestiones espirituales mientras bebíamos el más excelente burdeos. A veces me sentía culpable de vivir en esa burbuja y me preguntaba cómo sería la vida en una vivienda social decrépita, pero creía firmemente que había un evangelio para los ricos al igual que un evangelio para los pobres».

Otra forma de convencerse a uno mismo de que la vida confortable o incluso opulenta del occidental actual es compatible con las enseñanzas de Jesús es argüir que si bien Jesús nos decía que no tratásemos de amasar riquezas y convertir el dinero en nuestro señor, sugería enérgicamente que, si hacíamos lo correcto, recibiríamos todas esas recompensas de todos modos. Esta idea ha llegado a conocerse como el *evangelio de la prosperidad* o la *teología de la prosperidad*. Muchas iglesias se han hecho ricas predicándolo. El mensaje es que, para recibir, primero tienes que dar, por lo que las congregaciones diezman mucho de su dinero. Uno de los más célebres pastores de la prosperidad es Joel Osteen, de la iglesia de Lakewood, en Texas. No se avergüenza de su riqueza —que, al escribir estas líneas, se estimaba que ascendía a 60 millones de dólares—, ni de la mansión de 10,7 millones de dólares que llama su hogar. «Si haces tu parte, Dios hará la Suya —escribe—. Te hará progresar; te hará crecer.» Otra pastora del evangelio de la prosperidad, Paula White, dio una bendición en la toma de posesión del presidente Trump, rezó en la presentación de la campaña para su reelección y le fue asignado un cargo oficial de la Casa Blanca en la Oficina de Relaciones Públicas en 2019. White se resiste a la etiqueta del evangelio de la prosperidad, pero cree en los milagros financieros y un tuit típico es: «¡Declaro que a ti y a tu familia os sobrevendrán unas bendiciones alucinantes! ¡Seréis bendecidos en vuestra salud, vuestra riqueza y vuestras relaciones!».

Los defensores del evangelio de la prosperidad citan con frecuencia a Jesús diciendo: «Yo he venido para que tengan vida y la tengan en abundancia» (Sin Dios 3, 28). Las pruebas de que esto significa abundancia material las hallamos en pasajes tales como el del sermón de la montaña, cuando Jesús dice: «No andéis, pues, preocupados diciendo: ¿Qué vamos a comer?, ¿qué vamos a beber?, ¿con qué vamos a vestirnos?», pero acto seguido añade: «Buscad primero la justicia y todas esas cosas se os darán por añadidura» (Sin Dios 3, 9).

Otros versículos del sermón se hacen eco de esa promesa de recompensa material para la virtud. «Dad y se os dará», dice (Sin Dios 3, 16). Unas líneas después, parece ofrecer una versión de la llamada *ley de la atracción*, que hicieron célebre varios libros exitosos a lo largo del pasado siglo, y más recientemente *The Secret* (*El secreto*), de Rhonda Byrne, que vendió treinta millones de ejemplares. Este principio dice que los pensamientos positivos aportan experiencias positivas a la vida de una persona. La versión de Jesús es: «Pedid y se os dará; buscad y hallaréis; llamad y se os abrirá. ¡Qué es eso de si puedes! ¡Todo es posible para quien cree! Por eso os digo: todo cuanto pidáis en la oración, creed que ya lo habéis recibido y lo obtendréis» (Sin Dios 3, 19-21).

Ahora bien, en todos estos versículos, solamente la frase «todas esas cosas se os darán por añadidura» se refiere explícitamente a los beneficios materiales, y estos no son más que los básicos de comida, bebida y ropa. Una vez más hemos de tener cuidado para no permitir que las frases divergentes anulen las más dominantes. La interpretación más natural de la mayoría de estos versículos es que las recompensas de ser bueno no son las mismas que las recompensas de las riquezas. Incluso la idea de que recibiréis «todo cuanto pidáis» si rezáis y creéis se inscribe en un contexto en el que Jesús decía reiteradamente a la gente que no deseara ni pidiera muchos bienes mundanos. Obviamente, Jesús no quería decir que la fe, a falta de una palabra mejor, garantizase el cumplimiento de cualquier deseo. Habida cuenta de lo que dice en otros lugares, no tendría sentido que dijera que la fidelidad nos reportará la venganza maliciosa o la aventura adúltera que deseemos. Pretender que esté prometiendo riqueza material en esos versículos supone ignorar deliberadamente el poderoso mensaje de renuncia al mundo que late a través de sus enseñanzas y conceder una importancia excesiva a un par de notas ambiguas.

La promesa del sermón de la montaña es, simple y llanamente, que la bondad será recompensada con bondad, no con dinero en efectivo. Los pobres recibirán «el Reino de los Cielos», pero suele convenirse en que el término griego tradicionalmente traducido como «reino», *basileia*, se entiende mejor como «reinado». Cada vez que habla del *basileia* de Dios o de los cielos, parece estar refiriéndose a un estado mental o de ser más que a un Estado que ha de ser regido. Por tanto, cuando Jesús le dice a Pilato: «Mi Reino no es de este mundo» (Sin Dios 13, 18), no le está diciendo que sea literalmente un lugar más allá de las nubes. Le está diciendo que no es la misma clase de reino en absoluto. El *basileia* de las cosas materiales y el *basileia* del espíritu no son dos lugares diferentes, sino dos maneras de vivir aquí, en la tierra. Entendido en este sentido, Jesús no está sugiriendo que debamos anteponer el mundo venidero al aquí y ahora. Antes bien, está diciendo que deberíamos poner el mundo del corazón por encima del mundo de los bienes materiales. De ahí que cuando Jesús promete a los mansos que heredarán la tierra, no esté haciendo una profecía sobre el poder temporal. «Heredar la tierra» significa llegar a sentirse en casa en el mundo, en vez de luchar en él.

A mi juicio, las bienaventuranzas que abren el sermón de la montaña sugieren una relación excesivamente simplista entre hacer el bien y que te hagan el bien. Sabemos que con los misericordiosos no siempre se muestra misericordia, que los que lloran o se lamentan no siempre encuentran la risa o el consuelo, y que los hambrientos no siempre son saciados, literal o metafóricamente. Puede que Jesús creyera en una especie de ley kármica. También podría ser que esas enseñanzas requieran, en efecto, de un dios trascendente que ponga las cosas en orden a la larga en otra vida, ya que evidentemente no lo hace en esta. Sin embargo, no es difícil interpretar estas palabras como hiperbólicas, en consonancia con el modo profético de discurso adoptado por Jesús. Leídas de esa guisa, podemos convenir en que los pacificadores suelen ser elogiados, en que solamente alcanzamos una profunda satisfacción en la vida si tenemos hambre y sed de justicia, en que si vivimos de la forma correcta puede que no seamos felices ahora, pero tenemos más probabilidades de contentarnos a largo plazo. Si las bienaventuranzas describen hacia dónde *tiende* a conducirnos la virtud más que adónde nos lleva inevitablemente, tienen más sentido.

La renuncia de Jesús a los bienes mundanos no requiere, por consiguiente, abrazar los sobrenaturales. Ciertamente hay mucha sabiduría en el hecho de centrarse menos en adquirir cosas y más en cómo desarrollamos nuestro carácter. Deberíamos ser conscientes, asimismo, de que no existe ninguna seguridad definitiva en las cosas materiales, ya que todas ellas se deterioran y perecen. El énfasis de Jesús en la transformación interior es un útil correctivo en un mundo en el que con demasiada frecuencia buscamos la salvación incrementando nuestra riqueza y nuestro estatus social. Como dice Brian Mountford, Jesús ofrece «un ideal a modo de antídoto ante el espectro de la codicia, el consumismo y el autoengrandecimiento».[13]

Ahora bien, Jesús llega más lejos de lo que a la mayoría de nosotros se nos antoja deseable. Si podemos evitar ser demasiado codiciosos y obsesivos respecto de la riqueza, ¿por qué no utilizar los recursos materiales para mejorar nuestras probabilidades de una vida confortable y larga? Podemos distanciarnos en exceso del mundo material en el que vivimos y morimos. No podemos vivir una vida plenamente humana si negamos nuestra esencial corporeidad. En lugar de intentar volvernos invulnerables ante la fragilidad de las delicias terrenales, podríamos aceptar que el precio de la oportunidad milagrosa de vivir una vida buena es que nada en ella perdura ni está garantizado. Apreciar plenamente la alegría de vivir supone al mismo tiempo apreciar la tristeza de su finitud.

CAPÍTULO 5

La renuncia a la política

En el otoño de 2011, los activistas que apoyaban al grupo anticapitalista Occupy acamparon fuera de la catedral de San Pablo de Londres. Aquello supuso una dura prueba para quienes dirigían la iglesia. Tenían que decidir si desalojar a los manifestantes o acogerlos con los brazos abiertos. La mayoría de los integrantes de Occupy no eran cristianos, pero sabían lo suficiente acerca de las enseñanzas de Jesús como para hacer muy incómoda la decisión para las autoridades eclesiásticas. Desplegaron una pancarta que rezaba: «Expulsad a los mercaderes del templo», una referencia a la purificación del templo por parte de Jesús. En una declaración referida al trato brusco presuntamente recibido de la policía, citaban reiteradamente el sermón de la montaña: «Bienaventurados los que tienen hambre y sed de la justicia, porque ellos serán saciados», «Bienaventurados los perseguidos por causa de la justicia, porque de ellos es el Reino de los Cielos» (Mateo 5, 6 y 10).

Dentro de la Iglesia fueron muchos los que expresaron su simpatía con su causa, sin llegar tan lejos como para ponerse de su parte. El arzobispo de Canterbury, Rowan Williams, aceptaba que «se había lanzado una señal» que decía «hay que hacer algo». Sin embargo, añadía que «las demandas de los manifestantes han sido vagas» y que era fácil «criticar *a posteriori* y ridiculizar a la Catedral en particular y a la Iglesia anglicana en general por no acertar a cuadrar el círculo del interés público y la protesta».[1]

Un año después de las protestas, David Ison, deán de la catedral de San Pablo, era igualmente ambiguo. Estaba de acuerdo en que había una «necesidad de reformar las estructuras financieras e involucrar a todos en la construcción de una sociedad más centrada en la sostenibilidad, con el fin de trabajar para el bien común de todos». Pero «la otra cara de la moneda es que todavía dependemos de las instituciones financieras para gran parte de nuestra renta nacional y nuestras pensiones, así como para el funcionamiento cotidiano de la economía».[2]

Sin embargo, la catedral apoyó el desalojo de los manifestantes. El canciller canónigo de la catedral, Giles Fraser, dimitió al no lograr persuadir a sus colegas de que la Iglesia no debía cooperar con el desalojo. «San Pablo, diseñada por un científico, habla vívidamente del Dios cosmológico, el Dios omnipotente de las estrellas y los cielos —afirmaba Fraser—. Sin embargo, le resulta mucho más difícil hablar de manera convincente del Dios pobre, encarnado y vulnerable de Belén. Ese Dios se expresaba, al menos a mi parecer, con mucha más claridad dentro del propio campamento.»[3]

Varios meses después, Fraser le preguntó al hombre que pronto se convertiría en el siguiente arzobispo de Canterbury, Justin Welby, si él pensaba que los manifestantes de Occupy tenían razón. «Por supuesto que tienen razón —le respondió—. Desde luego. Y todo lo que ahora estamos escuchando así lo afirma.»[4]

El episodio de Occupy llega al corazón de uno de los aspectos más controvertidos de las enseñanzas de Jesús. ¿Era este un protosocialista que propugnaba la reforma radical de las estructuras de la sociedad para beneficiar a los pobres, los débiles y los oprimidos? ¿O acaso era apolítico y solo le preocupaba la transformación personal, y creía que deberíamos dar al César lo que es del César (Sin Dios 11, 20)?

Nadie podría negar que Jesús muestra una gran preocupación

por los pobres y los enfermos en el aquí y el ahora. El servicio a los demás es un tema recurrente: «el que quiera llegar a ser grande entre vosotros, será vuestro servidor» (Sin Dios 5, 20). Una de las máximas más célebres del Evangelio es: «El que tenga dos túnicas, que las reparta con el que no tiene; el que tenga para comer, que haga lo mismo» (Lucas 3, 11). Aunque en realidad fue Juan el Bautista quien lo dijo, con frecuencia se le atribuye a Jesús porque encaja perfectamente con lo que él habría dicho.

Semejantes enseñanzas han inspirado el socialismo cristiano y otros movimientos en pro del cambio político radical. Estos han aducido con frecuencia que el cristianismo es incompatible con un conservadurismo político que no confiera una alta prioridad al aumento de la igualdad material. En el transcurso de los siglos, muchos se han sentido más inspirados por las enseñanzas sociales de Jesús que por su promesa de salvación en una vida futura. Como son menos las personas que creen en el cielo y el infierno, resulta comprensible que esto haya llegado a cobrar más importancia. La organización benéfica Christian Aid, por ejemplo, ha utilizado el llamativo lema publicitario «Creemos en la vida antes de la muerte».

Sin embargo, si nos fijamos en las palabras de Jesús, son escasas las evidencias de que creyera en la persecución de sus objetivos sociales por medios políticos. Para Jesús, el cambio político es a lo sumo una prioridad baja y, en el peor de los casos, una distracción de la tarea más importante de transformarse a uno mismo. Habría sido un tanto incoherente si hubiera hecho mucho hincapié en la creación de una sociedad más igualitaria en términos materiales, cuando el empeño antimundano de sus enseñanzas sugiere que nadie debería preocuparse en absoluto por sus condiciones materiales y mundanas.

Jesús instaba a sus seguidores a renunciar a su riqueza, pero siempre les pedía que lo hicieran voluntariamente. Por ejemplo, no pedía a nadie que se apoderara de la segunda túnica de una persona que tuviera dos y la redistribuyera a alguien que no tuviera ninguna.

En segundo lugar, y más importante, la renuncia a la riqueza era buena principalmente para la persona que la llevaba a cabo, no para el beneficiario de dicha riqueza. Dice Jesús: «Cuando des una comida o una cena, no llames a tus amigos, ni a tus hermanos, ni a tus parientes ni a tus vecinos ricos; no sea que ellos te inviten a su vez, y tengas ya tu recompensa. Cuando des un banquete, llama a los pobres, a los lisiados, a los cojos, a los ciegos; y serás dichoso, porque no te pueden corresponder» (Sin Dios 4, 16-17). Obsérvese aquí que quien ofrece un banquete es bendecido por este aparente acto de generosidad, no los pobres. Y la razón aducida para invitar a los pobres no es para ayudarlos, sino porque estos no pueden recompensarnos.

Análogamente, cuando Jesús instruye al hombre rico para que venda sus bienes y se los dé a los pobres, es solo porque la puerta del reino de Dios es estrecha y nadie cargado de riquezas puede atravesarla (Sin Dios 6, 19). Dar dinero es necesario para nuestra propia salvación, no para la de aquellos a quienes se lo damos. Al dar demasiado a los pobres, podríamos hacerlos incluso demasiado ricos para salvarse ellos mismos.

La indicación más contundente de que el alivio de la pobreza no es una preocupación primordial para Jesús la hallamos cuando una mujer unge sus pies y su cabeza con costoso perfume (Sin Dios 10, 1-12). Quienes rodeaban a Jesús estaban indignados y decían: «¿Para qué este despilfarro de perfume? Se podía haber vendido este perfume por más de trescientos denarios y habérselo dado a los pobres». Pero para Jesús, los actos de la mujer eran un signo de amor, que a él le parecía más importante que ayudar a los pobres. En las que tal vez sean las palabras más notorias de Jesús, este dijo: «A los pobres siempre los tendréis con vosotros, y podréis ayudarlos cuando queráis; pero a mí no me vais a tener siempre» (Marcos 14, 7). Esto sugiere un cierto fatalismo acerca de la posibilidad del cambio político y centra la atención, en cambio, en la bondad y la amabilidad que podemos cultivar uno a uno. Ayudar a los pobres es bueno cuando podemos hacerlo, pero no es la máxima prioridad.

No debería sorprendernos que a Jesús le preocupe menos mejorar la suerte de los pobres de lo que podría habernos gustado. Un inquietante corolario de toda ética de la renuncia es que esta implica la degradación no solo de nuestras propias preocupaciones mundanas, sino también de las de los demás. Este es con frecuencia el precio que hay que pagar cuando un sistema moral confiere primacía al cultivo de sí mismo. Por ejemplo, el budismo propugna la compasión como una virtud primordial. Ahora bien, su énfasis en la autodisciplina y el adiestramiento interior conduce a menudo a sus seguidores a retirarse de las preocupaciones de la vida cotidiana, incluso de las relativas a la vida y la muerte. Siempre me ha extrañado que en muchas culturas budistas se espere que incluso los pobres den comida a los monjes, y no a la inversa.

La falta de preocupación de Jesús por el poder temporal se extiende mucho más allá de una actitud relajada hacia la injusticia económica estructural. Ninguna forma de justicia secular parece importarle. Su comportamiento en su propio juicio pretende, sin duda, ser ejemplar a este respecto (Sin Dios 12, 42-54). Se niega a defenderse y a menudo no dice nada. Su única defensa es esencialmente que no necesita ninguna: «He hablado abiertamente ante todo el mundo, he enseñado siempre en la sinagoga y en el Templo, donde ser reúnen todos los judíos, y no he hablado nada a ocultas. ¿Por qué me preguntas? Pregunta a los que me han oído lo que les he hablado; ellos saben lo que he dicho». El juicio se le antoja una farsa y rehúsa participar en ella. Es como si no quisiera dignificar las estructuras del poder político.

Uno de los pasajes más citados empleados en respaldo de la interpretación apolítica de Jesús lo hallamos cuando pregunta a los fariseos de quién es la imagen y la inscripción de sus monedas. Cuando le responden «Del César», él dice: «Pues lo del César devolvédselo al César» (Sin Dios 11, 20). Esto se cita con frecuencia para justificar el mantenimiento de la religión al margen de la política secular. Sin embargo, hemos de tener cuidado para no excedernos en la interpretación de este comentario. Lo hace en respuesta a una trampa tendida por los fariseos, que intentan conseguir que haga comentarios sediciosos preguntando si «es lícito pagar tributo al César o no». Karen Kilby sugiere que la respuesta de Jesús puede leerse como una estratagema específica para evitar el truco, más que como un comentario general acerca de la aceptación del *statu quo*.

Kilby acierta al destacar la significación del contexto del comentario. No obstante, es razonable asumir que las enseñanzas de Jesús que se transmitieron fueron aquellas que tenían una aplicación general y no eran específicas de una situación particular. Si las palabras de Jesús no se veían como un comentario relativo al poder político, entonces el único propósito de contar esa historia sería mostrar la astucia de Jesús a la hora de evitar las trampas que le tendían. Y no existe evidencia alguna de que Jesús pretendiera reformar las estructuras políticas de su sociedad. Le dijo a Pilato: «Mi Reino no es de este mundo» (Sin Dios 13, 18), y a sus seguidores: «el Reino de los Cielos ya está entre vosotros» (Sin Dios 11, 15). También hemos visto con anterioridad cómo, en la parábola del administrador infiel (Sin Dios 7, 40-50), Jesús elogiaba el cumplimiento de nuestros deberes seculares, incluso con las riquezas.

Se nos dice con frecuencia que los seguidores de Jesús se sentían frustrados, e incluso enojados, por la negativa de este a comprometerse políticamente y liderar una revuelta contra los romanos. En respuesta, él no cesaba de recalcar que las clases de justicia y bondad que promovía no tenían nada que ver con la política. «Y conoceréis la verdad y la verdad os hará libres» (Sin Dios 4, 6). Las gentes protestaban, diciendo que no eran esclavas, por lo que no necesitaban ser liberadas. Entonces, Jesús les explicó: «todo el que comete pecado es un esclavo» (Sin Dios 4, 7). La libertad que dice que trae la verdad es personal y moral, no política. La liberación no es una lucha política, sino individual.

El rechazo más radical del poder mundano por parte de Jesús, y el más difícil de abrazar, es su pacifismo. Las enseñanzas de Jesús siempre dejan espacio para la interpretación, pero hay poco margen de maniobra para evitar la conclusión de que rechazaba el uso de toda violencia letal. Kilby está sin duda en lo cierto cuando afirma: «Si tenemos que derivar nuestra ética militar únicamente de las enseñanzas de Jesús, creo que tendremos que apostar por el pacifismo». Pocos de sus seguidores a lo largo de los siglos lo han seguido, y son demasiados los que han tomado el otro camino, matando e incluso torturando en su nombre. Ese era el asunto que provocaba más malestar en la mayoría de mis entrevistados. «Es muy difícil ver cómo derivar una ética que legitime el uso de la coacción o la fuerza a partir de lo que dice Jesús», reconocía Nick Spencer. Sin embargo, todos los cristianos a los que he entrevistado intentaban de una u otra forma diluir el mensaje puramente pacifista.

La defensa del pacifismo por parte de Jesús es palmaria. En el sermón de la montaña dice: «al que te abofetee en la mejilla derecha ofrécele también la otra» (Sin Dios 2, 35). Y más tarde añade: «amad a vuestros enemigos; haced el bien, y prestad sin esperar nada a cambio; y vuestra recompensa será grande, y seréis hijos del Altísimo» (Sin Dios 2,41). Sus acciones son más elocuentes aún que sus palabras. Se niega a ser un líder revolucionario y se permite ser ejecutado por los romanos. En el huerto de Getsemaní reprende al discípulo que intenta defenderlo cortándole la oreja al siervo con una espada. Jesús le dice: «Vuelve tu espada a su sitio, porque todos los que empuñen espada, a espada perecerán» (Sin Dios 12, 39). Esta radical negativa a defenderse no era tan novedosa ni tan sorprendente como para que tengamos alguna razón para dudar de su sinceridad. Sócrates, por ejemplo, dice: «Luego no se debe responder con la injusticia ni hacer mal a ningún hombre, cualquiera que sea el daño que se reciba de él».[5]

Aquellos que sostienen que la cosa es más complicada, señalan un par de pasajes que parecen enturbiar las aguas. En uno de ellos,

Jesús está preparando a sus discípulos para la vida después de su muerte. Habiéndolos instruido previamente para que no lleven espadas, les dice: «el que no tenga, que venda su manto y compre una espada» (Sin Dios 12, 23). Ellos responden: «aquí hay dos espadas», a lo que él repone: «Basta» (Sin Dios 12, 24). ¿Por qué habría de decir Jesús a sus discípulos que salgan al mundo armados, cuando previamente se había opuesto con tanta claridad al uso de la violencia? Los cristianos no pacifistas arguyen que esta es una prueba evidente de que Jesús permitía el uso de la violencia en defensa propia. Pero esto choca con su instrucción de poner la otra mejilla.

Con el fin de comprender esta aparente contradicción y la salida de ella, hemos de examinar con más atención lo que significa en realidad poner la otra mejilla. El pasaje en cuestión da tres instrucciones que, a oídos modernos, suenan sumisas. En primer lugar, «al que te abofetee en la mejilla derecha ofrécele también la otra». En segundo lugar, «Al que quiera pleitear contigo para quitarte la túnica, déjale también el manto». Finalmente, «al que te obligue a andar una milla vete con él dos» (Sin Dios 2, 35-36).

El teólogo Walter Wink señala que, para entender esos mandatos, hemos de entender el contexto específico de Palestina bajo la ocupación romana. Los judíos eran abofeteados de manera rutinaria con el dorso de la mano de un romano como un modo de humillarlos, pues cualquier resistencia conduciría a su arresto. Los cobradores de deudas podían incautarse de las ropas si los pobres eran incapaces de pagar, dejándolos solamente con su ropa interior. Y los soldados romanos estaban legalmente autorizados a obligar a los civiles a llevar sus cargas, a menudo pesadas, pero solo durante una milla, a fin de evitar sembrar demasiado resentimiento.[6]

Wink sostiene que lo que Jesús estaba indicando a sus seguidores que hicieran en respuesta no era un signo de débil sumisión. Antes bien, les estaba diciendo que actuasen conforme a los principios de la resistencia no violenta, similares a los que propugnaba

Gandhi, un admirador de Jesús. Al ofrecer la otra mejilla, estabas diciendo: «¿Ves?, no me has humillado, y por muchas veces que me golpees, no me humillarás». Al dar tu túnica y tu manto, te quedarías desnudo, causando más vergüenza a la persona obligada a verte que a ti mismo. Y al caminar más de una milla, estabas obligando al soldado que te había hecho caminar una a infringir la ley, causándole más problemas que a ti mismo.

Esté o no exactamente en lo cierto Wink (su explicación de la túnica y el manto no me convence del todo), su tesis general parece correcta. Jesús está enseñando resistencia. Uno no se resiste al mal mediante la violencia, sino negándose manifiestamente a responder con el mal, incluso si eso parece ser a su costa. De hecho, será a su beneficio, porque en la ética de Jesús la mayor recompensa consiste en llegar a ser la versión mejor y más moral de ti mismo, uno de los «hijos del Altísimo».

Wink muestra cómo ofrecer la otra mejilla es un acto de fortaleza, no de debilidad. Pero esta interpretación solamente apuntala la idea de que la resistencia que Jesús predicaba era decididamente no violenta. Desde este punto de vista, la instrucción de salir al mundo con una espada tiene su sentido. Jesús no creía que fuese bueno ser acosado ni golpeado. No quería que sus discípulos quedasen más expuestos de lo necesario al peligro físico. Llevando una espada, tendrían menos probabilidades de ser atacados. Ahora bien, si lo eran, ¿podemos albergar alguna duda de que él no habría querido que utilizasen efectivamente su arma? Su reprimenda al discípulo que blandió su espada en el huerto de Getsemaní debería dejar clara la respuesta.

Hay otros clavos ardiendo a los que se agarran algunos cristianos para salvar su fe del pacifismo. Uno de ellos es que Jesús enloqueció en el templo con un látigo, limpiándolo de sus prestamistas. Sin embargo, no hay nada en el relato que sugiera que Jesús causara daño a alguien. El otro es que Jesús decía: «No he venido a traer paz, sino espada» (Sin Dios 10, 51). En su contexto, no obstante, esta es claramente una hipérbole metafórica para señalar que estaba provocando división.

Ahora bien, con pocas excepciones, particularmente los cuáqueros, el cristianismo no ha sido una religión pacifista. Su posición sobre los conflictos armados se capta mejor en la teoría de la guerra justa, desarrollada inicialmente por el teólogo y obispo africano romano Agustín en el siglo V. Este especifica los requisitos morales para ir a la guerra y conducirse en ella. Aunque exigente, es obvio que no se trata de un estatuto pacifista. Por consiguiente, ¿cómo llegó el cristianismo desde el pacifismo de Jesús hasta la compleja legitimación de la violencia en la teoría de la guerra justa?

No era posible que la Iglesia temprana evitara por mucho tiempo el asunto de la ética de matar. Como dice Nick Spencer: «No existe ni un solo registro de ningún cristiano que sirviera en el ejército romano hasta el final del siglo II. A partir de ese momento, ¿qué es lo que hacen? Por una parte, han de abjurar de la violencia; por otra parte, han de emplearla». Una tentativa temprana de cuadrar el círculo es tan patética que raya en lo cómico: «Aparentemente tenemos estas historias de los cristianos que son bautizados mientras sostienen sus espadas sobre las aguas».

La Iglesia temprana aprendió pronto la utilidad de distinguir entre la legitimidad del Estado y la violencia personal. Un buen cristiano podía, al parecer, apoyar a regañadientes al ejército de una nación, al tiempo que se abstenía en privado de hacer la guerra. Este es un vívido ejemplo de la clase de autoindulgencia moral a la que siempre se arriesga el pacifismo, donde uno se mantiene *puro* al precio de hacer que otros hagan el trabajo sucio para él o quedarse de brazos cruzados mientras los inocentes son masacrados.

La única defensa del no pacifismo cristiano que se antoja remotamente persuasiva es la idea de que los mensajes de Jesús iban dirigidos a sus seguidores de aquella época, no de los milenios venideros. Sencillamente, no sabemos qué habría pensado Jesús que deberíamos hacer ante el Tercer Reich, por ejemplo. Más que escudriñar los Evangelios en busca de la respuesta, deberíamos aceptar que tenemos que usar nuestro propio juicio. Tenemos que preguntar qué sería más consonante con su mensaje de amor y apoyo a los débiles. Para muchos, eso significaría defenderlos incluso hasta la muerte. Jesús no se habría limitado a sentarse a llorar en Bergen-Belsen, sino que habría luchado para liberarlo.

Aunque comprendo este argumento, sigo sin estar convencido. Jesús nunca defendió que los fines justifican los medios y se oponía claramente a la violencia como un medio. También piensa que es peor ser una mala persona que sufrir o incluso morir. Así pues, puedo verlo sinceramente creyendo que es preferible dejar que maten a los inocentes a perder tu propia alma rebajándote tú mismo hasta el nivel del asesino. No es un argumento que me resulte convincente, pero me parece que es el que más se acerca a las enseñanzas de los Evangelios.

Hay un último sentido en el que Jesús se oponía al poder temporal, y que debería incomodar a muchos de sus seguidores actuales. Parece muy claro que Jesús no tenía tiempo para el poder eclesiástico. Siempre se critica la religión organizada, y Jesús no sirvió de modelo ni promovió una nueva clase de estructura clerical formal. Sus palabras acerca de la destrucción del templo pretendían claramente indicar que la auténtica sede de la santidad es el corazón, no un edificio. Tal como enseñan los sijes: «La mente es el templo y el cuerpo es la cerca construida a su alrededor».[7]

La purificación del templo también ayuda a reforzar estas enseñanzas (Sin Dios 11, 7-10). Jesús expulsa a los cambistas y comerciantes diciendo: «¿No está escrito: *Mi Casa será llamada Casa de oración para todas las gentes*? ¡Pero vosotros la tenéis hecha una *cueva de bandidos*!». Parte del mensaje es que las riquezas y la bondad son incompatibles. Pero no se trata solo de dinero. No estaba expulsando a los mercaderes que simplemente estaban usando el templo como un lugar para hacer negocios. Las personas a las que reprendía estaban vendiendo bienes y servicios religiosos, tales como animales para sacrificio, o cambiando dinero en la única moneda aceptada en el templo. Jesús estaba protestando por la transformación de la religión en una especie de industria de venta de rituales que la gente debía pagar para que se realizaran. El templo se había convertido en una sede del capitalismo sacralizado. Añádase a ello los frecuentes casos en los que se veía a Jesús en oposición a todas las formas de autoridad clerical (escribas, abogados, fariseos, saduceos) y parece innegable que Jesús estaba en contra de la religión organizada.

Aunque Jesús no tuviera como objetivo el cambio político, deberíamos cuidarnos de saltar a la conclusión de que no le importaban en absoluto las estructuras políticas y sociales. «La información histórica más clara sobre Jesús es que murió como un agitador político», escribió el estudioso bíblico marxista Norman Gottwald.[8] Kilby insistía en la misma idea. «En la teología de la liberación latinoamericana, tal como yo la interpreto, no hacen tanto hincapié en el hecho de que Jesús sea un pensador político como en que la Iglesia lo ha despolitizado en demasía.» El desafío de Jesús a las estructuras políticas es real pero indirecto. «Entra en conflicto con el orden político y perturba el funcionamiento de la sociedad, lo cual tiene que ver sin duda con los motivos de que acabe crucificado. ¿De veras podemos decir que eso no es político? Los movimientos políticos posteriores podrían inspirarse en ello, aun cuando él no diseñara ningún plan para reorganizar la sociedad.»

Keith Ward defendía una idea similar. Ward es un eminente teólogo oxoniense con una rara habilidad para conferir claridad y relevancia a sus ideas. Hemos coincidido en numerosas ocasiones en eventos escolares. Como dice Ward: «Jesús no dio ninguna recomendación acerca de cómo debería gobernarse el Estado, si debería haber esclavos, si las mujeres deberían recibir el mismo trato». Al mismo tiempo, «La noción de un Reino de Dios era un concepto social, por lo que parece existir, en efecto, algún interés social o comunitario». Jesús enseñaba y ejemplificaba lo que hoy denominamos reforma social de abajo arriba, en lugar del cambio político de arriba abajo. Nuestro cuestionamiento del *statu quo* no se lleva a cabo acudiendo a las barricadas, sino desafiando humildemente las jerarquías del poder y la riqueza en aquello que hacemos. Cuando las iglesias abren sus puertas a los solicitantes de asilo que han sido rechazados, por ejemplo, están cuestionando los sistemas que niegan a estos el derecho de trabajar para vivir. Esto puede abocar o no a reformas estructurales, pero el hecho de que la gente lo haga de todos modos es un símbolo de desafío al orden dominante.

Las enseñanzas de Jesús eran hijas de su tiempo. Dejar de lado las ideas sobre la política y los bienes materiales tenía más sentido entonces que en la actualidad. Muchos pueden haber asumido que las estructuras políticas existentes eran naturales. Aun cuando no lo fueran, la aspiración a la liberación de Roma no era un objetivo realista, y la vida en Palestina era más frágil todavía de lo que es hoy.

En cambio, en el mundo moderno, la esfera política brinda oportunidades de mejorar la suerte de los pobres. Los bancos de alimentos y los comedores populares, dirigidos con frecuencia por organizaciones religiosas, son parches sociales para problemas que los gobiernos pueden solucionar, y en una sociedad democrática puede encomendárseles que lo hagan. No necesitamos escoger entre transformarnos a nosotros mismos y transformar la sociedad, amar a los pobres e incrementar su prosperidad.

El hecho de que la mayoría de los cristianos estén de acuerdo demuestra cuán sabios son al no tragarse acríticamente todas las enseñanzas de Jesús. La idea de que Jesús aspiraba a la reforma política radical parece completamente infundada. Los cambios importantes han de obrarse en nuestros corazones, no en nuestras sociedades. Por supuesto, es importante cuidar de los pobres. Ahora bien, para Jesús es un profundo error conceder una importancia primordial a las estructuras políticas de la sociedad o al bienestar material de cualquier persona.

CAPÍTULO 6

Hacerse humilde

Jean Vanier era universalmente elogiado como un hombre extraordinario y admirable. Había servido en las armadas británica y canadiense durante la Segunda Guerra Mundial y luego fue profesor de filosofía en la Universidad de Toronto. Allí enseñaba a sus estudiantes acerca del ideal aristotélico de una vida floreciente, en la que seamos capaces de ejercitar todas las capacidades humanas, libres de la pobreza o la enfermedad. Cerca ya de los cuarenta años, tenía todo cuanto precisaba para vivir una vida semejante. Sin embargo, quedó tan turbado por la lastimosa situación de los jóvenes que vio en una institución mental de Trosly-Breuil, al norte de París, que se sintió impulsado a hacer algo al respecto. En 1964 compró una pequeña casa de piedra en ruinas en el pueblo e invitó a dos de los jóvenes de la institución a vivir allí con él. Ambos habían quedado física y mentalmente destrozados a resultas de sus años de supuesta *asistencia*. No obstante, compartían las tareas y las comidas.

La casa fue bautizada como L'Arche, El Arca. A la muerte de Vanier, en 2019, había crecido hasta convertirse en una red mundial de cerca de ciento cincuenta comunidades similares, en las que conviven personas con o sin discapacidades de aprendizaje. Sus obituarios fueron entusiastas. Los secularistas como yo que lo admirábamos no podíamos evitar señalar que, al menos a sus ojos, la historia de su bondad no era puramente humana. Él creía que Jesús estaba detrás de todo cuanto hacía. No era solo que respondiera con compasión, como hacían tantos de los encomiables personajes de las parábolas de Jesús. Vanier, al igual que Jesús, ponía en primer lugar a los últimos. Ponía a Aristóteles patas arriba, viendo el valor supremo en aquellos que habían llegado los últimos al juego de la vida.

Al decidir vivir al lado de los aparentes perdedores de la vida, Vanier parecía igualarse a ellos con profunda humildad. Lamentablemente, acabó demostrando cuán difícil resulta en realidad conseguir eso. Un informe publicado en 2020 por L'Arche International reveló que Vanier había mantenido relaciones sexuales «manipuladoras y emocionalmente abusivas» con seis mujeres entre 1970 y 2005, para las que ofrecía «justificaciones espirituales y místicas». Como tantas de las aspiraciones éticas de Jesús, la humildad genuina es muy difícil de lograr.

Estamos acostumbrados a concebir la humildad como una virtud, pero durante la mayor parte de la historia humana no hubo nada de bueno en ella. Cuando Uriah Heep se describía a sí mismo como un «hombre humilde» en el *David Copperfield* de Dickens, no estaba alardeando. Antes bien, se refería a su baja condición. Todavía decimos que los vencedores *humillan* a aquellos a quienes aplastan en la derrota. En la moral de Jesús, sin embargo, la humildad no es una maldición de los débiles e impotentes, sino una bendición. Los vencidos se transforman en los virtuosos. Los lastimeros humillados se convierten en los humildes exaltados.

Es célebre el desprecio de Nietzsche a la admiración cristiana y judía de la humildad como un síntoma de su degenerada «moral de esclavos». Si vemos claramente la vida humana, arguye Nietzsche, es obvio lo que distingue el bien y el mal. La salud, la fuerza, la prosperidad y el poder son todos ellos buenos. La enfermedad, la debilidad, la pobreza y la impotencia son evidentemente malos. Esto no es un juicio moral, sino simplemente una descripción de los hechos de los que ninguna persona honesta discreparía. Cuando una persona está enferma, es natural que quiera ponerse bien. Cuando las personas son pobres, es normal que quieran ver aliviada esa pobreza. Si no pensáramos eso, no admiraríamos a aquellos que ayudan a los enfermos y a los pobres.

Ahora bien, ¿qué sucede si nuestra posición en el mundo torna prácticamente imposible el logro de lo bueno? ¿Y si toda nuestra tribu está esclavizada o si pertenecemos a una clase social oprimida? Podríamos intentar rebelarnos, derrocar a los poderosos y reclamar nuestra parte de las riquezas. Pero esto es difícil y no tenemos garantizado el éxito. La genialidad de los judíos, pensaba Nietzsche, y de los cristianos después de ellos, consistió en canalizar su resentimiento hacia los florecientes en otro sentido. En lugar de aspirar a *llegar a ser* buenos, en el sentido de gozar de una vida buena, invirtieron y transformaron el *significado* mismo de lo bueno. Ser pobre, oprimido y esclavizado era ahora bueno, no malo. Ser rico y poderoso ya no era bueno, sino peor que malo: era *malvado.* Los descriptores fácticos «bueno» y «malo» fueron transformados en los juicios morales «bueno» y «malvado». Una consecuencia de ello es que, paradójicamente, la humildad se convierte en un motivo de orgullo. Tampoco supone ninguna vergüenza estar entre los pobres o los hambrientos, pues estos son los más bienaventurados.

La parábola del banquete nupcial de Jesús (Sin Dios 4, 16-29) concuerda con la imagen nietzscheana de una moral cristiana enraizada en el resentimiento hacia los ricos. Un rey organiza un banquete de bodas para su hijo, pero, pese a las reiteradas invitaciones, la gente sigue poniendo excusas para no acudir. Algunos incluso matan a los siervos enviados con las invitaciones. El rey se enfurece y desea vengarse, y «enviando sus tropas, dio muerte a aquellos homicidas y prendió fuego a su ciudad». Cuando invita en su lugar a los pobres, los lisiados, los tullidos y los ciegos, lo hace simplemente porque está furioso con las personas que deseaba realmente que acudieran en un principio, que ahora considera que «no eran dignos». Esto encaja con la tesis del resentimiento de Nietzsche. Si el rey hubiera sido un amigo genuino de los pobres, sin duda estos habrían figurado en la lista inicial de invitados, no habrían sido aparentemente utilizados para fastidiar a aquellos que lo habían rechazado. De hecho, más que invitados, han sido reunidos por la fuerza: «Id, pues, a los cruces de los caminos y, a cuantos encontréis, invitadlos a la boda». Cuando uno de ellos se presenta sin las ropas apropiadas, él dice a sus siervos: «Atadle de pies y manos, y echadle a las tinieblas de fuera; allí será el llanto y el rechinar de dientes». La motivación parece ser garantizar que los primeros sean los últimos, y el hecho de que los últimos sean los primeros es simplemente una consecuencia inevitable.

Al margen de que nos convenza o no el argumento de Nietzsche acerca del resentimiento, resulta evidente que, en las enseñanzas de Jesús, los oprimidos acaban siendo elevados, modelando la imaginación moral de la cristiandad, en la que los pobres son idealizados con frecuencia. Bertrand Russell describía cómo los más pudientes pueden llegar a creer en «la superior virtud de los oprimidos», una visión interesada que tiende a emerger cuando los opresores comienzan a tener una mala conciencia. «La idealización de la víctima resulta útil durante cierto tiempo —dice Russell—. Si la virtud es el mayor de los bienes, y si el sometimiento hace virtuosas a las personas, es bondadoso negarles el poder, ya que este destruiría su virtud.» Hay algo de esta lógica reconfortante en la idea que tienen muchos occidentales bienintencionados de que los pobres del mundo son en realidad más felices y están mejor en su pureza que quienes vivimos en el mundo desarrollado materialista y decadente. Sin embargo, pocos creen esto con la suficiente sinceridad como para renunciar a todas sus pertenencias e irse a vivir a un suburbio de Bombay o al Bihar rural.

La creencia en la virtud superior de los oprimidos es sorprendentemente común entre aquellos que aspiran de veras a poner fin a su opresión. Por ejemplo, Russell dice: «muchos intelectuales socialistas y comunistas consideran *de rigueur* fingir que el proletariado es más amigable que otras gentes, al tiempo que profesan el deseo de abolir las únicas condiciones que, según ellos, producen buenos seres humanos».[1]

Jesús parece caer en esta contradicción interna cuando afirma que los débiles llegarán a ser fuertes, y los pobres, ricos. Ello implicaría que, mientras permanecen en la pobreza, los pobres no son realmente bienaventurados después de todo. Esa parece ser la moraleja de la parábola en la que Jesús indica a quien le sigue: «no te pongas en el primer puesto» cuando seas convidado a una boda, no sea que se presente alguien con un rango superior al tuyo y «entonces vayas a ocupar avergonzado el último puesto». Es preferible empezar en un puesto inferior y ser invitado a ascender. «Porque todo el que se ensalce, será humillado; y el que se humille, será ensalzado» (Sin Dios 5, 7-14). La humildad no se presenta aquí como buena en sí misma, sino como un medio para un fin, una estrategia más bien cínica para gozar de mayores recompensas a largo plazo. Asimismo, nos envía el mensaje de que, aunque sea malo disfrutar de un alto rango y de riquezas, no lo será en el futuro, cuando los pobres consigan sus recompensas. Ahora bien, si ser rico y saludable será bueno en el futuro, ¿por qué habría de ser malo en el presente?

Parece que nos encontramos ante un dilema interpretativo. Si pensamos que los pobres y los débiles serán recompensados con riquezas y con fuerza, no hay nada genuinamente bueno en el hecho de ser pobre y débil. Tampoco hay nada malo en ser rico y fuerte. Pero considerar afortunado al desafortunado es tan contradictorio como suena y carece de sentido desde un punto de vista puramente laico.

Sin embargo, existe una manera mejor de entender el elogio que hace Jesús de la humildad y de quienes han sido humillados. Esta requiere una cierta sutileza interpretativa, que algunos podrían considerar mera sofistería. «Bienaventurados los pobres» no significa que «todos los pobres son bienaventurados» ni que «la pobreza es la mayor bendición». Más bien, la pobreza brinda la oportunidad de ver la vacuidad de los bienes y los éxitos mundanos, abriendo la puerta a una vida verdaderamente buena. Por expresarlo en otros términos, todos los pobres son *bendecidos* con una oportunidad más fácil que los ricos de rechazar recompensas materiales superficiales, pero no todos la aprovecharán.

Existe un ejemplo poderoso de ello en el libro de Viktor Frankl *El hombre en busca de sentido*. Frankl describe su conversación en un campo de concentración con una mujer que sabía que iba a morir al día siguiente. No obstante, estaba alegre, y le dijo a Frankl: «Me siento agradecida de que el destino me haya golpeado tan fuerte. En mi vida anterior era una consentida y no me tomaba en serio los logros espirituales».[2] Frankl no cuenta esta historia para hacer la obscena sugerencia de que las personas enviadas a los campos de concentración fuesen afortunadas. Antes bien, pese al innegable horror que tenían que sufrir, había al menos una bendición, en forma de una oportunidad para un despertar espiritual.

He aquí una manera humana de interpretar las declaraciones de Jesús acerca de la bienaventuranza de los desdichados de la tierra. Aunque sería preferible no sufrir, hay algunas lecciones importantes que solo el sufrimiento puede enseñarnos. El infortunio nos maldice y nos bendice a la par. Eso no significa que las bendiciones justifiquen los dolores, ni que todo aquel que sufre se beneficie de ello. Las enseñanzas de Jesús son un consuelo para el desdichado, no una negación de su infortunio.

Este cambio interpretativo de «todos los pobres son bienaventurados» a «algunos de los pobres son bienaventurados en algunos sentidos» goza de un sólido respaldo escritural. Dice Jesús: «Y hay últimos que serán primeros, y hay primeros que serán últimos» (Sin Dios 4, 5), y también: «muchos primeros serán últimos y los últimos, primeros» (Sin Dios 4, 29). Estas dos formulaciones dejan muy claro que no todos los últimos serán primeros, y viceversa.

Cuando hace declaraciones más generales, podemos considerarlas hiperbólicas o poseedoras de un significado un poco diferente. Por ejemplo, podemos leer «todo el que se ensalce, será humillado; y el que se humille, será ensalzado» no como una predicción relativa a recompensas futuras, sino como una revaluación más profunda de los valores. Ensalzarte supone en realidad degradarte, pues te conviertes en un vano egotista. En cambio, ser humilde supone alzarte a un modo de ser más ético y más elevado.

Según esta lectura, los más loables no son aquellos que simplemente resultan ser pobres o perseguidos, sino quienes sufren por ser buenos. Estas son de hecho las personas a las que más explícitamente elogia Jesús: «Bienaventurados los perseguidos por causa de la justicia. Bienaventurados seréis cuando os injurien, y os persigan y digan con mentira toda clase de mal contra vosotros» (Sin Dios 2, 14). No tenemos por qué interpretar que Jesús quiera decir que es preferible ser injuriado o perseguido a no serlo. Ahora bien, cuando suceden esas desgracias a resultas de nuestra propia bondad, esa es en sí misma una señal de que estamos viviendo bien y, por consiguiente, en un sentido profundo, estamos viviendo una vida verdaderamente grande. Por ese motivo admiramos a las personas como los trabajadores humanitarios que mueren ayudando a otros. No las consideramos bienaventuradas porque hayan muerto, pero algo dentro de nosotros reconoce que alcanzaron un nivel más elevado del ser que el resto de nosotros. En cierto sentido, eran más *bienaventuradas* que aquellos de nosotros que escogimos, en cambio, el camino confortable.

A mi parecer, Jesús nos está retando a comprender que existe una forma de florecimiento más elevada que el disfrute superficial y la prosperidad en el sentido convencional del término. «Una vida valiosa no es solamente una vida de felicidad —dice Keith Ward—. Es sentir que eres valioso y que puedes hacer algo que vale la pena, que no es solo una cosa sin sentido tras otra. Ese es un sentimiento muy infrecuente en nuestra cultura. La sensación que tienen los jóvenes, al compararse con otras personas en internet, de no ser valiosos y decir: Yo no soy bueno.»

Muchos creen que esta clase de vocación más elevada es casi imposible sin Dios. «La enseñanza de amor de Jesús es realmente absoluta y definitiva —dice Nick Spencer—. Tu disposición para vaciarte, para darte a ti mismo, ha de ser mayor que tu disposición para aferrarte a ti mismo. El problema de la plena secularización es que, francamente, ¿por qué demonios habrías de hacer tal cosa? Si esto es todo cuanto existe, si no hay resurrección de los muertos ni restauración final, sea esto lo que fuere, ¿por qué habrías de amar hasta el punto de morir?»

Vanier parecería dar testimonio de ello. Cualquiera puede admirarlo, pero, sin su fe en Dios, ¿habría estado tan dispuesto a renunciar a tanto para servir a los demás? Por supuesto, no podemos saberlo. Sin embargo, una respuesta negativa entra en conflicto con las enseñanzas de Jesús acerca de la compasión, más que la creencia, como la raíz del servicio a los demás. Por todo el mundo hay muchas personas que se entregan extraordinariamente sin ninguna creencia religiosa. Infinidad de médicos que arriesgan sus vidas en zonas en conflicto con Médicos Sin Fronteras, por ejemplo, son ateos.

Consideremos al sacerdote católico francés Jean Meslier (1664-1729), que perdió completamente su fe, en parte por la indignación que le causaba la corrupción de la Iglesia. «Despreciaba a aquellos que se reían de la simplicidad de la gente cegada, que aportaban piadosamente grandes cantidades de dinero para la compra de plegarias.» Mantuvo en secreto su ateísmo durante su vida, pero dejó un *Testamento* póstumo que es el primer texto declaradamente ateo de la Europa cristiana. Una razón por la que Meslier no dejó el sacerdocio es que esa función le permitía servir a sus pobres feligreses. Dirigiéndose a ellos, escribió: «Hermanos míos, vosotros me haréis la justicia que me corresponde. La sensibilidad que he mostrado por vuestros sufrimientos me protege contra vuestras sospechas... ¿Acaso no he demostrado siempre que me producía más placer dar que recibir?». He aquí un hombre cuyo compromiso con el supremo amor abnegado le exigió *renunciar a* su fe, no aferrarse a ella.[3]

El propio Spencer dice que la idea del amor abnegado «tiene eco en las personas independientemente de que estas tengan o no creencias religiosas». Muchos saben lo que supone enfrentarse a la difícil elección entre ser la clase de persona que puede mirarse en el espejo o tomar un camino más fácil. Incluso sin la promesa de que Dios ponga las cosas en orden, las personas eligen a veces la muerte por encima de una forma de vida que sienten que es una degeneración moral, en lugar de un florecimiento.

Reflexionando sobre este asunto, me descubrí pensando en la película de Paolo Sorrentino *Las consecuencias del amor*. Tanto su atmósfera como su desenlace se han quedado grabados en mi memoria. El personaje principal es un hombre con una vida vacía de servidumbre efectiva a la Cosa Nostra, si bien con un gran presupuesto para gastos. Acaba desafiando a sus amos, robándoles su dinero, porque, dice, ellos «me han robado mi vida». Le dan la oportunidad de salvarse si les dice dónde está el dinero, pero él la rechaza. En una larga escena final, permanece impasible mientras es enterrado vivo lentamente en cemento. Su desafío parece ser una respuesta a la pregunta de Jesús: «Pues ¿de qué le servirá al hombre ganar el mundo entero si arruina su vida? O ¿qué puede dar el hombre a cambio de su alma?» (Sin Dios 4, 15). A veces, paradójicamente, florecemos más muriendo que salvando nuestra vida, ya que, al estar dispuestos a morir, realizamos nuestro potencial de bondad en mayor medida que permaneciendo vivos pero comprometidos. Deseamos saber que nuestra vida ha tenido algún sentido, lo cual no siempre implica confort, placer o felicidad.

Jesús no solo hablaba bien de la debilidad, sino que también hablaba muy mal de los aparentes signos de éxito. Eso no significa necesariamente que pensase que era malo reírse o que hablasen bien de nosotros. De hecho, quienes tenían más motivos para reír en su tiempo eran generalmente los oprimidos. Aquellos que gozaban de las más altas reputaciones no eran bien considerados por su virtud genuina, sino por razones más superficiales, como la estima en la que a menudo se tiene a los ricos y las celebridades.

Si consideramos sus enseñanzas en su conjunto y asumimos que no es ningún tonto, Jesús no puede estar diciendo de veras: la pobreza es buena, la riqueza es mala; la enfermedad es buena, la salud es mala. Antes bien, está diciendo que sencillamente esas no son las fuentes primordiales del valor. Lo más importante es llegar a ser las mejores personas que podamos. Así, por ejemplo, dice a sus discípulos: «Si uno quiere ser el primero, sea el último de todos y el servidor de todos» (Sin Dios 6, 31). Esta no es una forma de decir que la servidumbre es el camino lento pero seguro hacia la dominación, sino que servir a los demás es parte de lo que constituye una vida buena. El servicio es un modo de llegar a ser los primeros en un sentido diferente de aquel en el que el amo es el primero: primeros en espíritu, no en estatus ni en poder.

De manera análoga, no deberíamos subestimar a los aparentemente humildes. Las parábolas del grano de mostaza y la levadura (Sin Dios 7, 22-27) nos dicen que la semilla más diminuta puede convertirse en la hierba más grande de todas y que un poco de levadura puede hacer que crezca un pan entero. Hay metáforas que sugieren que la humildad tiene su propia capacidad de ennoblecer nuestra alma y tornarnos espiritualmente grandes, no que se trate del camino inteligente hacia la grandeza mundana.

La humildad de la mejor especie no consiste en la autohumillación ni en la celebración del infortunio. Consiste en reconocer nuestra propia debilidad y falibilidad. Cuando Jesús pregunta «¿Podrá un ciego guiar a otro ciego? ¿No caerán los dos en el hoyo?» (Sin Dios 3, 11), parece estar hablando de toda la humanidad. Nadie está cualificado para convertirse en maestro de los demás poque todos carecemos de la visión moral perfecta.

Más de una vez, Jesús reserva un elogio especial para aquellos que parecen reconocer su debilidad y su imperfección. En cierta ocasión, un centurión esperaba que se curase su criado. Sin embargo, el centurión no se consideraba lo suficientemente bueno como para dirigirse a Jesús en persona para solicitarle su ayuda. Aunque él era «un subalterno» que dice a sus soldados «"Ven", y viene» y a su siervo «"Haz esto", y lo hace», dice: «no soy digno de que entres bajo mi techo, por eso ni siquiera me consideré digno de salir a tu encuentro» (Sin Dios 5, 2-6).

La respuesta de Jesús es curiosa: «Os digo que ni en Israel he encontrado una fe tan grande». *Fe* parece ser una palabra inapropiada. ¿Por qué supone una muestra de fe el reconocimiento de nuestra propia inferioridad? Sin embargo, esta no es la única ocasión en la que Jesús responde a la humildad con esta palabra. En otro momento, una mujer acude a Jesús en busca de ayuda para su hija (Sin Dios 6, 1-5). Pese a su reputación de bondad, Jesús la ignora la primera vez que le suplica. Solo cuando sus discípulos se quejan de que los está molestando comienza a involucrarse propiamente, tal vez no solo para enseñarles una lección, sino en reconocimiento tardío de que él mismo no había sido ejemplar.

Lo que dice después es un tanto críptico: «No está bien tomar el pan de los hijos y echárselo a los perritos». Ella responde: «Sí, Señor, pero también los perritos comen de las migajas que caen de la mesa de sus amos». Ese es el comentario que convence finalmente a Jesús de que merece crédito. «Mujer, grande es tu fe; que te suceda como deseas.» Como en el caso del centurión, se afirma que su fe es grande cuando ella dice algo que la pone en una posición humilde, cual perro que recoge las migajas de la mesa de su amo.

¿Por qué habría de describirse como fe la humildad del centurión o de la mujer? La palabra *fe* deriva del latín *fides*, que significa 'confianza'. La humildad está ligada a la confianza porque, cuando aceptamos que somos defectuosos e imperfectos, aceptamos que no somos autosuficientes y, por ende, hemos de confiar en otros.

La fe no nace de la certeza y la convicción, sino de una apertura que dimana de la aceptación de nuestra propia ineptitud.

La enseñanza de Jesús pierde aquí algo cuando se despoja de sus atributos divinos. Un motivo religioso recurrente es la creencia de que los seres humanos carecemos de la capacidad de salvarnos a nosotros mismos, de que necesitamos entregarnos a algún poder superior. El propio término *islam* significa 'sumisión', no porque Dios sea un tirano que desee dominarnos, sino porque solo sometiéndonos a él podemos lograr lo que no podemos conseguir nosotros solos. El budismo de la Tierra Pura nos enseña que la iluminación se alcanza recitando la frase «*Namu Amida Butsu*» («Me refugio en el buda Amida»). El filósofo de la Escuela de Kioto Tanabe Hajime describe esto como un acto de entrega al «poder-de-otro». Sin una creencia en algún poder superior semejante, el reconocimiento profundo de nuestra ineptitud elogiado por Jesús parecería convertirse en una fuente de desesperación más que en un camino hacia la salvación.

Ese problema es profundo, toda vez que la miseria moral fundamental de la humanidad está incorporada en la visión de Jesús. Sus raíces se hunden en el relato de la Biblia hebrea de la caída, cuando Eva comió el fruto del árbol del conocimiento del bien y del mal, y la humanidad fue expulsada del edén. La idea de que toda la humanidad hereda este *pecado original* se desarrolló en el pensamiento cristiano temprano. La ortodoxia llegó a afirmar que ese pecado no podía eliminarse sin el sacrificio del único hijo de Dios en la cruz. Ahora bien, no es preciso creer en Adán y Eva ni en el pecado original para interpretar la historia como una declaración alegórica de la insuficiencia moral humana. Quizá por eso Keith Ward considera que «las enseñanzas morales de Jesús son muy ambiguas, pero muy desafiantes al mismo tiempo. Nunca sabemos lo que se supone que hemos de hacer exactamente, pero lo que sabemos es que, hagamos lo que hagamos, estamos fallando».

La incapacidad de la humanidad caída para salvarse a sí misma era una de las razones por las que varios de los pensadores cristianos con los que he hablado dudaban de que los Evangelios pudieran secularizarse por completo. Por ejemplo, Ward cree que Jesús propugnaba «un cambio de actitud más que un cambio de principios», en el que «no nos volvamos arrogantes y orgullosos, sino humildes, cariñosos y atentos». Eso suena completamente traducible a términos laicos. Sin embargo, faltaría un elemento clave de las enseñanzas de Jesús, a saber, que «según este, esa clase de amor se debe a un poder de Dios dentro de las vidas humanas. No pertenece a nuestros propios recursos, sino que es algo que sentimos que viene de fuera. Sin el sentimiento de algún poder distinto de mí mismo que es capaz de vencer mis peores inclinaciones, yo no las vencería». El lema favorito de Ward a este respecto es: «Déjalo en manos de Dios. Dejas de intentar hacerlo por ti mismo y te entregas a algún poder superior». Aunque acepta que «no tenemos por qué llamarlo Dios», en algún sentido tiene que ser trascendente e ir más allá de lo humano.

La mayoría de los cristianos comparten el sentimiento de que, sin una dimensión trascendente, representada por el Cristo resucitado, quedamos indefensos. Considerado como un todo, ese es el mensaje del Nuevo Testamento. Pablo escribió a los corintios: «Si no hay resurrección de muertos, tampoco Cristo resucitó. Y si no resucitó Cristo, vacía es nuestra predicación, vacía también vuestra fe» (I Corintios 15, 13-14). Lucy Winkett cita su frase favorita de *El ala oeste de la Casa Blanca*: «Un líder sin seguidores no es más que un tipo que está dando un paseo», y luego añade: «A veces pienso en Jesús de esa manera. En última instancia, acaba siendo un tipo de paseo hacia la crucifixión, porque todos se han marchado. Si nos detenemos ahí, su ministerio terrenal traza un arco de fracaso colosal. De ahí que la dimensión trascendente de su naturaleza sea realmente vital desde una perspectiva cristiana. Si dejamos mucho antes a Jesús como un maestro de moral, es alguien de quien apenas sabemos nada y de quien tenemos unas cuantas declaraciones, de las que no muchas son muy originales. Podemos admirar su extraordinaria vida, su increíble energía y una pasión que lo conduce a ser crucificado por aquello en lo que cree. Ahora bien, ¿cambiará eso nuestra vida? Lo que dirían los cristianos es que podemos vivir esa vida no solo imitando a Jesús, sino acompañándolo hoy en día. Así pues, la resurrección, comoquiera que la entendamos, es increíblemente importante. No se trata de un final feliz para una historia triste. Lo cambia todo. Significa que hay por debajo una suerte de garantía, una promesa de Dios de la vida eterna. Y si la vida es efectivamente eterna, ya ha comenzado. Por consiguiente, estamos viviendo en una realidad que es hoy inmanente a la par que trascendente».

La imposibilidad de que la humanidad se salve a sí misma es un tema relevante en el pensamiento de Kierkegaard. Como explica Clare Carlisle, Kierkegaard «afirma que ser cristiano es imitar a Cristo, y acto seguido añade que es imposible hacerlo, pero que no pasa nada porque seremos salvados por Cristo. Existe esta doble dimensión de establecer un ideal ético que por una parte es tan estricto, exigente y riguroso que resulta imposible de alcanzar, pero, por otra parte, es infinitamente indulgente porque Jesús, en su misericordia y en su gracia, todo lo perdona. Kierkegaard enfatiza estos dos extremos del rigor y la indulgencia».

No obstante, a mi parecer podemos afrontar la insolubilidad de nuestra propia imperfección sin la ayuda divina, como dejan entrever estas palabras de Elizabeth Oldfield: «Sabemos que no somos lo bastante buenos, sabemos que no estamos a la altura, ese es el sentido de la cruz. Los cristianos no leemos el Nuevo Testamento como puras enseñanzas éticas que aprobamos o suspendemos. La cuestión es si nos acercamos o nos alejamos de él». Es cierto que, para los cristianos, existe asimismo el sentimiento de que «como Dios nos conoce y nos ama, Él mismo colma esa brecha». Ahora bien, los ateos podemos compartir la misma aspiración a hacerlo lo mejor posible para avanzar en la dirección de la bondad sin ninguna fe en que Dios compense nuestra incapacidad para alcanzarla.

Semejante posición no habría satisfecho a Kierkegaard. Carlisle dice que Kierkegaard pensaba que se necesitan tanto el rigor como la indulgencia del cristianismo: «Es crítico con quienes únicamente aceptan la indulgencia. Por otra parte, si solo tuviéramos el rigor, caeríamos en la desesperación, nos sentiríamos fatal con nosotros mismos por no alcanzar ese ideal imposible». Oldfield y Spencer se alinean con Kierkegaard. Sin la gracia divina, el imperativo de intentar superar nuestra fragilidad es, como dice Oldfield, «tan solo otro yugo sobre nuestro cuello», a lo que Spencer añade: «uno enorme que nos machacará con la culpa».

No creo que eso sea inevitable. Hay una forma de interpretar la profunda humildad enseñada por Jesús en términos laicos. Al aceptar nuestra propia debilidad, llegamos a aceptar nuestra dependencia de los otros y a volvernos más modestos respecto de nosotros mismos y de cuán buenos podemos ser. Sin lugar a dudas, esto confiere a la vida una dimensión trágica, como en *El mito de Sísifo* de Albert Camus. El epónimo protagonista es condenado para toda la eternidad a empujar hasta la cima de una colina una roca, que luego rueda hasta el pie para que vuelva a empezar. Sísifo, se nos dice, ha de abrazar su destino. Si lo hace, «debemos imaginar a Sísifo feliz».[4] Podemos esforzarnos para llegar a ser las mejores personas posibles, sabiendo que jamás lo lograremos del todo y que la muerte interrumpirá, asimismo, nuestro empeño.

Podemos apreciar la importancia de reconocer nuestra dependencia de los otros y nuestra propia debilidad en el rechazo reiterado de la jerarquía por parte de Jesús. Sus propios orígenes humildes dan testimonio de ello. Cuando Jesús comenzó su misión, las gentes de la sinagoga no podían creer su sabiduría y preguntaban: «¿No es este el hijo del carpintero? ¿No se llama su madre María, y sus hermanos Santiago, José, Simón y Judas? Y sus hermanas, ¿no están todas entre nosotros? Entonces, ¿de dónde le viene todo esto?» (Sin Dios 1, 16). La propia persona de Jesús evidenciaba la necesidad de derrocar las viejas jerarquías de sangre y nobleza. Nuestro estatus social no tiene nada que ver con nuestro estatus moral, que es mucho más importante.

¿Quiere esto decir que no existen jerarquías en absoluto en la visión moral de Jesús? Algunas de sus declaraciones sugieren, en efecto, un absoluto igualitarismo, como: «No está el discípulo por encima del maestro. Todo el que esté bien formado, será como su maestro» (Sin Dios 3, 12). Jesús afirma algo muy similar cuando lava los pies a sus discípulos, diciéndoles: «no es más el siervo que su amo, ni el enviado más que el que le envía» (Sin Dios 5, 29).

Uno de los pasajes antijerárquicos más llamativos lo hallamos cuando dice: «Vosotros, en cambio, no os dejéis llamar "Rabí"; y vosotros sois todos hermanos. Ni tampoco os dejéis llamar "Directores". El mayor entre vosotros será vuestro servidor. Pues el que se ensalce, será humillado; y el que se humille, será ensalzado» (Sin Dios 11, 42-43). No deberían existir jerarquías eclesiásticas: ningún sacerdote, sino solamente hermanos. Parece extraordinario cuán flagrantemente casi todas las Iglesias cristianas han ignorado esta clara instrucción y han creado arcanos estratos de clérigos.

Las últimas palabras de Jesús a propósito de la jerarquía las pronuncia en la última cena, cuando los discípulos pelean por quién de entre ellos es el mayor. No es esa la única ocasión en la que dan la impresión de ser una cuadrilla de pocas luces que no ha acertado a captar la esencia de las enseñanzas de su maestro. Jesús les dice: «Que el mayor entre vosotros sea como el más joven y el que gobierna como el que sirve. Porque, ¿quién es mayor, el que está a la mesa o el que sirve? ¿No es el que está a la mesa? Pues yo estoy en medio de vosotros como el que sirve» (Sin Dios 12, 7).

El mensaje es más complejo que la simple eliminación de toda jerarquía. Examinemos con más detalle la historia en la que Jesús lava los pies de sus discípulos. Comienza diciéndoles que ningún amo elogia a sus siervos simplemente por hacer lo que supuestamente han de hacer, de modo que, cuando los envíe a actuar como sus siervos en el mundo, deberían esperar ser tratados nada más que como siervos:

«decid: "Somos siervos inútiles; hemos hecho lo que debíamos hacer"» (Sin Dios 5, 18).

Pero entonces les lava los pies para mostrarles que el amo también ha de ser un siervo para aquellos a quienes gobierna. No se trata de que no exista ninguna diferencia entre el amo y el siervo, sino de que tanto el siervo como el amo han de servir. No deben ser como los jefes de las naciones, que «las dominan como señores absolutos». Antes bien, «el que quiera llegar a ser grande entre vosotros, será vuestro servidor» (Sin Dios 5, 20). La jerarquía no es tanto abolida como transformada. Los amos también han de servir, pero sin dejar de ser amos.

Esto concuerda con la interpretación que hace Keith Ward de lo que él considera la principal enseñanza de Jesús: el reino de Dios o el reino de los cielos. Al igual que muchos teólogos, piensa que la traducción más adecuada es *el reinado de Dios*. «El reino es de una clase particular porque aquellos que lideran deberían ser los que sirvan, por lo que no se trata de un reino jerárquico, sino de servicio mutuo.» Al mismo tiempo, «En los Evangelios queda implícito que Jesús es el rey del reino».

Pretendiera o no Jesús abolir la jerarquía o alterar radicalmente su significado, creía claramente que para ser grandes tenemos que servir, y para servir necesitamos hacernos humildes. Su propio ejemplo, sin embargo, envía un mensaje contradictorio. Sí, sirve a otros y rechaza todas las descripciones ensalzadoras. Por ejemplo, corrige al hombre que lo llama «maestro bueno», diciéndole que nadie merece semejante descripción. En su juicio rehúsa decir que era el rey de los judíos, señalando que era Pilato quien afirmaba tal cosa (Sin Dios 13, 5, 19 y 23).

Ahora bien, dista de ser siempre humilde. Posee una profunda autoconfianza y un fuerte sentido de la vocación. Parece totalmente convencido en sus declaraciones y libre de dudas excepto en contadas ocasiones. Cuando llega a Jerusalén, se permite ser exhibido por una enorme multitud y dice a los fariseos que «si estos callan, gritarán las piedras» (Sin Dios 11, 5). Al igual que muchos maestros morales de la época, no solo en Judea, sino por todo el mundo grecorromano, proclama tener una misión divina. «También a otras ciudades tengo que anunciar la Buena Nueva del Reino de Dios —decía—, porque a esto he sido enviado» (Sin Dios 1, 22). No hay razón para pensar que esta afirmación implicara en sí misma una creencia en su propio estatus divino. No obstante, demuestra una confianza en sí mismo que está hasta cierto punto en tensión con otras muestras de humildad de Jesús. Este no es un hombre inseguro de su propia importancia.

Jesús creía, sin embargo, que ni siquiera él debería elevarse demasiado y siempre debería estar dispuesto a servir a los demás. Quizá estuviese justificado que quienes describían su vida y sus enseñanzas lo retrataran como alguien que se sabía superior. Hay personas mejores que casi todas las demás. Abrazar la ética de la humildad no implica pretender que nadie es mejor ni peor que los otros. La humildad en las enseñanzas de Jesús no tiene nada que ver con lo que hoy denominaríamos *autoestima*. Se trata simplemente de ver a los pobres, los enfermos y los débiles no como personas dignas de lástima, sino como retos para nuestro sistema de valores. Nos muestran que servir a los demás es una vocación más elevada que servirnos sencillamente a nosotros mismos, y que el bienestar material no solo es menos importante que nuestra bondad, sino que además puede distraernos del pleno desarrollo de esta. Esta es una llamada a la humildad que todavía merece ser escuchada en nuestros días.

CAPÍTULO 7

Sin juzgar

El 13 de noviembre de 2015, una serie coordinada de atentados terroristas en París dejó ciento treinta muertos. Todas las víctimas y sus familiares tenían sus propias historias desgarradoras, muchas de las cuales escuchamos en las semanas que siguieron. Una de las más poderosas fue una carta abierta a los terroristas escrita por Antoine Leiris en Facebook. Su mujer fue una de las noventa personas masacradas en un concierto de Eagles of Death Metal en la sala Bataclan. Titulada «No tendréis mi odio», la carta de Leiris llenó mis ojos de lágrimas por aquel entonces y hoy todavía me hace llorar.

Empezaba así: «El viernes por la noche robasteis la vida de un ser excepcional, el amor de mi vida, la madre de mi hijo, pero no tendréis mi odio. No sé quiénes sois ni deseo saberlo, pues sois almas muertas. Si ese Dios por el que matáis ciegamente nos creó a su imagen, cada bala en el cuerpo de mi mujer es una herida en su corazón».

Continuaba diciendo: «No os haré el regalo de odiaros. Eso es lo que estáis buscando, pero responder al odio con ira supondría ceder a la misma ignorancia que os ha convertido en lo que sois».

La dignidad de Leiris no dimanaba de la falta de dolor o de ira. En su carta, no ocultaba a nadie las profundidades de su aflicción. «La he visto esta mañana. Finalmente, tras noches y días de espera.

Estaba tan hermosa como cuando se marchó el viernes por la noche, tan hermosa como cuando me enamoré locamente de ella hace más de doce años. Ni que decir tiene que estoy devastado por la pena, concedo esta pequeña victoria, pero será breve. Sé que ella nos acompañará cada día y que nos encontraremos en ese paraíso de las almas libres al que vosotros jamás tendréis acceso.»

La carta es extraordinaria. Expresa en una prosa sincera y sin pretensiones cómo ni la muerte ni el odio pueden derrotar al amor. Para muchos, ese «rechazo del odio» parecía exactamente la respuesta apropiada. Puede dar la impresión de incumplir el mandamiento cristiano de perdonar y no juzgar a los demás, pero, a mi juicio, expresa todo lo mejor de las enseñanzas de Jesús, al tiempo que evita todo lo potencialmente negativo de un perdón excesivamente fácil y una negativa a juzgar demasiado absoluta.

Las enseñanzas de Jesús sobre el perdón y el no juzgar van de la mano. La mejor manera de abordarlas es mediante una de las historias más célebres de los Evangelios, la de la mujer sorprendida en adulterio (Sin Dios 8, 56-63). Los escribas y los fariseos la conducen ante Jesús para preguntarle si deberían apedrearla, conforme a la ley de Moisés. Se trata de una de sus típicas trampas. Jesús ha declarado respetar la ley, pero claramente muchas de sus enseñanzas van en contra de la práctica común. Evidentemente, él se opone también a toda justicia violenta. La intención era obligarlo a contradecirse a sí mismo o a contradecir la ley, con el fin de exponerlo como una fuerza sediciosa.

La respuesta de Jesús es más astuta que la pregunta que le han formulado. Inicialmente se queda en silencio, como si no los oyera, y se pone a escribir con el dedo en la tierra. Por fin les responde diciendo: «Aquel de vosotros que esté sin pecado, que le arroje la primera piedra». Ninguno es capaz de hacerlo y, como dice el Evangelio, «se iban retirando uno tras otro».

Jesús se vuelve entonces hacia la mujer y le pregunta: «¿dónde están? ¿Nadie te ha condenado?». Ella contesta: «Nadie, Señor».

Jesús le dice: «Tampoco yo te condeno. Vete, y en adelante no peques más».

Este breve episodio capta en buena medida lo que significa no juzgar en la moral de Jesús y por qué esto es tan importante. Hay un detalle particularmente interesante: su silencio inicial. Para mí, apunta a la consideración reflexiva de Jesús, que está ejemplificando la negativa a juzgar apresuradamente. Ser prejuicioso es con frecuencia una cuestión de precipitarse a la hora de juzgar.

Uno de los puntos más destacados que la historia pone de manifiesto es que Jesús no se reserva por completo su juicio. Deja claro que el adulterio es un pecado y que la mujer ha obrado mal. Esto concuerda enteramente con sus demás pronunciamientos. Jesús no cesa de emitir juicios en el Evangelio, y con frecuencia estos son muy severos. Denuncia como hipócritas a los escribas y los fariseos, y condena como malas muchas acciones. Si la abstención de juicio requiere negarse a decir si algo está bien o mal, Jesús ciertamente jamás la practicó.

¿A qué se refiere entonces cuando dice «Tampoco yo te condeno»? En cierto sentido, eso es claramente lo que ha hecho, pues al decir «no peques más», juzga que su acción ha sido mala. No obstante, existe una distinción entre *juzgar las acciones de una persona* y *condenar a la propia persona*. Esta se resume a menudo en las palabras «Ama al pecador, aborrece el pecado». Se cree que debemos los orígenes de esta frase a san Agustín. En una carta a un convento, aconsejaba a las monjas que castigasen a aquellas que dirigieran reiteradamente «miradas lascivas» con «el debido amor a las personas y odio al pecado».[1] Aunque Jesús nunca pronunció esas palabras exactas, estas parecen captar, en efecto, algo importante en su mensaje.

No faltan los críticos de este mantra. Muchos cuya sexualidad no se amolda a las puras normas heterosexuales se quejan de que se trata de un principio que permite que la gente oculte su odio hacia ellos tras un odio profesado a algo más abstracto. Otra crítica es que, en la práctica, a las personas no se les da bien mantener separadas ambas cosas. Muchos han argüido que el desprecio al islam no debería denominarse *islamofobia*, porque no implica despreciar a los musulmanes. Aunque eso sea técnicamente cierto, con demasiada frecuencia vemos que cuando permitimos que se ataque brutalmente una creencia, a menudo se produce pronto la demonización de los creyentes.

La elisión común del odio a los pecados y a los pecadores hacía recelar a Gandhi de la exhortación a mantenerlos separados. Estaba de acuerdo en que «El hombre y sus actos son dos cosas distintas» y en que «una buena obra debería inspirar aprobación, y una mala acción, desaprobación; el autor de la acción, tanto buena como mala, merece siempre respeto o compasión, según el caso». No obstante, es tristemente cierto que «"Odia el pecado y no al pecador" es un precepto que, si bien es suficientemente fácil de entender, rara vez se practica, y por eso el veneno del odio se esparce por el mundo».[2]

Pese a ser consciente de esta dificultad, Gandhi consideraba esencial la distinción entre el pecado y el pecador para su principio de la no violencia (*ahimsa*), especialmente para su defensa de la resistencia no violenta o «luchar con la paz» (*satyagraha*), una conexión potencialmente iluminadora para las enseñanzas de Jesús. Para Gandhi, si aspiramos a combatir con efectividad las maldades graves, no hemos de sentir hostilidad hacia el malhechor. Esa es la única forma de provocar la clase apropiada de cambio. El odio solo engendra odio. Por consiguiente, *el juicio de la injusticia* requiere *no juzgar a los injustos*. Solo porque juzgamos que la injusticia es tan grave y tan mala estamos en la posición de tener que abstenernos de juzgar a los perpetradores mismos. Esta clase de razonamiento explica la actitud de Jesús hacia la mujer sorprendida en adulterio. La necesidad de no juzgarla dimana únicamente de la necesidad de juzgar la pecaminosidad de su acto.

Pero ¿por qué no juzgar a la persona? Son varias las razones.

Agustín sugiere una en sus instrucciones a las monjas. Les dice que no se sientan mal cuando informen de las faltas de sus hermanas. Comunicar las maldades no es malévolo, sino bondadoso, ya que estaría mal «permitir que perezcan las hermanas, a las que podéis corregir facilitando información sobre sus faltas. Y es que, si vuestra hermana tuviera una herida en su persona que deseara ocultar por temor a la lanceta del cirujano, ¿acaso no sería cruel guardar silencio al respecto, y verdadera compasión darla a conocer? Cuánto más, pues, estáis obligadas a dar a conocer su pecado, a fin de que no sufra más fatalmente de una herida espiritual desatendida».

Si amamos a alguien, le deseamos lo mejor. Lo mejor para cualquiera no es vivir inmoralmente y, por ende, de manera deficiente. Así pues, porque amamos a las personas en vez de odiarlas, necesitamos ayudarlas en todo momento a que vean cuándo están obrando mal. Por consiguiente, no juzgar es algo más que abstenerse simplemente de algo. Está ligado al cuidado activo de los otros. Por eso Jesús no solo se negaba a juzgar a los pecadores, sino que también buscaba activamente su compañía.

Consideremos, por ejemplo, la historia en la que Jesús está comiendo con Leví, el recaudador de impuestos, y sus amigos igualmente inicuos (Sin Dios 8, 1-5). Los escribas y los fariseos estaban indignados, pero Jesús dijo: «No necesitan médico los que están sanos, sino los que están mal». La misma reacción provoca cuando acepta una invitación a casa de Zaqueo, el recaudador de impuestos (Sin Dios 8, 6-13): «pues el Hijo del hombre ha venido a buscar y salvar lo que estaba perdido», dice.

El mensaje de Jesús es muy simple y encierra una verdad evidente. Si nos preocupamos de ayudar a las personas a hacerse buenas, necesitamos concentrar más energías en aquellas que menos alcanzan. Este es el mensaje de las reiteradas analogías de Jesús de las ovejas y el pastor (Sin Dios 8, 14-23): «¿Quién de vosotros que tiene cien ovejas, si pierde una de ellas, no deja las noventa y nueve en el desierto, y va a buscar la que se perdió hasta que la encuentra?».

Y quien encuentra esa oveja perdida «tiene más alegría por ella que por las noventa y nueve no descarriadas».

Históricamente, las sociedades siempre se han apresurado a dar por perdidos a sus miembros más renegados. El énfasis de Jesús en ayudar a alcanzar la virtud a aquellos que han sido menospreciados por los demás era algo excepcional. La creencia en que cualquiera podía en principio llegar a ser un sabio estaba generalizada en la filosofía griega y romana, pero se entendía que eran muy pocos los que podían lograrlo de veras. Por consiguiente, la idea de que los aparentemente irredimibles eran en realidad redimibles se habría antojado muy extraña. Jesús ofrece la esperanza y la promesa de que, por muy bajo que hayamos caído, todavía existe la posibilidad de la *metanoia*, un cambio de actitud.

Su disposición a confraternizar con los pecadores cuestiona asimismo una idea generalizada, especialmente prevalente en la ética de la virtud: que tanto la virtud como el vicio son contagiosos. Como decía Confucio: «La virtud nunca es solitaria; siempre tiene vecinos».[3] Aristóteles solía aconsejar a las personas que querían ser buenas que buscasen la compañía de los buenos y evitasen la de los malvados. En la tradición de la ética de la virtud, ser bueno es una cuestión de hábito y, por lo tanto, es natural que para cultivar los hábitos apropiados debamos rodearnos de personas que nos ayuden a hacerlo. «La convivencia con los hombres buenos puede producir una especie de práctica de la virtud», escribió Aristóteles, suscribiendo la idea de Teognis.[4] El desafío de esta concepción por parte de Jesús podría ser una señal de que es una persona tan ejemplar que es incorruptible, o de que todas las personas buenas tienen el deber de servir como ejemplo a los demás, especialmente a quienes más lo necesitan.

Si aceptamos que lo más importante es llegar a ser la mejor versión de nosotros mismos, tenemos otra razón para abstenernos de juzgar a los demás. Si somos conscientes de lo verdaderamente difícil que resulta llegar a ser «perfectos», como Jesús ordena a sus seguidores que hagan, también sabemos que no estamos en posición de juzgar las imperfecciones ajenas. «¿Podrá un ciego guiar a otro ciego? ¿No caerán los dos en el hoyo?», preguntaba Jesús en el sermón de la montaña (Sin Dios 3, 11). Todos tenemos una visión moral defectuosa, por lo que ninguno de nosotros debería afirmar ser capaz de ver con claridad lo que otros han de hacer. Como dice Clare Carlisle, la imposible demanda de perfección «contrarresta el moralismo porque nadie puede llevarla a cabo. Por tanto, aprendemos que debemos dejar de lado la idea moralista de que nosotros estamos haciendo lo correcto y vosotros no. Hay algo bastante nivelador en la imposibilidad de este elevado ideal. Y, en cualquier caso, nunca sabemos realmente si lo estamos haciendo bien».

Ese es el poder que subyace al mandato de Jesús «Aquel de vosotros que esté sin pecado, que le arroje la primera piedra». Obsérvese que el propio Jesús no le lanza ninguna piedra, lo cual implica que, o bien rechaza la ley, o bien no se considera a sí mismo libre de pecado. Esta última opción concuerda más que la primera con el tenor general de la historia del Evangelio.

La negativa de Jesús a juzgar a los individuos es una característica recurrente de su vida y sus enseñanzas. Cuando un hombre le pidió que resolviera una disputa con su hermano, Jesús le dijo: «¡Hombre!, ¿quién me ha constituido juez o repartidor entre vosotros?» (Sin Dios 6, 23). Una buena razón para abstenerse de juzgar a los demás es que eso supone una distracción de la tarea más importante de mejorarnos a nosotros mismos. «¿Cómo puedes decir a tu hermano: "Hermano, deja que saque la brizna que hay en tu ojo", no viendo tú mismo la viga que hay en el tuyo? —pregunta Jesús—. Hipócrita, saca primero la viga de tu ojo, y entonces podrás ver para sacar la brizna que hay en el ojo de tu hermano» (Sin Dios 3, 13). La advertencia tácita aquí es que ningún ser humano es capaz de llegar a ser tan puro como para tener un ojo moral inmaculado, y, por consiguiente, nadie se halla jamás en disposición de ver la mota en el ojo ajeno.

Hay un sentido relevante en el que Jesús sí juzga reiteradamente a los pecadores, así como los pecados. Es crítico con muchas *clases* de personas, especialmente los escribas y los fariseos. ¿Está infringiendo sus propias reglas? Podría parecer que así es. Si yo digo «Todos los banqueros son codiciosos» y usted es un banquero, lo que he dicho implica que usted es codicioso. Alegar que yo no me refería a *usted* es insincero, puesto que, de hecho, estaba hablando de usted y de todos sus pares.

Una forma de eliminar la inconsistencia es negar que la crítica general de Jesús a los grupos comporta estrictamente el juicio de todos los miembros del grupo. En el lenguaje cotidiano, no siempre se asume que las generalizaciones sean enunciados universales. «Los hombres son más altos que las mujeres» se entiende que significa que los hombres son, *por término medio*, más altos que las mujeres. «Los filósofos son extraños» significa que los filósofos *tienden a ser* extraños. Cuando Jesús habla de los escribas y los fariseos, está más en consonancia con el lenguaje natural al suponer que está hablando de cómo son generalmente, y no de cómo son literalmente todos. Por lo tanto, cuando denuncia al grupo, no está juzgando a ningún miembro en particular de este.

Incluso si se refiere a todos los escribas y fariseos, hay un sentido importante en el que dirigirse a un grupo es diferente de dirigirse a un individuo. Cuando hablamos de una persona o de un objeto como un ejemplo de algo, no estamos diciendo que no pueda ser también un ejemplo de otra u otras cosas. Por ejemplo, puedo tratar *El pensador* como una escultura, como parte de la obra de Rodin, como un bloque de piedra, como una inversión, como una representación de un filósofo, y así sucesivamente. Nada de ello capta todo cuanto es. Lo que digo de *El pensador* en cuanto escultura es muy diferente de lo que diría en cuanto mineral.

Cuando Jesús critica a los fariseos, en realidad está atacando a los individuos *en cuanto* fariseos. Pero un fariseo nunca es *solo* un fariseo. Por consiguiente, existe un sentido legítimo en el que Jesús puede decir que atacar a un fariseo como fariseo no es lo mismo que atacar a un fariseo como individuo, como un ser humano en su totalidad. En efecto, está diciendo: no sé si eres una buena o una mala persona, pero, *en cuanto fariseo*, tu comportamiento es reprobable. Algo similar sucede cuando protestamos ante un burócrata o un empleado sin creer que se trate de nada personal.

Para la vida pública y para la civilidad, sería estupendo que fuésemos más cuidadosos a la hora de distinguir entre las personas en su integridad y sus numerosos roles e identidades específicos. En los últimos años, esto se ha vuelto más raro y más difícil. Por ejemplo, en Estados Unidos, los demócratas siempre han discrepado de los republicanos, y viceversa, pero eso no solía interponerse en su amistad. Se daba por sentado que una persona podía ser buena o mala independientemente de sus ideas políticas. Cuando, en 1958, Gallup preguntó a una muestra representativa de estadounidenses si querían que su hija se casara con un demócrata o un republicano, el 18 % respondió que con un demócrata; el 10 %, con un republicano, y al 72 % le era indiferente. Esto ha cambiado. En 2016, una pregunta casi idéntica, referida a todos los hijos, reveló que el 28 % querían un demócrata; el 27 %, un republicano, y solo al 45 % le resultaba indiferente. Gandhi estaba en lo cierto. Es muy difícil mantener separados nuestros juicios acerca de lo que es un pecado y quién es un pecador, y la sociedad está envenenada cuando no hacemos la distinción.

Aunque Jesús ofrece un buen argumento en pro de la virtud de no juzgar, brinda asimismo varias sugerencias de una motivación kármica más egoísta: «No juzguéis para que no seáis juzgados, no condenéis para que no seáis condenados, perdonad para que seáis perdonados. Porque con el juicio con que juzguéis seréis juzgados, y con la medida con que midáis se os medirá» (Sin Dios 3, 14-15). Jesús sigue esta advertencia acerca del karma negativo con una promesa de la variante positiva: «Con la medida con que midáis se os medirá. Dad y se os dará: una medida buena, apretada, remecida, rebosante pondrán en el halda de vuestros vestidos» (Sin Dios 3, 15-16).

Son tantas las expresiones kármicas similares en las enseñanzas de Jesús que parece probable que creyera en alguna especie de ley de causa y efecto moral. Las bienaventuranzas que abren el sermón de la montaña parecen prácticamente un catálogo de las diversas formas en las que el universo corregirá los injustos desequilibrios: los que tienen hambre serán saciados, los que se lamentan serán consolados, los que lloran reirán. Al mismo tiempo, los que estén saciados tendrán hambre, los que ríen llorarán pronto, mientras que los que son alabados verán revelada su auténtica naturaleza.

Sin embargo, en lo que concierne al juicio, no necesitamos creer en ninguna fuerza kármica o sobrenatural de justicia para comprender el hecho de no juzgar con el fin de no ser juzgados. Podríamos concebirlo, en cambio, como un intento simplificado de expresar una idea fundamental de muchas teorías morales: el principio de la universalizabilidad.

Un ejemplo notable de ello es el «imperativo categórico» de Kant, que reza: «Obra solo según una máxima tal que puedas querer al mismo tiempo que se torne ley universal». En otras palabras, haz únicamente aquello que puedes permitir que los demás te hagan, y no hagas tú mismo lo que no eres capaz o no estás dispuesto a permitir que te hagan los demás. No robes si no estás preparado para que otros te roben a ti, no mientas si no quieres que te mientan a ti. Esto no se debe al hecho de que ser bueno haga kármicamente que otros sean buenos contigo. Se trata más bien de que si no sigues este imperativo categórico, estás siendo un hipócrita, concediéndote a ti mismo más holgura moral de la que estás dispuesto a otorgar a los demás.

En la práctica, esta regla es muy similar a la instrucción de Jesús «lo que queráis que os hagan los hombres, hacédselo vosotros igualmente» (Sin Dios 2, 38). Jesús no es un filósofo moral sistemático y no deriva de esto una regla estricta de consistencia racional, como hace Kant. No obstante, dentro de las enseñanzas de Jesús podemos encontrar los dos componentes clave del imperativo categórico: la instrucción de hacer lo que desearías que te hiciesen y la observación de que eres un hipócrita si no lo haces.

Tanto Jesús como Kant están ofreciendo una versión de la regla de oro, que es recurrente en numerosas tradiciones morales. Confucio decía: «No impongas a otros lo que no deseas para ti mismo». Al igual que en Kant, esto sitúa los límites en lo que nos permitimos hacer a los demás. Por consiguiente, se trata de algo esencialmente negativo, que nos dice lo que no hemos de hacer. Pero para Jesús, la regla de oro es una obligación positiva de tratar bien a los otros: «lo que queráis que os hagan los hombres, hacédselo vosotros igualmente» (Sin Dios 2, 38). Solo los jainistas son más exigentes, ampliando el principio para abarcar toda la vida: «El hombre ha de comportarse tratando a todas las criaturas como le gustaría ser tratado».[5] Esta enseñanza entraña una radical imparcialidad. Todos deberían ser tratados de la misma manera, independientemente de su bondad respectiva.

Aunque he sostenido que la ética de «hacer lo que te gustaría que te hicieran» no necesita enraizarse en ninguna idea del karma, existe un sentido más débil en el que cabe decir que la maldad se vuelve en contra del malhechor. El mecanismo para ello es la conciencia, dramatizada en el Evangelio por la historia de Judas Iscariote. Judas traiciona a Jesús a cambio de treinta monedas de plata. En el Evangelio nadie lo juzga ni lo castiga jamás por ello. Incluso Jesús, que se nos muestra que sabe que Judas lo traicionará, simplemente le dice: «Lo que vas a hacer, hazlo pronto» (Sin Dios 12, 14). Pero finalmente Judas ve que ha obrado mal y se condena a sí mismo. Acude a los sumos sacerdotes y a los ancianos para devolver la plata, diciendo: «Pequé entregando sangre inocente». Después se ahorca (Sin Dios 13, 2-3). El precio del *pecado* no es que un juez divino te envíe al infierno o que las fuerzas kármicas se aseguren de que pagues por él. El precio de ser malo es que has de vivir siendo la persona que ha obrado mal.

Esta historia proporciona un sucedáneo del juicio divino que suele suponerse que es una parte esencial de las enseñanzas de Jesús. Ahora bien, ¿es el juicio de nosotros mismos lo suficientemente estricto como para realizar la tarea que se requiere de él? A menudo la conciencia se apacigua con facilidad o ni siquiera nos remuerde. Un perturbador tratamiento ficticio de este tema es la película de Woody Allen *Delitos y faltas*. La trama se centra en un hombre, Judah, que hace matar a su examante con el fin de impedir que las revelaciones de esta arruinen su vida. Durante mucho tiempo le atormenta la culpa. Sin embargo, al final de la película, bajo el pretexto de describir una historia de ficción, dice de sí mismo: «Quizá de vez en cuando tenga un mal momento, pero este pasa. Y, con el tiempo, todo se desvanece».

Su interlocutor, un documentalista llamado Cliff, se muestra escéptico: «Esto es lo que yo haría: haría que se entregase. Porque, entonces, tu historia asume proporciones trágicas, ya que, en la ausencia de un Dios, él mismo se ve forzado a asumir esa responsabilidad».

El alegato de Cliff en pro del autoenjuiciamiento como una alternativa laica a la versión divina es exactamente igual al mío. Esta es una mala noticia para mí. Cliff es un necio que no comprende la naturaleza humana. Judah le dice: «Esto es ficción. Pasa en las películas».

La historia de Allen ofrece una dosis de realismo para aquellos que piensan que las enseñanzas morales de Jesús no perderán al separarse de lo divino. La inquietante verdad es que los malos no siempre serán juzgados, ni siquiera por ellos mismos. Las palabras de Jesús solo tienen poder para quienes ya están comprometidos con la búsqueda de una vida buena. Si nosotros tenemos ese compromiso, el hecho de saber que otros no lo tienen no es razón para sucumbir antes nuestros instintos más básicos y unirnos a ellos.

Tampoco deberíamos aceptar simplemente que a algunas personas no les importe vivir una vida moralmente buena. Las enseñanzas de Jesús sugieren que todos deberíamos pensar cuidadosamente en vivir con las consecuencias de nuestras acciones. Podríamos rechazar la moral y limitarnos a buscar el placer o los bienes mundanos. Ahora bien, antes de seguir esa senda, Jesús sugiere que pensemos seriamente en lo que significa abrazar la amoralidad. Como hemos visto, este puede parecer el camino fácil, pero a la postre se convierte en una vida dedicada a los bienes efímeros, superficiales y frágiles. El reto consiste en hallar el valor para juzgar el peso de nuestra propia vida mientras todavía estamos a tiempo de cambiar.

El requisito más exigente de la ética de Jesús del no juicio es que no tenemos que abstenernos meramente de juzgar; a veces también hemos de perdonar. Para muchos, esto es lo que torna especial la ética cristiana. Aunque ciertamente no se trata del único sistema moral que propugna el perdón, sí parece conferir a este un valor fundamental. El perdón que pide Jesús expande los límites de la generosidad. Cuando Pedro le pregunta cuántas veces debería perdonar a su hermano, sugiriendo siete, Jesús le responde: «hasta setenta veces siete». Tampoco deberíamos limitar el número de pecados que estamos dispuestos a perdonar. Si tu hermano «peca contra ti siete veces al día, y siete veces se vuelve a ti, diciendo: "Me arrepiento", le perdonarás» (Sin Dios 8, 31).

Con todo, no es sencillo entender lo que Jesús nos pide exactamente que hagamos cuando perdonemos. No es algo incondicional. Al describir cómo hay que llevar a cabo el perdón al hermano, Jesús da instrucciones muy precisas: «Si tu hermano llega a pecar, vete y repréndele, a solas tú con él. Si te escucha, habrás ganado a tu hermano. Si no te escucha, toma todavía contigo uno o dos, para que todo asunto quede zanjado por la palabra de dos o tres testigos. Si les desoye a ellos, díselo a la comunidad» (Sin Dios 8, 32-34).

Esto carece de sentido si el perdón puede ser unilateral. Jesús está dejando claro que el perdón requiere algún reconocimiento de la maldad por parte del perdonado. Este ha de estar dispuesto a hacer lo que sea necesario para restaurar la relación que sus acciones han roto. Esta enseñanza es confirmada por la parábola del siervo despiadado (Sin Dios 8, 35-43), en la que un rey resuelve que su siervo venda a su mujer, sus hijos y todas sus posesiones para pagar una deuda. Cuando el siervo se encomienda a la misericordia del rey, este es movido por la compasión y le perdona la deuda. Sin embargo, ese hombre intenta obtener violentamente de otros lo que le deben a él. Cuando el rey se entera, revoca su perdón anterior. El perdón es condicional: cuando se ofrece, ha de ser aceptado como es debido. Si no lo es, tenemos derecho a anularlo. Tanto en esta parábola como en su respuesta a Pedro, Jesús pone de manifiesto que el perdón ha de causar un efecto sobre el perdonado, y, si no lo hace, desaparece toda obligación de perdonar.

El perdón es una interacción entre dos personas con una función social, no una prerrogativa divina para borrar mágicamente los pecados. Como dice Nick Spencer: «El sentido del perdón reside en que nos centramos en volver a encarrilar la relación. Perdonamos a alguien con el fin de que se restaure la relación». Tal vez sea ese el motivo por el que Jesús niega que sea una blasfemia por su parte perdonar los pecados. Su declaración «Sabed que el Hijo del hombre tiene en la tierra poder de perdonar pecados» (Sin Dios 8, 28) puede dar la impresión de que posee poderes absolutorios divinos. No obstante, ese no puede ser el caso, puesto que también dice a los demás que perdonen. El perdón es algo que cualquier persona puede practicar en un intento de cambiar a los demás y las relaciones entre ellos.

Este aspecto relacional del perdón podría ser una manera de entender una parte esencial de los Evangelios originales que finalmente decidí dejar fuera de *El Evangelio sin Dios*. En los cuatro Evangelios se cuenta que Jesús ha realizado numerosas sanaciones. Aunque estas parecen milagrosas y con frecuencia se describen como tales, muchos han sostenido que pueden interpretarse en términos más naturalistas. Una de esas formas es creer que Jesús era una especie de médico. Más interesante es la idea de que la *sanación* no consistía en curar enfermedades físicas, sino en restaurar la posición social de las personas o su sentido de dignidad y bienestar. Los individuos con deformidades y enfermedades cutáneas («leproso» es posiblemente un error de traducción) se consideraban a menudo impuros y eran parias. Podría ser que Jesús *sanase* a esas personas diciéndoles que eran puras y devolviéndolas a la sociedad. Al igual que el perdón, la sanación pretendía restaurar las relaciones.

Aunque esta interpretación me resulta atractiva, creo que no encaja con las descripciones reales de sanaciones en los Evangelios originales. Estas parecen con frecuencia muy literales y milagrosas. Si las curaciones de Jesús eran más sociales y psicológicas, parecen haberse transformado ya en algo más fantástico en el tiempo en que fueron registradas.

El segundo límite que pone Jesús al perdón es que dice que hay un punto en el que deberíamos renunciar. Concluye sus instrucciones sobre la búsqueda del perdón de nuestro hermano diciendo: «Y si hasta a la comunidad desoye, sea para ti como el gentil y el publicano» (Sin Dios 8, 34). (Obsérvese también aquí que habla mal de los gentiles y los publicanos. Como vimos con anterioridad, Jesús juzga con severidad a grupos de personas, incluso mientras juzga a los individuos con indulgencia.)

Por consiguiente, en un sentido el perdón es ilimitado y, en otro, condicional. «Hay un nivel en el que nunca dejas de perdonar —dice Karen Kilby—. En un pueblo en el que yo vivía, había una mujer cuya pareja era un tanto abusiva. En cierto modo, creo que ella hacía bien en intentar perdonarlo, incluso cuando reflexionaba sobre las penalidades que este había sufrido en su infancia y sobre cómo podría haberse estado esforzando al máximo. Pero cuando se trata de decidir si seguir o no viviendo con una persona, me parece que hay que atravesar un proceso, tal vez tratar de hablar con ella y después intentar hacer las cosas de otra manera y, llegados a cierto punto, lo correcto es marcharse. Por tanto, en cuanto a la manera de interactuar con ella, en un momento dado deberías renunciar; a la hora de juzgarla como individuo, podrías persistir para siempre en la búsqueda del perdón.»

Yo comprendí los límites del perdón cuando conocí a Julie Nicholson, cuya hija había sido asesinada en los atentados de Londres de 2005. Nicholson era vicaria de la Iglesia anglicana y acabó renunciando porque era incapaz de perdonar a los asesinos de su hija. Creo que un Jesús compasivo no le habría pedido que llegase tan lejos. Siempre y cuando ella no hubiese buscado venganza ni hubiese permitido que su aflicción y su ira la cegasen ante su propia necesidad de vivir bien, eso habría sido suficiente.

Otro aspecto del perdón está relacionado con el énfasis de Jesús en la importancia de la autotransformación. Decir «yo te perdono» no es tanto un acto de caridad y amabilidad cuanto un modo de mantener el foco de atención en nuestra propia bondad y en nuestras relaciones. Cuando albergamos resentimientos, permanecemos centrados en los defectos ajenos, que no está en nuestras manos cambiar. Cuando perdonamos, nos liberamos de una carga de quejas y podemos volver a concentrarnos en nuestra propia virtud. En *El mercader de Venecia,* de Shakespeare, Porcia capta este vínculo entre el autocultivo y el perdón en sus palabras: «Rogamos para solicitar clemencia, y ese mismo ruego nos enseña a todos a mostrarnos clementes» (acto IV, escena 1).[6] Esto forma parte de la ética de no juzgar: negarse a perdonar supone permanecer en una posición de juicio sobre los otros, en tanto que perdonar implica abstenerse de juzgar.

Por consiguiente, el perdón tiene dos dimensiones: una orientada a los demás y otra a uno mismo. El aspecto del perdón dirigido al otro es una forma de compasión. Resulta revelador el hecho de que, en las historias de perdón por parte de Jesús, la compasión se halla en su raíz. Tanto el padre del hijo pródigo como el amo del siervo endeudado perdonan, no a resultas de deliberaciones acerca de la justicia, sino por pura compasión humana. El aspecto orientado a uno mismo es la necesidad de centrarnos en nuestras propias virtudes y en nuestros vicios, no en los ajenos. Los elementos dirigidos a uno mismo y al otro convergen en la capacidad de perdón para restaurar las relaciones, para restablecer los vínculos que se habían roto. El perdón requiere que no juzguemos a los demás, sino que juzguemos lo correcto y lo incorrecto, con cierta severidad. Sin ello, no hay nada que perdonar.

En este modelo no hay nada que exija una conexión *vertical* con lo divino. «El perdón es la ética distintiva fundamental de Jesús y puedes ejercerlo horizontalmente —dice Lucy Winkett—. No necesitas ser el hijo de Dios para realizar esa labor.» Lo que necesitas es «una convicción de que lo que has hecho no ha estado a la altura, seguida por la confesión, seguida por la absolución, el perdón. Por tanto, puedes hacerme o decirme algo que me hiera y me ofenda, darte cuenta de ello, confesarlo, ser perdonado por mí y seguir adelante».

Los creyentes cristianos tienen asimismo otra dimensión vertical, una creencia en que «vivimos en un estado permanente de perdón posterior a la resurrección, de suerte que cuando yo hago algo malo —como haré a cada momento de cada hora de cada día—, eso no me conduce a la desesperación». Sin esto, el perdón es limitado e incompleto: «El perdón es para mí un mecanismo tanto profundamente espiritual como práctico para manejar el pasado que no podemos cambiar. La confesión y el perdón me brindan una manera de vivir con todos los riesgos que he asumido que no han valido la pena, todas las cosas que no he dicho ni he hecho».

Una vez más, podemos ver cómo una interpretación religiosa de las enseñanzas de Jesús nos ofrece un sentido de plenitud, de resolución última y de salvación. Ninguna ética laica puede prometer esto, y ciertamente no la versión secularizada de la moral de Jesús. Nos quedamos en cambio con lo imperfecto, lo incompleto y lo no resuelto en última instancia. La justicia nunca se realiza plenamente y la salvación no siempre se encuentra. No existe ninguna asistencia divina para salvar la brecha entre nuestra debilidad y falibilidad y las personas ideales que desearíamos ser, o el mundo ideal en el que nos gustaría vivir.

Para el ateo, estas son verdades frías y crudas que ha de afrontar. Cuando muchos creyentes dicen que no podrían soportar vivir en semejante universo carente de sentido, es fácil asumir que los creyentes son simplemente demasiado débiles para confrontar la verdad. Pero algunos creyentes replican que los ateos son demasiado orgullosos para admitir que existe un poder mayor que ellos mismos ante el que han de responder. A nadie beneficia especular acerca de nuestras profundas necesidades psicológicas. La diferencia importante estriba en que los creyentes están convencidos por razones intelectuales o espirituales de que existe una realidad trascendente en el universo, en tanto que los ateos se hallan igualmente convencidos de que el mundo inmanente es todo cuanto hay, y los agnósticos no encuentran razones convincentes para adoptar ninguna de ambas posturas.

La defensa del no juicio y el perdón no se basa enteramente en cuál de estas concepciones asumamos, aun cuando puede ser una enseñanza más fácil de aceptar si creemos en la suprema justicia divina.

A juzgar por lo que escribió después de que los terroristas de Bataclan asesinaran a su mujer, Antoine Leiris creía, en efecto, en alguna clase de vida después de la muerte. En tal caso, puede que le reconfortara pensar que en última instancia se haría justicia. No obstante, los sentimientos esenciales de su carta conectaban con todos, ateos o creyentes. No practicaba el puro no juzgar, ya que condenaba claramente los asesinatos. Tampoco ofrecía perdón, que es sin duda una exigencia excesiva para la mayoría de nosotros en semejantes situaciones. Estaba furioso y desconsolado. Con todo, logró hacer dos de las cosas más importantes que Jesús recomendaba. En primer lugar, no respondió al odio con odio, lo cual suponía un desafío para los asesinos en el sentido primordial. En segundo lugar, se centraba en cambio en él mismo, en aquellos a quienes amaba y en la sociedad en general. No había ninguna relación que restaurar con los asesinos muertos, pero había relaciones que fortalecer en respuesta a sus acciones.

Ya hemos visto que Jesús nos insta a buscar el espíritu y la intención de sus enseñanzas más que la letra. Yo no veo en el Evangelio normas absolutas acerca de no juzgar y perdonar. A veces necesitamos juzgar. Lo importante es cómo lo hacemos. Clare Carlisle ofrecía a título de ejemplo el juicio de los padres sobre el comportamiento de sus hijos. Cualquier progenitor ha de juzgar y disciplinar a su hijo pequeño, pero una buena madre o un buen padre lo hará bondadosamente, por amor, no con severidad. A mi parecer, el núcleo de las enseñanzas de Jesús sobre el juicio es un estímulo para que nos centremos más en nuestra propia bondad que en la maldad ajena, para que restauremos las relaciones en lugar de profundizar en su ruptura, y para que rechacemos el odio y digamos sí al amor. Por esas razones, Antoine Leiris es una ilustración tan buena de lo que es verdadero y aprovechable en el mensaje de Jesús como cualquiera de sus parábolas.

CAPÍTULO 8

Contra los valores familiares

Una fuente de profunda desesperación para muchos cristianos es el hecho de que cuando sus Iglesias aparecen en las noticias se debe, con mucha frecuencia, a disputas relativas al sexo y la sexualidad. Mientras escribo estas líneas, los vínculos más estrechos entre la Iglesia anglicana y la Iglesia metodista se han puesto en entredicho a raíz de las propuestas de esta última de permitir el matrimonio entre personas del mismo sexo dentro de la Iglesia, que los anglicanos prohíben.[1] Unos años atrás, una cumbre global de treinta y ocho primados de la Comunidad Anglicana Mundial estuvo a punto de dividirse a propósito del matrimonio homosexual. Gafcon, una alianza de iglesias anglicanas conservadoras opuestas al matrimonio entre personas del mismo sexo y al aumento de derechos de los homosexuales, exhortó a la Iglesia a «defender la verdad» diciendo: «El poder de Dios está actuando».[2]

Leyendo el Evangelio, resulta un tanto extraño pensar que el cristianismo actual se consume en debates acerca de la moral sexual cuando el propio Jesús habló tan poco al respecto. Las Iglesias están ferozmente divididas entre conservadores, que insisten en que el sexo homosexual y extramarital son malos, y liberales, que piensan que estas son cuestiones teológicas de escasa relevancia. El sexo y la sexualidad continúan siendo asuntos decisivos en casi todas las denominaciones cristianas. Ambos campos se dividen asimismo respecto de la igualdad de género, con un número considerable de Iglesias que, o bien se oponen todavía a la ordenación femenina, o bien establecen límites a las oportunidades para el clero femenino que no se ponen a los hombres.

Sobre la cuestión del sexo extramarital, la mayor parte de las doctrinas oficiales siguen siendo bastante estrictas. En el cristianismo, el sexo exclusivamente dentro del matrimonio se considera generalmente el ideal y sigue siendo un requisito absoluto en ciertas confesiones. El arzobispo de Canterbury en el momento de escribir estas líneas, Justin Welby, ha afirmado que «independientemente de que sea homosexual o heterosexual, el sexo fuera del matrimonio es malo» y que «abandonar el ideal simplemente porque sea difícil de alcanzar es ridículo».[3] En la Iglesia católica romana, a los divorciados se les sigue prohibiendo comulgar.

Dentro de la Iglesia, puede que los conservadores lleven la voz cantante en términos doctrinales, pero están desfasados respecto de los permisivos usos sociales occidentales. Incluso en Estados Unidos, la más religiosa de las naciones occidentales desarrolladas, en torno al 95 % de las personas tienen sexo prematrimonial, y el número medio de parejas sexuales anteriores en las personas con edades comprendidas entre los veinticinco y los cuarenta y cuatro años es de casi cuatro para las mujeres y más de seis para los hombres. Cuando escribo este libro, el matrimonio homosexual ha sido legalizado en veintiocho países. Muchos países tienen leyes contra la discriminación sexual que llevarían a las Iglesias a ser procesadas por prohibir a las mujeres ciertas funciones, de no ser por las exenciones religiosas.

No obstante, la moral no es un concurso de popularidad, y es preciso resolver la discrepancia entre liberales y conservadores sobre la base de las enseñanzas de Jesús, no del consenso social. El problema es que Jesús no respalda a ninguno de los dos bandos. Los liberales están en lo cierto al decir que Jesús habla relativamente poco de sexo, pero la mala noticia para ellos es que, cuando lo hace, es extremadamente conservador. En algunos aspectos, su moral sexual era incluso más exigente que la de su tiempo. Suscribe el viejo mandamiento «No cometerás adulterio», pero añade: «Todo el que mira a una mujer deseándola, ya cometió adulterio con ella en su corazón» (Sin Dios 2, 27). También prohíbe explícitamente el divorcio, excepto cuando la esposa ha sido infiel: «Todo el que repudia a su mujer, excepto el caso de fornicación, la hace ser adúltera; y el que se case con una repudiada, comete adulterio». Sus ideas contradicen la ortodoxia más liberal de la época, que era «El que repudie a su mujer, que le dé acta de divorcio» (Sin Dios 2, 32). Observemos asimismo que las palabras de Jesús no cuestionan la idea de que solo el marido puede divorciarse de su mujer y nunca a la inversa.

Estas enseñanzas conciernen únicamente a lo que es correcto hacer una vez casados. Jesús no dice ni una palabra sobre el sexo premarital ni sobre la homosexualidad. Por consiguiente, hay margen de maniobra para que los liberales sostengan que las enseñanzas de Jesús son compatibles con una actitud relajada hacia el sexo fuera del matrimonio y solo son estrictas en lo tocante al compromiso que conlleva el matrimonio. El Evangelio es lo suficientemente incompleto respecto de la moral sexual como para hacer consistente esta posición. Con todo, resultaría extremadamente improbable que alguien que defendiera que el matrimonio es sacrosanto hubiera sido liberal en lo referente al sexo fuera de este. Dado que Jesús decía respetar la ley, es poco probable que no pensara que el matrimonio, y solo el matrimonio, ofreciera el contexto propicio para el sexo.

Aunque no tenemos ningún motivo para creer que Jesús no fuese un conservador en materia sexual, existen buenas razones para pensar que el espíritu de sus enseñanzas apunta a una posición más acomodaticia en la actualidad. La clave está en preguntar por qué alguien como Jesús habría juzgado malo el sexo extramarital. ¿Podría ser porque, como han defendido muchos conservadores religiosos, Jesús creía en Dios, y Dios había creado al hombre, a la mujer y el sexo para tener familias y para nada más? En términos teológicos, ese es un argumento extremadamente débil. Si Dios había diseñado el sexo de esa manera, era sencillamente un artesano chapucero. No solo había hecho posible que las personas tuvieran sexo cuando eran infértiles o después de la menopausia, sino que también había hecho que algunas personas desearan sexualmente a otras de su mismo sexo con las que no pueden reproducirse. Cualquiera que estudiase la sexualidad humana y no supiera nada sobre el propósito del diseñador concluiría que su intención más probable era fomentar cualquier cosa excepto la monogamia puramente heterosexual de por vida. Si Jesús fue un gran maestro de moral, seguramente no le habría convencido esa lógica.

No obstante, podría haber tenido un buen motivo secular para oponerse al divorcio. Durante la mayor parte de la historia humana, el sexo y la procreación han ido casi inevitablemente de la mano, y las personas no vivían hasta una edad muy avanzada. Además, era difícil ganarse la vida. La seguridad financiera era un feudo reservado a una pequeña élite. El divorcio significaría casi siempre separar a los padres de sus hijos y potencialmente privar a estos, y a su madre, de sustento.

Las dificultades para los divorciados explicarían asimismo por qué Jesús no cuestionaba la idea de que la única manera posible de tener un divorcio era que un hombre se divorciase de su mujer y no al revés. «En aquella época, el divorcio podía ser unilateral y absoluto —dice Nick Spencer—. No existía ningún problema para que un judío se divorciase simplemente de su esposa sin ninguna razón. A las mujeres no les estaba permitido presentar una carta de divorcio de sus maridos, por lo que no había ningún motivo para decirles que no lo hicieran.» Lo que apuntalaba la enseñanza de Jesús de que los hombres no deberían divorciarse de las mujeres no era el sexismo, sino el reconocimiento de que solo los hombres *podían* divorciarse en su sociedad. Además, las mujeres eran casi siempre las únicas perjudicadas por el divorcio, por lo que necesitaban ser protegidas contra él, no que se les concediese el derecho a iniciarlo.

Aunque Jesús no dijera nada sobre la homosexualidad, también es fácil entender por qué su sociedad no la habría aprobado. La supervivencia de la tribu depende de que las familias tengan hijos que cuiden de las generaciones mayores. Por decirlo con crudeza, en esas sociedades, la homosexualidad se habría antojado un lujo. Cuando se señala a Grecia y a Roma como demostración de que las actitudes hacia la sexualidad eran más liberales, se olvida que esas actitudes permisivas eran promovidas por élites aristocráticas servidas por esclavos.

Hoy en día, sin embargo, esas viejas razones para promocionar la familia por encima de todo lo demás sencillamente no son aplicables. Tenemos infinidad de métodos anticonceptivos a nuestro alcance y no necesitamos que nos mantengan nuestros hijos. De hecho, el mundo necesita muchos menos niños. Aquellos que no se reproducen están haciendo un favor a la sociedad, no fallándole.

Si bien no puede negarse que Jesús fuese un conservador en materia sexual en su época, dado que no ofrecía ningún fundamento para semejante actitud, y menos aún uno convincente, quienes abracen sus enseñanzas morales tienen abierta la posibilidad de discrepar de él. La moral sexual es una parte periférica de su sistema, por lo que puede adaptarse a los tiempos sin contradecir ninguno de sus principios básicos. De hecho, la orientación general de la filosofía moral de Jesús hace difícil creer que estuviera excesivamente preocupado por las prácticas sexuales concretas de la gente. Sus preocupaciones principales serían seguramente que las personas tienden a dar demasiada importancia al sexo en detrimento de su propio desarrollo moral. Pero eso no significaría que el sexo fuese inmoral en sí mismo.

Aunque obviamente resulta especulativo actualizar de esta forma la moral sexual de Jesús, la idea general de que los viejos sistemas morales han de revisarse para los tiempos cambiantes no debería antojarse controvertida. Cuando intentamos aplicar las enseñanzas morales de hace siglos, siempre tenemos que actualizarlas en alguna medida.

Los especialistas contemporáneos en la ética de la virtud dejan atrás la aceptación de la esclavitud por parte de Aristóteles, los sucesores de David Hume ignoran su racismo y los confucianos extirpan la misoginia de su fundador. Todos estos elementos pueden ser suprimidos de sus enseñanzas respectivas sin contradecir sus principios básicos. De hecho, muchos creen, por ejemplo, que estar en contra de la esclavitud hoy en día supone ser mucho más aristotélico que estar a favor de ella. Si Aristóteles siguiera sus propios argumentos sabiendo lo que actualmente sabemos, libre de los prejuicios de su época, jamás aprobaría la esclavitud. Análogamente, cuesta entender que Jesús fuese sexualmente conservador en un mundo en el que las razones más poderosas para mantener el sexo dentro del matrimonio se han debilitado.

La escasez de enseñanzas de Jesús relativas al sexo sugiere claramente que no incluía los pecados sexuales entre los más graves y que su vigilancia no compete al derecho civil. La historia de la mujer sorprendida en adulterio, que hemos examinado en el capítulo precedente, se considera a menudo una prueba de que Jesús no condenaba el adulterio, pero incluso una lectura superficial muestra que esto no puede ser cierto. No solo le dice a la mujer «no peques más», sino que además la historia comienza con Jesús diciendo a la multitud: «Todo el que repudia a su mujer y se casa con otra comete adulterio; y el que se casa con una repudiada por su marido comete adulterio» (Sin Dios 8, 57). No cabe duda de que Jesús creía que la mujer había obrado mal.

No obstante, es cierto que se niega a condenarla. Como he sugerido con anterioridad, eso supone, al menos en parte, una negativa a extender el juicio de que actuó mal a un juicio sobre ella como persona. Ahora bien, la historia no acaba ahí. Cuando le preguntó

«¿Nadie te ha condenado?», ella respondió «Nadie, Señor» (Sin Dios 8, 62-63). Sin embargo, sus acusadores claramente habían juzgado no solo su acción, sino a la propia mujer. ¿Qué puede significar entonces que nadie la había *condenado*? La única explicación que tiene sentido es que nadie la había condenado *a un castigo*, ni debería hacerlo. La inmoralidad sexual no es algo por lo que la sociedad deba castigar a nadie. Si eso es cierto, entonces ningún seguidor de Cristo debería apoyar las restricciones legales a las formas en las que las personas expresan su sexualidad en las relaciones consentidas. El derecho debería establecer leyes para el divorcio, pero no debería castigar a las personas por el sexo extramarital.

Antes de interpretar demasiado liberalmente a Jesús, deberíamos considerar que existen más razones para estar en contra del adulterio que las de los conservadores moralistas. Elizabeth Oldfield cree que «subyace a la teología política y social de la Biblia toda una historia de relaciones saludables entre Dios y los seres humanos, y relaciones saludables entre humanos. Se presta una atención especial a una forma de idolatría que trata a otros humanos como objetos y que se aprecia con más claridad en la ética sexual. Por ese motivo yo, como una mujer del siglo XXI a veces razonablemente liberal y con inclinaciones progresistas, sigo pensando que la ética sexual cristiana, en su base, es hermosa, porque consiste en evitar tratar a otras personas como objetos, renunciando a las formas consumistas y hedonistas de usar nuestro cuerpo. Tiene que ver con la dignidad y el valor de todo ser humano y, en particular, de aquellos con quienes hemos establecido un pacto. El adulterio consiste con frecuencia en buscar la siguiente cosa buena y el hecho de decir "No, esta persona con todos sus defectos y sus errores es con quien estoy comprometido y voy a seguir con ella", es algo muy digno de encomio».

Lucy Winkett, que dice que «le pondrían la etiqueta de liberal», declara asimismo que no le importan las enseñanzas relativas al adulterio: «Si son enseñanzas sobre la fidelidad, entonces bien.

Creo que no es algo inviable ni imperdonable, pero el adulterio desliga a las personas. El dolor causado por el adulterio en su sentido más amplio —traición de un compromiso o ruptura de una promesa— es inmenso. Hay una ferocidad ética que creo que necesitamos. Resulta realmente fácil, sobre todo hoy en día, hacer una promesa asumiendo absolutamente que vamos a romperla».

Para la mentalidad laica actual, las enseñanzas sexuales de Jesús son un tanto problemáticas y no del todo convincentes. Por mucho que podamos aplaudir su deseo de que la sociedad se abstenga de castigar la fornicación, su insistencia en que el divorcio es una forma de adulterio pone un énfasis injustificado en el requisito del matrimonio para el sexo. Tampoco es progresista negarse a aceptar la legitimidad del divorcio consentido o los matrimonios subsiguientes. Jesús es tolerante con los pecados sexuales de las personas, pero tiene una concepción muy conservadora de lo que es un pecado sexual. La única forma de evitar tener que renegar simplemente de las enseñanzas morales de Jesús en cuestión de sexo sería sostener que seguir hoy en día el espíritu de su doctrina requeriría una importante revisión de sus ideas expresadas en los Evangelios.

En conjunto, las enseñanzas de Jesús sobre ética sexual prestan mayor apoyo a los valores conservadores que a los liberales. No obstante, hay otro aspecto en su doctrina que se inclina hacia el otro lado. Como dice Karen Kilby: «Cuando alguien dice "Yo soy cristiano, creo en los valores de la familia", siempre pienso que hay muy pocos valores familiares, tal como estos suelen entenderse, en el Nuevo Testamento». Un par de pasajes muestran que Jesús pensaba que si alguien se casaba, tenía que hacer honor al compromiso. Pero son muchos más los que muestran, más allá de toda duda razonable, que no otorgaba primacía a la institución de la familia y que era preferible evitarla.

El matrimonio no era especialmente valorado por Jesús ni por la Iglesia temprana. No fue hasta el siglo XIII cuando la Iglesia católica convirtió el matrimonio en un sacramento, y ni siquiera entonces imponía su observancia estricta. La brecha entre su importancia contemporánea y su irrelevancia inicial es evidente si prestamos atención al servicio del matrimonio anglicano. En la liturgia no puede citarse nada como evidencia de que Jesús valorase el matrimonio, exceptuando las líneas más bien desesperadas que afirman que: «El matrimonio es una forma de vida santificada por Dios, y bendecida por la presencia de nuestro Señor Jesucristo con quienes celebraban una boda en Caná de Galilea». Habida cuenta de que Jesús también estuvo presente en las casas de los cobradores de impuestos y de las prostitutas, la idea de que su mera asistencia a una boda constituye una bendición se antoja absurda.

Brian Mountford me sugirió que una de las razones por las que el matrimonio interesaba tan poco era que los seguidores de Jesús, especialmente san Pablo cuando escribía a los corintios sobre el matrimonio, creían que la parusía —la segunda venida de Jesús— iba a suceder durante la vida de estos. Toda idea de iniciar cualquier compromiso mundano a largo plazo habría parecido una insensatez. Era preferible concentrarse en el cielo. Aunque probablemente esto tenga su sentido, me resulta difícil creer que explique del todo sus enseñanzas negativas acerca del matrimonio.

Una de las expresiones más comedidas de esta hostilidad hacia el matrimonio aparece tras su condena del adulterio, cuando sus discípulos llegan a la conclusión de que «no trae cuenta casarse». Jesús está esencialmente de acuerdo, si bien reconoce que eso es difícil: «No todos entienden este lenguaje, sino aquellos a quienes se les ha concedido». Eso requiere que un hombre se convierta en un «eunuco». Unos nacen así y otros son mutilados para llegar a serlo, pero «hay eunucos que se hicieron tales a sí mismos por el Reino de los Cielos». A quienes sean capaces, les dice: «Quien pueda entender que entienda» (Sin Dios 11, 28-29).

Me parece interesante que ninguno de los cristianos con los que he hablado pensara en este pasaje al considerar las opiniones de Jesús acerca del matrimonio. Cuando yo les sugería que él había indicado que era preferible no casarse, todos objetaban de entrada que me estaba refiriendo a Pablo, no a Jesús. Son célebres las palabras de Pablo en su primera epístola a los corintios: «No obstante, digo a los célibes y a las viudas: Bien les está quedarse como yo. Pero si no pueden contenerse, que se casen; mejor es casarse que abrasarse» (I Corintios 7, 8-9). A mí me parece evidente, sin embargo, que este mismo sentimiento es expresado por Jesús en sus comentarios respecto de que quienes puedan hacerse eunucos deberían hacerlo. A la luz de este y de otros pasajes, es una especie de misterio cómo el matrimonio llegó a convertirse en un sacramento y en uno de los ritos más importantes del cristianismo.

Hay un interesante intercambio inmediatamente después de esto, cuando los saduceos, que no creían en un más allá, intentaban engañar a Jesús con el fin de mostrar la absurdidad del cielo. Le preguntaron quién sería la esposa de un hombre en el paraíso si este se había casado más de una vez debido a la viudedad. La respuesta de Jesús es sorprendente: «No es un bien de muertos, sino de vivos. Los hijos de este mundo toman mujer o marido» (Sin Dios 11, 32). Podemos interpretar esto en dos sentidos. Uno es que el matrimonio es algo puramente de este mundo y no tiene cabida en el cielo. El otro es que no hay otra vida. Teniendo en cuenta cuán a menudo el «Reino de Dios» parece referirse a este mundo, tal interpretación no resulta descabellada.

Algunos otros pasajes son tan claros y contundentes en su rechazo de la familia que dejan poco margen para interpretaciones alternativas. (Aunque sabemos que muchas personas en defensa de una ideología religiosa no carecen de ingenio interpretativo.) Por ejemplo, la primera vez que Jesús desestima la lealtad familiar es cuando llama a un hombre para que lo siga. El hombre le pide: «Déjame ir primero a enterrar a mi padre». Jesús se niega, diciendo: «Deja que los muertos entierren a sus muertos; tú vete a anunciar el Reino de Dios». Lo que sigue endurece más aún el mensaje: «Si alguno viene donde mí y no odia a su padre, a su madre, a su mujer, a sus hijos, a sus hermanos, a sus hermanas y hasta su propia vida, no puede ser discípulo mío» (Sin Dios 4, 9-10).

Si se tratase de un caso aislado, podríamos intentar descartarlo como una hipérbole dramática. Sin embargo, repite el mensaje con un extremismo similar en otra ocasión, cuando le dicen que su madre y sus hermanos están allí. En lugar de alegrarse e ir a verlos, dice que sus seguidores son sus auténticos hermanos (Sin Dios 10, 48-50). No es esa la única vez que se distancia de su familia, negándole el papel central que la mayoría de la gente le otorga. En una ocasión, el Evangelio cuenta que «alzó la voz una mujer de entre la gente y dijo [a Jesús]: "¡Dichoso el seno que te llevó y los pechos que te criaron!". Pero él dijo: "Dichosos más bien los que oyen la Palabra y la guardan"» (Sin Dios 6, 10-11). El «más bien» y el «pero» que introduce el escritor del Evangelio indican que Jesús no está añadiendo, sino contradiciendo el enunciado. Vemos aquí una indicación asombrosamente explícita de que Jesús no habría aprobado las palabras del avemaría que dicen de su madre «Bendita tú eres».

Jesús dedica muy pocas palabras amables a las familias de sangre. Muriendo en la cruz, ve a su madre y a uno de sus discípulos y dice: «Mujer, ahí tienes a tu hijo», y al discípulo: «Ahí tienes a tu madre». Se nos dice que «desde aquella hora el discípulo la acogió en su casa» (Sin Dios 13, 48). Pero eso es prácticamente todo. Tampoco es este un acto especialmente filial. No es demasiado duro decir que, habiendo ignorado básicamente a su madre durante toda su vida adulta, Jesús encarga a otro que sea el hijo que él nunca fue.

Aun reconociendo que Jesús no es ningún defensor de lo que hoy denominamos valores familiares, los pensadores cristianos con los que he hablado atenúan la antipatía hacia la familia que, a mi juicio, resulta sumamente evidente. Sostenían de diferentes maneras que él no estaba en contra de la familia *per se*, sino en contra de conferir una importancia excesiva a la familia nuclear, como acostumbramos a hacer en la actualidad. «El amor a la familia puede ser idolatría —decía John Cottingham—. Las personas se encierran extraordinariamente en su ego y en el reflejo de ese ego en sus hijos o en la mujer florero, o en lo que fuere, o en el nepotismo cuando anteponen la familia al deber público. Así pues, creo que lo que está diciendo es que las exigencias del bien —de la moralidad, de la justicia, de la rectitud— anulan la mera debilidad por la familia.»

Análogamente, Elizabeth Oldfield decía: «Yo no creo que tenga ningún problema con la familia. Tiene un problema con la familia como primordial. Esencialmente está diciendo que nuestra identidad primordial es como hijos de Dios, como herederos del reino, y que lo sigamos. Que no dejemos que las obligaciones de la vida se interpongan en ese camino».

Otra manera de suavizar el mensaje de Jesús sobre la familia es argüir que Jesús está, como dice Nick Spencer, «extendiendo más que abandonando la familia. Resulta llamativo que la metáfora de los hermanos y las hermanas sea recogida casi de inmediato por la Iglesia del Nuevo Testamento para referirse a los demás creyentes. No se hace eso con algo que sea completamente insignificante. El problema de parte del cristianismo contemporáneo es la manera en que deifica la familia y luego la trata como una unidad exclusiva a expensas de los demás vínculos sociales». Lucy Winkett respalda esta tesis: «Una de las lecciones más claras que saco de sus doctrinas éticas es que los lazos de sangre no son tan importantes como la familia que nosotros creamos. Eso me resulta verdaderamente evidente. Por consiguiente, el foco de atención en la familia nuclear carece de sentido».

Aunque puedo estar de acuerdo con muchos de estos intentos de bajar el volumen de la oposición de Jesús a la familia, creo que no podemos eliminar por completo la contundencia de las enseñanzas de Jesús. En cierto pasaje, Jesús habla de los seguidores que se convierten en sus hermanos, pero presenta esto como una alternativa a la lealtad a sus familias de sangre, no como una mera adición a ella: «Porque desde ahora habrá cinco en una casa y estarán divididos; tres contra dos, y dos contra tres; estarán divididos el padre contra el hijo y el hijo contra el padre; la madre contra la hija y la hija contra la madre; la suegra contra la nuera y la nuera contra la suegra. Y enemigos de cada cual serán los que conviven con él» (Sin Dios 10, 52).

Lo que encuentro extraordinario en estos pasajes es que si a alguien se le ocurriera usar una retórica semejante hoy en día, sería acusado de liderar una secta. Un rasgo característico de las sectas es que estas intentan aislar a los seguidores de sus familias, exigiéndoles una devoción exclusiva. Y, sin embargo, son precisamente estas sectas las que, al menos en este aspecto, siguen más fielmente las enseñanzas de Jesús.

Las estrictas enseñanzas de Jesús sobre el adulterio y su rechazo de la importancia de la familia podrían parecer extraños compañeros de cama éticos. Por un lado, el vínculo marital no ha de romperse en casi ninguna circunstancia, pero, por otro, es preferible evitar por completo a la familia. No obstante, esto tiene su lógica. Jesús trata los lazos familiares como distracciones del más noble objetivo de purificarnos. Si nos casamos, hemos de asegurarnos de contener las pasiones que hemos desatado, sobre todo por el bien de los hijos. Pero es mucho mejor no casarse y evitar los vínculos íntimos y avasalladores del matrimonio y la familia.

Para los secularistas modernos, este es otro ejemplo de la naturaleza negadora del mundo de las enseñanzas de Jesús. Para la mayoría de las personas que viven sin Dios, la vida buena implica un profundo aprecio de las cosas de este mundo, especialmente las relaciones estrechas. Jesús propugna algo mucho más desprendido y sutil. No obstante, eso no significa que su visión no tenga sentido laico. Sucede simplemente que el ideal de la vida buena que Jesús defiende es austero y ascético, y se centra en el cultivo de la virtud en lugar de en el confort mundano. Vemos una vez más cómo la doctrina moral de Jesús es profundamente desafiante, con independencia de que seamos o no religiosos.

CAPÍTULO 9

Sembrando las semillas de la división

La historia de la Iglesia cristiana es un encadenamiento de cismas. La primera ruptura importante se produjo cuando la Iglesia ortodoxa oriental se separó de la Iglesia católica de Roma en 1054. En términos teológicos, la disputa clave versaba sobre la doctrina de la trinidad: el triunvirato divino de Dios, Jesús y el Espíritu Santo. Roma insertó la cláusula «Filioque» en el Credo de Nicea, que afirmaba que el Espíritu Santo procedía del Padre *y* del Hijo, mientras que la Iglesia ortodoxa insistía en que procedía únicamente del Padre. Las causas reales de la ruptura eran probablemente más políticas que teológicas, pero sería estúpido negar que el dogma no importara en absoluto. La segunda división relevante sucedió en 1517, cuando Martín Lutero dio origen a un protestantismo incipiente mediante la publicación de sus noventa y cinco tesis, que cuestionaban la autoridad de Roma.

Los cristianos lamentan con frecuencia estas y otras innumerables divisiones, pero cualquiera que lea los Evangelios con un mínimo de atención advertirá que Jesús preveía cualquier cosa menos la unidad. La promesa de Jesús de dividir las familias forma parte de una retórica más amplia en la que abunda la división más que la unidad. Sin atender siquiera a sus palabras, está claro que, mediante su ejemplo, presenta una figura que genera división, disputas y conflictos. La pauta se fija cuando comienza su misión en Galilea, Nazaret y Cafarnaúm (Sin Dios 1, 10-22). En un momento dado, todos estaban «maravillados» y preguntaban «¿De dónde le viene a este esa sabiduría?», «¿de dónde le viene todo esto?». Al minuto siguiente, «se llenaron de ira» y «lo arrojaron fuera de la ciudad», dispuestos a despeñarlo por un acantilado.

Jesús dice repetidamente a sus seguidores que ellos también pueden esperar dividir a la gente. «Quien a vosotros os escucha, a mí me escucha; y quien a vosotros os rechaza, a mí me rechaza» (Sin Dios 10, 56). Lo que resulta más llamativo es que no solo les dice que lo esperen, sino también que lo acepten. Puede que los pacificadores sean bienaventurados, pero su advertencia acerca de las divisiones que les aguardan no va acompañada en ninguna ocasión por un estímulo para remediarlo. Sus célebres palabras «No he venido a traer paz, sino espada» (Sin Dios 10, 51) son una declaración hiperbólica y orgullosa de que la división forma parte de su misión, no es un efecto colateral de esta.

Otra expresión inequívoca de la división es esta afirmación de Jesús: «El que no está conmigo, está contra mí» (Sin Dios 10, 44). A primera vista, no solo parece ilógica, sino también destinada a avivar un conflicto innecesario. Emplea la misma lógica que usó el presidente George W. Bush después del 11-S cuando anunció: «Todas las naciones, en todas las regiones, tienen que tomar ahora una decisión. O estáis con nosotros o estáis con los terroristas». Por aquel entonces, Bush fue muy criticado por convertir en enemigos a todos aquellos que mantuvieran la neutralidad. Ver a Jesús como «el príncipe de la paz» utilizando la misma táctica resulta un tanto chocante.

Para tratar de entender lo que quería decir, hemos de atender tanto al significado de la frase como a su contexto. A veces, tales enunciados son meramente descriptivos: es un hecho que todos aquellos que no están a nuestro favor están en nuestra contra. Este no parecería ser el caso de Jesús (ni de Bush). Ciertamente, Jesús era una figura que causaba división, pero resulta sencillamente inverosímil que no hubiese al menos algo de indiferencia hacia él y sus seguidores.

En otras ocasiones, el propósito de expresar la división es, en realidad, crearla. Bush, por ejemplo, estaba diciendo a otras naciones que exigía su apoyo y que el precio de no dárselo sería convertirse en un enemigo. En el caso de Jesús, parece que existe una intención similar. Puede que no esté creando la división, pero la está cimentando. En las palabras precedentes, Jesús dice: «Todo reino dividido contra sí mismo queda asolado, y casa contra casa, cae» (Sin Dios 10, 42). Esta advertencia contra la división podría parecer un extraño preludio a una declaración que la estimula. No obstante, está claro que la metáfora no se refiere al mundo ni a la sociedad en su conjunto. Los reinos, las ciudades y las casas necesitan estar unidos para protegerse contra *otros* reinos, ciudades y casas. La implicación es que los seguidores de Jesús necesitan mantenerse unidos con feroz lealtad para no derrumbarse ante los ataques de otros. Han de tener claro de qué lado están y no deberían imaginarse la posibilidad de llevar la antorcha de Jesús siendo algo distinto de sus seguidores. Cualquier otra alternativa socavará la causa: no estar a su favor tendrá el mismo efecto que estar activamente en su contra.

Al interpretar de esta manera la posición de Jesús, cobra sentido su declaración aparentemente contradictoria tan solo unas líneas después, cuando dice: «pues el que no está contra nosotros, está por nosotros» (Sin Dios 10, 58). El contexto de esta declaración es muy específico. Los discípulos habían visto a alguien actuando en nombre de Jesús. (En los Evangelios originales está expulsando demonios.) Le prohibieron que lo hiciera porque no era uno de los seguidores de Jesús. Pero Jesús dice que hicieron mal al impedírselo. Este incidente añade un importante calificativo a las enseñanzas previas de Jesús acerca de saber de qué lado estamos. Cualquiera que actúe en su nombre pertenece a su bando. Está advirtiendo aquí en contra del faccionalismo: no rechacemos a las personas que predican lo mismo que nosotros solo por no escoger unirse a nuestra banda.

Esto cuadra lo que por lo demás sería un círculo de cuatro esquinas. En «El que no está conmigo está contra mí», quien «no está conmigo» está trabajando en pro de otra causa. En «El que no está contra nosotros está a nuestro favor», quien «no está contra nosotros» está trabajando por la misma causa. Se elimina la contradicción, pero el resultado sigue siendo un mundo dividido entre aquellos que pueden situarse en un lado y quienes puede situarse en el otro.

¿Por qué habría de glorificar Jesús su capacidad para separar a la gente? Una respuesta es que jamás hizo tal cosa. Los Evangelios fueron escritos muchos años después de la muerte de Jesús, por miembros de una secta en ciernes que ya eran perseguidos con frecuencia. Parece muy probable que representasen a Jesús previendo la división con el fin de dar aliento y confianza a esos primeros cristianos. El mensaje es: no desfallezcáis porque la gente se haya vuelto contra vosotros, ya que eso es exactamente lo que Jesús había anunciado que sucedería. Dicho en otros términos, los primeros padres de la Iglesia se vieron perseguidos e hicieron de necesidad virtud. Representaron su rechazo por parte del mundo como prueba de la rectitud de su camino.

La persecución habría engendrado asimismo un fuerte sentimiento de la necesidad de aunar esfuerzos. Cuando se acerca su ejecución, Jesús dice a sus seguidores: «Cuando uno fuerte y bien armado custodia su palacio, sus bienes están en seguro; pero si llega uno más fuerte que él y le vence, le quita las armas en las que estaba confiado y reparte sus despojos» (Sin Dios 10, 43).

Aunque resulte plausible la idea de que la persecución conduce a un mayor énfasis en los endogrupos y los exogrupos, es improbable que esa sea toda la historia. La división es un tema demasiado recurrente en las enseñanzas de Jesús para ser despachado como un mero ornamento. Su pensamiento moral posee una vertiente marcadamente maniquea de «nosotros y ellos».

Semejante división está conectada con las ideas de Jesús acerca del juicio final. En ciertos pasajes da la impresión de que Jesús creía que el juicio final sería como el pintado por El Bosco y por Bruegel, en el que los salvados son enviados al cielo y los condenados, al infierno. De forma sumamente vívida, dice Jesús: «temed a Aquel que, después de matar, tiene poder para arrojar a la gehena: sí, os repito: temed a ese» (Lucas 12, 5). Sin embargo, deberíamos ser cautos a la hora de aceptar la aparente obviedad de esta lectura en el contexto de un evangelio que apenas habla de una vida futura. Como hemos visto, Jesús decía que el reino de Dios está en nosotros. Es más acorde con el Evangelio en su conjunto ver el juicio venidero como algún género de inevitable ajuste de cuentas que como un infierno en sentido literal.

Creyera o no Jesús en una vida futura, está bastante claro que el juicio venidero nos dividirá absolutamente. Un buen ejemplo de ello es la parábola de la cizaña (Sin Dios 7, 16-21). En esta historia un tanto opaca, un hombre siembra buenas semillas de trigo, pero un enemigo siembra cizaña entre ellas. Cuando un siervo ve aquello, el amo le indica que no intente arrancar la cizaña joven, pues eso perjudicaría también al trigo. Dice: «Dejad que ambos crezcan juntos hasta la siega. Y al tiempo de la siega, diré a los segadores: Recoged primero la cizaña y atadla en gavillas para quemarla, y el trigo recogedlo en mi granero». El mensaje parece aquí suficientemente claro: los buenos y los malos coexistirán durante mucho tiempo, pero habrá un ajuste de cuentas en el que se quemará la cizaña y se cosechará el trigo, los malos se llevarán su merecido y los buenos florecerán.

Quizás la más inquietante de esas parábolas sea la de los viñadores (Sin Dios 7, 28-39). El propietario de una viña se la arrienda a unos labradores y cuando llega el tiempo de recibir su parte de la cosecha, envía a unos siervos a recogerla. Pero los arrendatarios los matan a todos y a quienes envía después, incluido finalmente su propio hijo. La historia es una clara alegoría de los modos en los que las autoridades religiosas han rechazado la verdad, incluso cuando esta llega en la forma del hijo, Jesús. Sabemos que fue así como se entendió la parábola porque se nos cuenta que los sumos sacerdotes y los escribas «habían comprendido que aquella parábola la había dicho por ellos» y «trataron de echarle mano en aquel mismo momento».

La parábola torna fácilmente comprensible por qué las autoridades religiosas se atemorizaron por ella. Jesús cita el salmo 118, 22: «La piedra que los constructores desecharon en piedra angular se ha convertido». Esto significa que Jesús, a quien rechazaban los escribas y los fariseos, se convertiría en la cabeza de un nuevo movimiento. Pero Jesús añade una espantosa coda al verso del salmo: «Todo el que caiga sobre esta piedra, se destrozará, y a aquel sobre quien ella caiga, le aplastará» (Sin Dios 7, 37).

No es raro que Jesús utilice un lenguaje tan extremo. La parábola de los talentos concluye con las líneas: «Y a ese siervo inútil, echadle a las tinieblas de fuera. Allí será el llanto y el rechinar de dientes. Pero a aquellos enemigos míos, los que no quisieron que yo reinara sobre ellos, traedlos aquí y matadlos delante de mí» (Sin Dios 7, 62). Jesús no está defendiendo literalmente matar a los enemigos ni aplastarlos. No obstante, escoge estas metáforas deliberadamente. Podría haber optado simplemente por que los malvados acabaran con las manos vacías o solos. Al retratarlos como destruidos violentamente, está enfatizando que hemos de elegir el bando correcto y apuntando las nefastas consecuencias de no hacerlo.

Estos pasajes enturbian la autoridad moral establecida por la predicación del perdón. Si a la larga tus enemigos serán azotados de todos modos, el acto de poner la otra mejilla a corto plazo no entraña una gran bondad. El no juicio y el perdón pierden su sabor cuando vienen acompañados de la promesa de que la venganza sabe mejor cuando se sirve fría.

Incluso si el tono vengativo de muchas de estas declaraciones se nos antoja hiperbólico, no deja de ser inquietante la forma en la que

Jesús hace hincapié en los muchos que no se van a salvar: «¡qué estrecha la entrada y qué angosto el camino que lleva a la Vida!; y pocos son los que lo encuentran» (Sin Dios 4, 2-3). En una breve parábola dice: «una red se echa en el mar y recoge peces de todas clases; y cuando está llena, la sacan a la orilla, se sientan y recogen en cestos los buenos y tiran los malos» (Sin Dios 9, 10). Asimismo, en la parábola de las diez vírgenes (Sin Dios 7, 74-81), cinco de ellas fueron prudentes y llevaron aceite para sus lámparas mientras esperaban al novio. Pero cinco eran necias y no lo hicieron, y, tras horas de espera, sus lámparas se habían apagado. Cuando pidieron a las vírgenes prudentes que les dejaran coger algo de su aceite, aquellas se negaron. Así pues, las cinco prudentes pudieron entrar al banquete y las cinco necias no. Esta es una clara alegoría de la salvación, en la que Jesús es el novio. Al final, Jesús da la impresión de ser cruel e implacable. Las vírgenes necias suplican: «¡Señor, señor, ábrenos!», pero el novio responde: «En verdad os digo que no os conozco».

El mismo mensaje se transmite en una breve parábola sobre el dueño de la casa que en un momento dado cierra sus puertas (Sin Dios 4, 3). La gente se pone a llamar diciendo: «¡Señor, ábrenos!», pero el dueño responde: «No sé de dónde sois. ¡Retiraos de mí, todos los agentes de injusticia!». Esto alude a la amenaza de un juicio final y a la necesidad de arrepentirse a tiempo. La imagen de un Dios que reniega de los pecadores que había creado y les niega la entrada a su casa parece deplorable: un Dios de ira y venganza del Antiguo Testamento, no el supuesto Dios de amor y perdón del Nuevo Testamento.

Sin embargo, si interpretamos esta enseñanza en términos laicos, no posee semejante crueldad inhumana. En vez de ello, se convierte en un crudo recordatorio de la finitud de la vida. Si la muerte es el final y no nos aguarda ningún cielo, decir que llegará un tiempo en el que será demasiado tarde para el cambio en el corazón que todos necesitamos para vivir bien nuestra vida no es más que una descripción absolutamente honesta de la verdad. Si queremos reformarnos, hemos de comenzar ya. No tenemos el lujo de la eternidad para hacer las cosas bien.

Puede que esta versión laica del inevitable juicio carezca del revanchismo de la alternativa religiosa, pero preserva en buena medida su dureza. Retiene asimismo un escepticismo respecto de la bondad humana, que torna inevitable la incapacidad de la mayoría de la gente de prestar atención a la palabra, perfectamente resumido en la parábola del sembrador (Sin Dios 7, 1-15), en la que un sembrador esparce muchas semillas, la mayoría de las cuales no crecen. Unas caen al borde del camino y son barridas rápidamente. Otras caen en un pedregal, donde se asientan, pero solo superficialmente ya que, al carecer de raíces profundas, no alcanzan la madurez. Otras caen entre abrojos, y estos, al crecer, las ahogan. Así se representan las tres razones principales por las que los seres humanos no prestan atención a la palabra: la maldad, la superficialidad y la distracción de las preocupaciones menos importantes. Esto no describe tanto tres clases de seres humanos como tres aspectos de la naturaleza humana.

La visión sombría del *Homo sapiens* en el Evangelio es especialmente evidente cuando nos muestra cómo actuamos. Toda la historia de la pasión es un relato de lo patética que es la gente. En cuestión de días, las personas pasan de ser entusiastas seguidoras a masas aulladoras. Aun cuando los escribas y los fariseos digan reiteradamente que temen a la muchedumbre si intentan arrestar a Jesús, habida cuenta de su devoción, al final, la multitud se vuelve contra él en un instante: «le abandonaron todos y huyeron» (Sin Dios 12, 41). Hasta Pedro lo niega tres veces, a pesar de que, al ser advertido de que lo haría, él insistía con aparente sinceridad en que jamás sería tan inmaduro (Sin Dios 12, 55-58).

Pese a que Jesús nos dice que los mansos y los pobres son bienaventurados, su vida y sus enseñanzas pintan un retrato lamentable de la humanidad. Como ya hemos visto, tal es su desconfianza en la capacidad de las personas para comprenderle, que emplea deliberadamente parábolas para ocultar su mensaje, no para clarificarlo. Solo a los discípulos, que no son precisamente dechados de sabiduría y virtud, les dice que «A vosotros se os ha dado el misterio del Reino de los Cielos», y a ellos les explica en privado el significado de las parábolas (Sin Dios 7, 8-27).

La idea de que la mayoría de los humanos son incapaces de captar el mensaje de Jesús y pocos se salvarán a tiempo ya es bastante inquietante. Peor aún es la firme sugerencia de que, en lo tocante a la salvación, el mundo parece ser caprichoso. La doctrina cristiana enfatiza con frecuencia la importancia de la gracia. No nos salvamos por nuestros propios esfuerzos, ya que estos nunca bastan para apartarnos del pecado. Dependemos de la gracia de Dios para ser salvados, puramente por su misericordia y no por nuestros propios esfuerzos.

Este aspecto reconfortante de las enseñanzas de Jesús deviene preocupante cuando se traduce a términos laicos. La naturaleza no ofrece ninguna salvación providencial. Lo máximo que se acerca a la gracia es cuando el ciego azar nos reparte buena fortuna en vez de mala.

La diferencia entre la doctrina de la gracia intencional divina y la idea naturalista del azar parecería ser tan clara como el día y la noche. Sin embargo, en las enseñanzas de Jesús se hace a veces mucho hincapié en la naturaleza casi aleatoria de la salvación. En la parábola de los obreros de la viña (Sin Dios 7, 63-73), los trabajadores son contratados a diferentes horas del día, de manera que unos trabajan toda la jornada; otros, la mitad, y otros, solo unas pocas horas. No obstante, a todos les pagan lo mismo. El mensaje positivo es aquí el de la misericordia de la gracia: incluso los pecadores que se arrepientan tarde en la vida recibirán el mismo perdón que aquellos que hayan vivido bien durante todo el tiempo. La conclusión, «Los últimos serán primeros y los primeros, últimos», es otra iteración de la familiar inversión del orden temporal que ofrece esperanza para los más desdichados.

Sin embargo, considerada en su conjunto, la parábola está diciendo algo más que eso. Está rechazando por completo las ideas convencionales del mérito y abrazando lo que, en términos mundanos, solo puede describirse como indiferencia hacia la justicia. El dueño de la viña se niega a atenerse a cualquier estándar de justicia distinto de su derecho a hacer lo que le plazca con sus posesiones: «¿Es que no puedo hacer con lo mío lo que quiero?». En la interpretación laica de esta parábola, podemos apreciar una advertencia de que no podemos confiar en que se haga justicia en este mundo. El mundo seguirá girando como hasta ahora, ciego a lo que es justo o no para nosotros.

Más importante es que se nos diga que «muchos son llamados, mas pocos, escogidos». La palabra *escogidos* indica que no está en nuestro poder ser o no salvados, que es precisamente lo que sugiere la parábola. Pero tampoco es el caso de que las personas vayan a ser escogidas en virtud de algún mérito. La gracia divina y el azar de la naturaleza resultan ser igualmente indiferentes a la justicia y al mérito.

La parábola de los talentos (Sin Dios 7, 51-62) es otra historia que no encaja con la idea de que Jesús creía que la salvación sería justa. Un noble entrega un dinero a tres siervos para que se ocupen de él. El primero recibió cinco talentos; el segundo, dos, y el tercero, uno (un talento era una medida de oro). Los dos primeros siervos negociaron y duplicaron el dinero de su amo. El tercero, sin embargo, tuvo miedo de perder lo poco que se le había confiado. Le dijo a su amo: «sé que eres un hombre duro, que cosechas donde no sembraste y recoges donde no esparciste». Así que escondió el talento en la tierra. El noble se enfureció con él y dio el talento que tenía al hombre que ya tenía diez.

Es una parábola peculiar. La moraleja más clara y reconfortante es que todos deberíamos sacar el máximo partido de lo que nos es dado, sea grande o pequeño. Es como la frase de Marx «de cada cual según sus capacidades». En el Evangelio de Lucas, Jesús dice:

«a quien se le dio mucho, se le reclamará mucho; y a quien se confió mucho, se le pedirá más» (Lucas 12, 48). Se trata de hacer el mejor uso no meramente de los recursos materiales, sino también de nuestras capacidades. De hecho, de esta parábola procede el significado de dones o habilidades del término inglés *talent* (o del español *talento*).

Esto suena bastante razonable. Ahora bien, dado el elogio de Jesús a los mansos, cabría esperar que hubiera contado la historia de suerte que el siervo al que se le encomendaron cinco talentos los hubiese enterrado, mientras que el que recibió solo uno sacase el máximo partido de él. Hacer más con menos sería más encomiable que hacer el mejor uso de más. Eso concordaría con la historia de la viuda cuya pequeña ofrenda en el templo superaba la de los ricos, «Porque todos estos han echado como donativo de lo que les sobraba; esta, en cambio, ha echado de lo que necesitaba, todo cuanto tenía para vivir» (Sin Dios 6, 9). Pero eso es lo contrario de lo que sucede con los siervos. La moraleja de la historia, de hecho, es: «Porque a todo el que tiene, se le dará y le sobrará; pero al que no tiene, aun lo que tiene se le quitará» (Sin Dios 7, 61).

Podemos hacer que esto sea coherente con el resto de las enseñanzas de Jesús imaginando que nos está diciendo cosas referentes a distintas etapas de nuestro desarrollo. Sus pronunciamientos sobre la inversión del orden existente nos dicen que aquellos que hoy son ricos y prósperos estarán en peor situación a la larga que aquellos que son pobres y humildes. Las enseñanzas que parecen contradecir esto nos dicen que, una vez que se haya separado el trigo de la paja, los buenos verán multiplicarse su recompensa, mientras que las pérdidas de los malos se agravarán. El juicio sobre nosotros será severo, incluso si entendemos que el juicio no es más que nuestro destino en este mundo.

El mensaje cobra más sentido aún si interpretamos en términos más seculares lo que significa el juicio. He sostenido que a Jesús le preocupa más la transformación del yo y que el reino de los cielos es un modo de ser, más que un lugar trascendental en el que podríamos acabar. Si esto es cierto, nunca deberíamos leer las parábolas que hablan de premios y castigos como si estos fuesen bienes externos. Las *recompensas* de la virtud no se miden en riqueza ni en salud, sino en la transformación de la naturaleza de nuestra existencia.

Esto contradice el sentido de injusticia que transmiten varias parábolas. Los obreros de la viña que son contratados en primer lugar, el siervo que recibió menos talentos y el hijo obediente que se queda con su padre mientras el pródigo se marcha de casa parecen recibir un trato injusto. Ahora bien, ¿y si el mensaje es que Jesús no está hablando para nada de recompensas externas? Si somos buenos, vivir una vida buena se convierte en la única recompensa que necesitamos. Si otros tardan más en alcanzar ese estado, pero, habiéndolo logrado, disfrutan de las mismas recompensas que nosotros, no tenemos nada de lo que quejarnos. Deberíamos alegrarnos si alguien que no es bueno llega a serlo y no deberíamos sentir que merecemos algo extra por haber sido buenos desde el primer momento. Quizá estas parábolas no nos estén diciendo tanto que las recompensas finales son injustas como que deberíamos dejar de pensar que las recompensas mundanas son algún tipo de compensación por la virtud.

Un aspecto final de la doctrina de Jesús de la división resulta más difícil de entender desde una perspectiva laica contemporánea. Jesús habla mucho de cómo deberíamos vivir, pero también parece pensar que lo más importante que podemos hacer es tomarlo como nuestro maestro. Jesús ordena que lo sigamos. Sencillamente son demasiados los versículos que dicen esto como para negarlo: por ejemplo, «El que no recoge conmigo, desparrama» (Sin Dios 10, 44) y «Vosotros sois mis amigos, si hacéis lo que yo os mando» (Sin Dios 5, 18). No solo eso, sino que Jesús deja claro que seguirlo requiere renunciar a todo lo demás: «cualquiera de vosotros que no renuncie a todos sus bienes, no puede ser discípulo mío» (Sin Dios 4, 13). Este pasaje deja claro a continuación que seguir a Jesús no es fácil: «Si alguno quiere venir en pos de mí, niéguese a sí mismo, tome su cruz y sígame» (4:13). El precio de hacerlo, se nos dice más adelante, podría ser incluso la muerte: «El que encuentre su vida, la perderá; y el que pierda su vida por mí, la encontrará» (Sin Dios 10, 54).

La llamada a seguir a Jesús es tal vez lo que hace más difícil verlo simplemente como un gran maestro de moral. «Para una persona progresista del siglo XXI, es muy fácil decir que nos fijemos en el progresismo de su política de género, en cómo nos está diciendo que no estemos tan obsesionados con la nacionalidad y en que es bastante grosero con la familia nuclear —dice Elizabeth Oldfield—. Sin embargo, no lo está disolviendo todo ni rechazando toda forma de pertenencia y de identidad. Está propugnando *nuevas* formas de pertenencia e identidad alrededor de *mí*, alrededor de *mi* reino.»

En el Evangelio, resulta obvio que se veía a sí mismo como el fundador de un nuevo movimiento centrado en él mismo. No basta con seguir su doctrina; es necesario seguirlo a él. Un motivo para ello es que Jesús nunca parecía estar hablando a las generaciones futuras. Parece incontrovertible que el Jesús de los cuatro Evangelios creía que pronto llegaría alguna clase de fin de los tiempos, si no durante su vida, sí durante la vida de sus seguidores. Todo se aclararía en poco tiempo: «Nada hay encubierto que no haya de ser descubierto ni oculto que no haya de saberse. Porque cuanto dijisteis en la oscuridad, será oído a la luz, y lo que hablasteis al oído en las habitaciones privadas, será proclamado desde los terrados» (Sin Dios 11, 34).

Las alas más evangélicas del cristianismo enfatizan una exclusividad en las enseñanzas de Jesús que a las ramas más liberales se les antoja problemática. Uno de sus versículos más utilizados es Juan 14, 6: «Yo soy el Camino, la Verdad y la Vida. Nadie va al Padre sino por mí». Por mucho que interpretemos esto en sentido figurado, el mensaje central de que hemos de seguir a Jesús y solo a Jesús se escucha alto y claro en el Evangelio. Quienes ven a Jesús simplemente como uno de los numerosos maestros de moral están ignorando el hecho de que él mismo se consideraba alguien mucho más especial.

Una ventaja de la filosofía moral laica es que no estamos obligados a aceptar todos y cada uno de los aspectos del sistema de un sabio maestro. Podemos optar por dejar de lado el culto a Jesús y eliminar buena parte del resto. En el caso de sus enseñanzas sobre la división, lo eliminado es oscuro y problemático. Pocos son capaces de entender el verdadero camino y seguirlo. Pocas llegarán a ser las personas virtuosas que están destinadas a ser para poder *salvarse*. Y nuestro destino no se halla enteramente dentro de nuestro control. El destino y el azar son indiferentes a la justicia y la misericordia.

Jesús es retratado a menudo como el profeta de la esperanza. Para mí, sin embargo, su visión es sombría. No obstante, en su versión laica, pinta un cuadro de la dura realidad del mundo que resulta más convincente que las interpretaciones religiosas tradicionales en las que nuestra salvación depende de un Dios a veces antojadizo e injusto.

CAPÍTULO 10

El bien sin Dios

En mayo de 1924, un muchacho de catorce años fue secuestrado y asesinado en Chicago. No fue un asesinato más en una ciudad con una tasa de homicidios notoriamente elevada. Los asesinos tenían un motivo inusual y espeluznante. Eran dos estudiantes ricos que simplemente querían demostrar su superioridad intelectual. Uno de ellos, Nathan Leopold, se sentía fascinado por el concepto nietzscheano del *Übermensch*, el *superhombre* que rechazaba los valores de la sociedad y creaba los suyos propios. Leopold pensaba que él y Richard Loeb eran dos de esos especímenes superiores del género humano, y que su víctima, Bobby Franks, era un miembro prescindible del estúpido rebaño.

Nietzsche es célebre por haber declarado que «Dios ha muerto». Esto no es tan fácil y sencillo como suena. En *Así habló Zaratustra*, pone estas palabras en boca de un hombre loco, que añade que «somos nosotros quienes lo hemos matado». No obstante, resulta incontrovertible que Nietzsche aspiraba a una «transvaloración de todos los valores» en la que la «moral de esclavos» del cristianismo, que predica la sumisión, fuese reemplazada por un heroico compromiso de superación.

Cualquier estudioso de Nietzsche nos dirá que interpretar esto como una exhortación al homicidio gratuito supone una burda tergiversación de su filosofía. En la obra teatral de Patrick Hamilton *Rope* (*La soga*), basada en el caso de Leopold y Loeb, el profesor que había explicado a Nietzsche a los asesinos se lamenta: «¡Habéis dado a mis palabras un sentido con el que yo jamás había soñado!». No obstante, para muchos, el asesinato de Bobby Franks es la espantosa consecuencia lógica del derribo de una moral basada en lo divino y su sustitución por otra plenamente humana. El quejumbroso profesor acaba expresando su profundo remordimiento por haber respaldado alguna vez las ideas que sus alumnos habían tergiversado. «Esta noche me habéis hecho avergonzarme de todas las concepciones que alguna vez he defendido de seres superiores o inferiores.»

Incluso si nosotros no pensamos que sin Dios estamos condenados a la amoralidad homicida, a mucha gente le preocupa que, sin un fundamento divino, la moral pueda carecer de unos cimientos sólidos. Sería como la casa hecha de arena de la parábola de Jesús, que es arrasada por la primera marea fuerte de ira o deseo humano. Podemos aceptar la posibilidad de interpretar las enseñanzas de Jesús como una filosofía moral laica, pero si eliminamos el fundamento divino sobre el que se erige, ¿qué la sostiene?

La pregunta es ingenua si supone que la idea del bien requiere una creencia en Dios. No es de extrañar que muchos asuman esta necesidad, puesto que muchas enseñanzas morales del mundo cristiano no han apelado a nada más que a la autoridad divina. Así fue como me enseñaron la diferencia entre lo correcto y lo incorrecto en mi escuela católica de primaria. Tenía que hacer lo que se me decía porque eso era lo que Dios quería, y, dado que Dios era mi creador, más me valía no cuestionarlo. Después de todo, él iba a juzgarme en algún momento y no iba a responder a mis preguntas acerca de las razones por las que debería haberle escuchado.

En la Biblia hebrea, la moral suele ser dictada por mandato divino, sin hacer preguntas. Considérese cómo se entregan los Diez Mandamientos a los israelitas. A Moisés no se le ofrece ninguna razón de por qué los principios que Dios ordena son buenos. Es suficiente con que los mande Dios. Dios llamó a Moisés para que fuera al monte Sinaí y le indicó: «Así dirás a la casa de Jacob y esto anunciarás a los hijos de Israel» (Éxodo 19, 3). Después Moisés descendió, «convocó a los ancianos del pueblo y les expuso todas estas palabras que Yahveh le había mandado. Todo el pueblo a una respondió diciendo: "Haremos todo cuanto ha dicho Yahveh"» (Éxodo 19, 7-8). Cuando sube de nuevo para recibir lo que hoy conocemos como los Diez Mandamientos, aun cuando hay claramente al menos once, «Todo el pueblo percibía los truenos y relámpagos, el sonido de la trompeta y el monte humeante» (Éxodo 20, 18). Esa era toda la razón por la que necesitaban obedecer.

Pocos creen en el rigor histórico de este relato. También tendríamos motivos para dudar de las afirmaciones de la mayoría de las personas que, a lo largo de la historia, dicen haber hablado en nombre de Dios. No obstante, mucha gente cree que para que un maestro de moral hable con alguna autoridad, lo que dice ha de obtener su legitimidad de una fuente divina. Si eso es cierto, despojemos entonces a Jesús del Cristo y nos quedará tan solo alguien con opiniones firmes, pero carentes de autoridad.

La versión más cruda de la idea de que la moral se basa en la voluntad de Dios o de los dioses no resiste el escrutinio. Esta teoría del mandato divino sostiene que lo correcto y lo incorrecto están determinados exclusivamente por el fíat de Dios. Un poderoso argumento cristiano contra la teoría del mandato divino es que el propio Jesús no parece respaldarla. Su defensa de la reforma de la ley rechaza la idea de que las leyes morales puedan justificarse mediante una simple apelación a la autoridad, o implementarse mediante una referencia directa a un libro de normas. No argumenta en pro de la auténtica bondad declarando que «lo dice Dios» o «está escrito». Como hemos visto a lo largo de este estudio, Jesús defiende su postura de maneras muy similares a las empleadas por los teóricos morales laicos.

En el Evangelio hay algunas sugerencias de que, al enseñar mediante el ejemplo, Jesús está rechazando conscientemente la teoría del mandato divino. En cierta ocasión, por ejemplo, los sumos sacerdotes y los escribas retan a Jesús preguntándole: «¿Con qué autoridad haces esto?». Se trata de una trampa. Si responde «de Dios», podrían acusarlo de blasfemia. Cualquier otra respuesta, sin embargo, revelaría su falta de legitimidad. Pero Jesús contesta tendiéndoles su propia trampa al preguntarles si Juan el Bautista actuaba bajo la autoridad de Dios o de los hombres. Por razones políticas, no pueden responder. Al decir que poseía autoridad divina, reconocerían la autoridad de Juan, pero al negar abiertamente esa autoridad, agitarían a sus numerosos seguidores. Entonces Jesús replica: «Tampoco yo os digo con qué autoridad hago esto» (Sin Dios 10, 13-16).

Este incidente se interpreta a veces como una demostración de la astucia de Jesús al evitar las trampas que le tienden. No obstante, parecería muy extraño que Jesús rehusara reclamar la autoridad que posee simplemente por temor a las consecuencias. La historia tiene mucho más sentido si la vemos como una muestra de que Jesús rechaza la idea de que necesita reclamar alguna autoridad. El contexto ayuda a explicar por qué. Cuando Jesús pregunta a los escribas y sacerdotes por su autoridad, los fuerza a pensar en las consideraciones políticas. Eso demuestra que la idea misma de autoridad está ligada a las cuestiones de la política y el poder. Análogamente, el mandato divino es una forma de autoridad moral que se halla esencialmente enraizada en el poder, en este caso, la omnipotencia. Jesús no tiene tiempo para el poder político de ninguna índole, como hemos visto. La única autoridad que Jesús puede invocar es su ejemplo.

Posiblemente la objeción más poderosa a la teoría del mandato divino sea asimismo la más antigua. En el *Eutifrón*, Platón pregunta si los dioses mandan lo que es bueno o si lo que mandan es bueno porque ellos lo mandan. La segunda opción puede descartarse rápidamente. No es admisible que la violación y la tortura, por ejemplo, sean malas solamente porque los dioses digan que lo sean. Un dios bondadoso no podría hacer buenas estas cosas terribles simplemente declarando que lo son. Eso nos deja tan solo la primera opción: los dioses mandan lo que es bueno *porque* es bueno. Pero eso significa que la bondad o la maldad de las cosas no depende de ningún dios. En términos monoteístas, el bien, no Dios, fundamenta la moral.

El argumento de Platón siempre me ha parecido elegante y convincente. El dilema de Eutifrón debería dejar claro que no se añade nada a la realidad de la bondad al atribuirle una fuente divina. Lo único que se pierde es la seguridad de que la bondad tendrá lugar y acabará triunfando. Eliminemos a Dios y eliminaremos al guardián de la moral, pero no suprimiremos la moral misma.

No obstante, aunque toda persona sensata debería estar de acuerdo con que «porque lo dice Dios» no es ninguna justificación para un principio moral, la idea más amplia de que la moral requiere alguna clase de fuente trascendente no se desecha tan fácilmente. 'Trascendente' es un concepto escurridizo que se emplea con más frecuencia de lo que se entiende. Como mínimo se refiere a algo mayor y distinto de nosotros mismos, algo que no puede hallarse puramente en el mundo físico del aquí y el ahora.

El dilema de Eutifrón puede demoler la idea de que la voluntad de Dios determina lo que es bueno, pero no demuestra que la moral carezca de una fuente trascendente. Incluso podría sugerir lo contrario, toda vez que apunta a una fuente de bondad independiente de Dios. Si esa fuente no fuese nada más que la cultura humana o la evolución, ¿por qué habría de tener más fuerza que la voluntad de Dios? ¿No ha de pertenecer acaso a algún reino superior?

Eso pensaba ciertamente Platón. Para él, la forma eterna del bien existía en el nivel más elevado de la realidad, por encima y más allá de las cosas finitas y corruptibles del mundo material. En la mayoría de las tradiciones, el bien parece situarse al menos por encima y más allá de lo humano. Confucio hablaba de seguir el «camino del cielo», mientras que los taoístas concebían el *tao*, el camino, como eternamente existente. La ficción fantástica recurre con frecuencia a la idea de un bien supremo para crear sus propios mitos, como «la fuerza» en *La guerra de las galaxias*.

Si existe algún tipo de fuerza trascendente de la bondad, entonces podría ser posible incluso volver a conectarla con Dios. El dilema de Eutifrón separa el bien de Dios, ya que asume una distinción entre los dioses como divinos comandantes en jefe y la bondad como una cualidad moral. Eso era fácil de hacer con los dioses de la antigua Grecia, que eran como seres humanos con superpoderes. El Dios de muchos cristianos actuales es mucho menos antropomórfico. Para ellos, hay un sentido en el que Dios no solo *hace* el bien, sino que *es* el bien.

Esto es difícil de entender si concebimos a Dios como alguna clase de persona, con creencias, deseos y agencia. Para muchos cristianos es importante que Dios posea algún tipo de personalidad. En cambio, para muchos otros, esta forma de pensar en Dios es meramente el mejor método del que disponemos para captar el misterio de lo divino, que es en algún sentido un agente intencional, pero de formas que no podemos comprender. Otros van más allá y dicen que toda la idea de Dios es simplemente una personificación del bien, una especie de metáfora para ayudarnos a concebir lo que es en última instancia inconcebible. Para muchos de los que adoptan cualquiera de estas visiones, Dios y la bondad trascendente se funden en cierto sentido.

Por tanto, existen al menos dos maneras de rechazar la cruda idea de que el bien es lo que Dios manda, aferrándose a la par a la idea de que la bondad posee alguna fuente trascendente. La primera es que Dios y el bien son, de algún modo, uno y lo mismo. La segunda es que Jesús posee algún género de percepción especial de la naturaleza de la bondad absoluta, y eso es lo que confiere su autoridad a sus enseñanzas. Ninguna de las dos resulta creíble desde un punto de vista laico, pero, dentro del contexto de la fe, cualquiera de ellas o ambas a la vez podrían tener sentido.

En cualquier caso, sostener que *El Evangelio sin Dios* carece de fundamentos no es suficiente para demostrar que sea *coherente* enraizar las enseñanzas de Jesús en una fuente trascendente de bondad. Hemos de mostrar que su moral *requiere* una fuente semejante. El consenso de los expertos con quienes yo he consultado era que sí. Uno de los que expresaban explícitamente esta postura fue John Cottingham. Cuando conocí a Cottingham no era un hombre religioso. Solo más tarde en su vida encontró su fe, y hace unos años se convirtió en católico romano. En sus obras ha enfatizado reiteradamente la necesidad de algún tipo de trascendencia para que la vida tenga sentido y para que la moral ejerza su poder. Así pues, no es de extrañar que crea que la moral de Jesús perdería su fuerza sin una base trascendente: «La autoridad de las enseñanzas de Jesús es apuntalada no tanto por ser el mesías cuanto porque, a menos que exista una fuente eterna de valor, el requisito de ser justos, misericordiosos y compasivos es difícil de justificar».

Cottingham habla en nombre de mucha gente cuando dice que no es capaz de «concebir el universo naturalista de la física y luego el bien. No acierto a ver dónde encajaría este. No podemos basarlo tan solo en la naturaleza humana, que parece ser evidentemente una mezcolanza de principios contradictorios. Si nuestros impulsos hacia el bien conviviesen con muchos otros impulsos naturales, no tendrían el tipo adecuado de estatus para *exigirnos* que actuásemos».

Uno de los problemas que esto me plantea es que resulta difícil hacerse una idea clara de la clase de cosa real que podría ser la «bondad objetiva». Yo no creo en espeluznantes fuerzas no naturales. Puedo aceptar que la realidad suprema exceda nuestra comprensión, pero no estoy dispuesto a adoptar un concepto vago de la bondad objetiva y absoluta basado exclusivamente en un sentimiento intuitivo de que la moral lo requiere.

Con todo, podría estar justificado exigir alguna razón para creer que la moral es *real*. No obstante, me parece que existen mejores formas de entender la realidad de la bondad sin ninguna necesidad de una realidad trascendente y objetiva. En el pensamiento asiático oriental, por ejemplo, sus concepciones de lo bueno parecen estar más integradas en el mundo natural. Confucio hablaba del «camino del cielo» (*tiān*), pero eso no parecía ser una referencia a ningún reino sobrenatural. Antes bien, el *tiān* parecía referirse al orden natural de las cosas. Análogamente, el taoísmo es una filosofía centrada en la naturaleza, y su concepto del *tao* se entiende mejor como el principio universal que gobierna toda la naturaleza, más que como una fuerza sobrenatural que interviene de algún modo en ella. No estoy sugiriendo que el *tao* o el *tiān* sean conceptos que la mentalidad laica moderna pueda aceptar al por mayor, pero ambos apuntan a la posibilidad de entender la bondad como real y, al mismo tiempo, como una parte integrante del mundo natural.

Nuestra versión científicamente informada de la bondad natural del siglo XXI la consideraría equiparable a cosas tales como el amor o la belleza. Estos existen, ciertamente, pero no aparecen en los manuales de física ni bajo un microscopio. La mayoría de nosotros aceptamos que, como todos los fenómenos de la conciencia, emergen del funcionamiento de cerebros humanos socializados y encarnados. Aún no sabemos cómo sucede esto, pero podemos estar seguros de que estos maravillosos cuerpos y cerebros solo están hechos de la materia de la física. El amor y la belleza son tan reales como cualquier cosa surgida de las complejas disposiciones de la materia, como las estrellas, las sillas o los sonidos. El amor y la belleza poseen la capacidad de llenarnos de gozo o rompernos el corazón. Incluso guardan alguna relación con la verdad, dado que podemos estar equivocados respecto de lo que amamos, incluso si la belleza está en el ojo del observador. Podemos creer todo esto sin insistir en que cualquiera de ellas precise de una fuente trascendente. ¿Por qué no puede suceder lo mismo con la bondad?

Cottingham sugería que nuestros impulsos morales carecerían de un sólido fundamento si estuvieran basados únicamente en nuestra evolución psicológica. Ahora bien, si creemos en la evolución, *todo* cuanto pensamos y sentimos *está basado en* nuestra psicología evolucionada. No ha sido trasplantado a nuestro cerebro por los alienígenas. Aceptar la historia de la evolución no nos obliga a creer que la moral no es *nada más que* una respuesta evolutiva. La maravilla de la evolución es que puede dar origen a cosas que adquieren un sentido y un valor que trascienden las meras ventajas evolutivas. Hacemos música únicamente gracias a la evolución de nuestros órganos sensoriales auditivos y nuestros circuitos cerebrales, pero los últimos cuartetos de Beethoven son algo más que *simples* ruidos evolucionados. Como señala la neurofilósofa Patricia Churchland, la ciencia nos muestra una y otra vez cómo «emergen cosas hermosas a partir de fuentes bastante feas».[1]

Un motivo estupendo para creer que la moral es real es que se ocupa de cosas que ciertamente existen. Cuando vemos sufrir a alguien innecesariamente, estamos observando algo completamente real. Hay un sentido en el que si no convenimos en que eso es malo, entonces hay algún aspecto del mundo que no estamos captando. No puedo creer que sea preciso añadir a esto algún tipo de sustrato trascendente. Estoy seguro de que cuando Cottingham ve escenas de crueldad en las noticias, responde directamente al sufrimiento como un ser humano. No necesita preguntar si su reacción viene acompañada de un certificado de autenticidad trascendental.

A mi juicio, la demanda de una base trascendente para la ética es poco más que un golpe en la mesa intelectual. Como a algunos se les antoja intolerable o inconcebible que la moral no vaya acompañada de algún tipo de validación externa objetiva, se limitan a golpear la mesa e insistir en que debería ser así. Semejantes argumentos basados en la incredulidad personal carecen de fuerza. Cottingham ofrece abundantes razones por las que no puede aceptar que no seamos «nada más que una extraña excrecencia cósmica», pero ninguna de ellas me resulta convincente. Al fin y a la postre, aunque muchos consideran intolerable la creencia en que la vida humana carece de propósito intrínseco, eso no sirve como contraargumento.[2]

Si aceptamos que la moral no requiere un fundamento trascendente, Jesús podría ser un maestro de moral incluso sin ninguna creencia en que tenga línea directa con lo divino. Estaría en buena compañía, ya que la mayoría de los filósofos morales del mundo proponían sus teorías sin apelar a una autoridad suprema. No obstante, seguían necesitando argumentar cómo entendían lo bueno y lo malo, lo correcto y lo incorrecto. Sin alguna suerte de invocación de una autoridad especial o revelación divina, ¿a qué puede apelar un maestro de moral?

La respuesta breve es la razón. Hasta que fui a la universidad, la enseñanza de la moral había estado confinada al programa de estudios religiosos. Cuando empecé a estudiar filosofía moral, descubrí que ciertamente uno no podía apelar a la autoridad religiosa para respaldar su posición. Se necesitaban argumentos. Habiendo sido educado en una cultura en la que la religión parecía ser la dueña de la ética, se trataba de una transición difícil de realizar. Costaba ver cómo podía *argumentarse* en favor de una posición moral. No bastaba con establecer los hechos. Incluso con nuestros mejores conocimientos de la conciencia animal o del desarrollo fetal, existen discrepancias respecto de la ética de comer carne o del aborto.

La filosofía moral me dio muchos problemas y obtuve en ella la calificación más baja en mis exámenes finales. En retrospectiva, creo que mi problema era que entendía la exigencia de racionalidad en un sentido demasiado restrictivo. Buscaba pruebas y argumentos concluyentes, y no era de extrañar que no los encontrara. Desde entonces he aprendido a tener unas expectativas más modestas para la labor de la razón en la ética. En resumidas cuentas, una aproximación racional a la ética exige aportar *razones razonables* para respaldar nuestras tesis. Tanto el adjetivo como el sustantivo son necesarios en esta fórmula. Podrían aducirse numerosas *razones* para justificar una tesis moral, pero muchas distarían de ser consideradas siquiera *razonables*. «Acepta mi juicio moral o te vas a enterar» podría funcionar como amenaza, pero no ofrece razón alguna para aceptar sinceramente los postulados morales en cuestión. Análogamente irrazonable es la afirmación «Sé que es bueno porque todos dicen que lo es». Cualquier maestro de moral serio ha de aportar razones razonables para que alguien acepte sus enseñanzas y no se limite a afirmarlas.

Esto deja abierta la pregunta de qué hace razonables las razones. Desgraciadamente no existe ninguna respuesta clara y precisa. Si la hubiera, no tendríamos ninguna discrepancia moral y la moral habría llegado a ser una ciencia. La frustración y la dificultad de la filosofía moral estriban precisamente en que podemos estar suficientemente de acuerdo en lo que constituyen buenas razones como para entablar una discusión, pero no lo bastante como para alcanzar nada semejante a un consenso completo.

Si la alternativa a las apelaciones a la autoridad es la argumentación moral racional, a primera vista, Jesús no parece un gran maestro de moral. No le vemos presentar argumentos formales en defensa de sus posiciones morales, y sus enseñanzas no forman un todo sistemático. Ahora bien, las clases de argumentos arquetípicamente aducidos en los manuales de filosofía no son las únicas razones razonables para aceptar una tesis moral. Si rascamos la superficie de la filosofía moral, encontraremos que la exposición de razones razonables implica mucho más que la presentación de argumentos lógicos.

Consideremos cómo una de las formas más comunes de argumentación en la filosofía moral actual es el recurso a un experimento mental o a un hipotético caso práctico. Por ejemplo, en «Famine, Affluence, and Morality» («Hambre, riqueza y moralidad»), uno de los artículos sobre filosofía moral más influyentes del siglo XX, Peter Singer escribía: «Si camino junto a un estanque poco profundo y observo que un niño se está ahogando, debo meterme dentro y sacar al niño, lo cual provocará que mi ropa se llene de barro, pero esto es insignificante, mientras que la muerte del niño sería presumiblemente algo muy malo». La historia no es un argumento, pero su lectura establece supuestamente un principio general: «si tenemos la capacidad de evitar que algo muy malo ocurra, sin sacrificar por ello nada moralmente significativo, debemos, moralmente, actuar». Este principio implica que los cómodos occidentales deberíamos sacrificar algo que sea remotamente lujoso y utilizar el dinero, en cambio, para evitar la hambruna y las enfermedades fácilmente curables en regiones más pobres del mundo.[3]

Muchas de las enseñanzas de Jesús siguen exactamente la misma estructura. Jesús cuenta parábolas, de las que sus oyentes han de extraer consecuencias para su forma de vivir sus vidas. La diferencia principal entre el estilo de Jesús y el de los filósofos modernos es que él deja con frecuencia que sus oyentes descubran por sí mismos la lección más amplia. Por consiguiente, la lectura del Evangelio no se asemeja a la lectura de un tratado moderno de filosofía moral, en el que todo cuanto hemos de hacer es seguir el argumento. Antes bien, es algo que requiere que pensemos por nosotros mismos. En ese sentido, es quizá más profundamente filosófico por ser menos abiertamente filosófico.

Existe otro motivo por el que la ausencia de argumentos morales abiertos en las enseñanzas de Jesús no convierte a este en intrínsecamente antifilosófico. Para ser capaces de extraer principios generales de las parábolas y los experimentos mentales, y para ejercitar el buen juicio al hacerlo, necesitamos algo más que la habilidad para hacer inferencias lógicas. También necesitamos *atender* muy cuidadosamente a cómo es el mundo en realidad y responder a los aspectos sobresalientes de este. La base del experimento mental del estanque de Singer, por ejemplo, no es un argumento, sino una invitación a prestar atención. Si lo hacemos, nos descubriremos incapaces de negar que lo correcto es meternos en el agua y salvar al niño. *Vemos* esto antes de establecer cualquier principio moral. La regla general sobre la evitación de algo malo, si está fácilmente en nuestras manos hacerlo, es algo que formulamos racionalmente para conferir sentido a nuestra experiencia moral. El principio no configura esa propia experiencia. Los principios son codificaciones de respuestas morales.

Existen múltiples razones para pensar que la ética consiste siempre en última instancia en prestar atención y responder apropiadamente. El papel de la razón es simplemente convertir esas respuestas en principios generales, comprobar la coherencia de nuestras respuestas y extraer las consecuencias de dichos principios, a fin de garantizar que sean realmente los adecuados. La razón es una herramienta para perfeccionar nuestro juicio moral.

Si aceptamos este papel más modesto para la racionalidad en el pensamiento moral, hemos de aceptar de entrada que esta no puede brindarnos una razón para ser morales. Ha habido filósofos como Immanuel Kant que discrepan a este respecto y sostienen que la moral solo puede fundamentarse en la razón, pero pocos han sido persuadidos por ese u otros intentos de hacer tal cosa.

Si no podemos determinar racionalmente lo que es bueno, ¿cómo llegaremos a conocerlo? Los filósofos discrepan sobre esta cuestión, pero muchos de ellos acaban proponiendo que conocemos lo bueno y lo malo cuando lo vemos. Al menos si prestamos la suficiente atención. Por ejemplo, el filósofo moral de Cambridge de principios del siglo XX G. E. Moore argüía que el «bien» es real, pero no puede definirse en términos de ninguna otra cosa. Decir, como hacen algunos utilitaristas, que lo bueno es simplemente aquello que aumenta la felicidad es erróneo, porque «bueno» y «feliz» no significan lo mismo. Si la felicidad es o no buena siempre es una cuestión abierta. ¿Es buena, por ejemplo, la felicidad de un sádico? El «bien» es real pero indefinible, y no es una de las muchas cosas que encontramos en la naturaleza. Verlo es la única forma de saber lo que es. De un modo similar, la gente puede poner ejemplos de cosas amarillas y señalarlas, pero la amarillez es algo que tenemos que ver por nosotros mismos y no puede definirse en términos de ninguna otra cosa. En el fondo, lo bueno se conoce mediante una especie de intuición.

El filósofo ilustrado escocés David Hume adoptó una concepción más práctica y realista. Pensaba que lo bueno podía definirse en términos naturalistas. Calificamos de buena cualquier cosa que sea «útil para la sociedad, o útil o agradable para la propia persona».[4] Nuestra motivación para hacer el bien no dimana de la razón, sino de la estima que «el sentimiento natural de benevolencia nos impulsa a prestar a los intereses de la humanidad y la sociedad».[5]

En muchos sentidos, Moore y Hume discrepaban profundamente. Moore pensaba que el bien era una parte indefinible de una realidad no natural, y Hume, que era una parte definible del mundo natural. Sin embargo, en otro aspecto vital, estaban de acuerdo: la base última de toda identificación de algo como bueno o malo, correcto o incorrecto, no es un argumento, sino una observación que requiere una capacidad no racional, ya se trate de una intuición (Moore), ya de un sentimiento moral (Hume).

Este retrato de la moralidad nos ayuda a explicar cómo vemos el cambio moral que se está produciendo habitualmente. Por ejemplo, en cierta ocasión entrevisté a una madre soltera lesbiana y atea llamada Renee, en una pequeña localidad de Texas. De todas sus identidades marginales, su condición de atea era con creces la más problemática. Pensaba que la explicación era simplemente una cuestión de familiaridad: «Si alguien se entera de que soy lesbiana, dirá que tiene una tía o una hermana lesbiana, pero si alguien descubre que soy atea, no sabrá cómo afrontarlo. Ni siquiera saben lo que es un ateo. Llevo diez años aquí y no conozco a nadie en todo el condado que sea ateo». Creo que Renee está en lo cierto y que la razón por la que los derechos del colectivo LGTBI han avanzado tanto en Estados Unidos no es porque los activistas ganaran un debate moral, sino porque a medida que la gente iba conociendo a más personas homosexuales, su experiencia les enseñaba que no había nada malo en ellas.

Hay muchas filosofías morales en las que no se ofrece ningún argumento para justificar la noción del bien que se está manejando. La ética confuciana, por ejemplo, solo se preocupa de lo que se requiere para crear una buena sociedad y carece de interés en las concepciones metafísicas de la bondad. Cuando se trata de determinar lo que es una buena sociedad, se asume que reconocemos que la armonía es preferible a la disarmonía, la prosperidad es preferible a la pobreza y la paz es preferible a la guerra.

Análogamente, el utilitarismo del filósofo decimonónico John Stuart Mill postula que la felicidad es buena y el dolor es malo, pero no aporta argumento real alguno al respecto. Se limita a sugerir que, si lo pensamos, la felicidad es lo único que consideramos bueno en sí mismo, y el dolor, lo único malo en sí mismo.

La ausencia de argumentos de Jesús en favor de lo que hace fundamentalmente correctas o incorrectas las acciones no es, por tanto, una buena razón para desestimar sus doctrinas morales como una mera serie de instrucciones dictadas por decreto. Para tomárnoslo en serio como un maestro de moral solo necesitamos convencernos de que es un experto en hacernos prestar mucha atención a lo que es la bondad. Ciertamente es evidente que él mismo creía en la necesidad de esa buena «visión moral»: «La lámpara de tu cuerpo es tu ojo. Cuando tu ojo está sano [ve con claridad], también todo tu cuerpo está luminoso; pero cuando está malo, también tu cuerpo está a oscuras» (Sin Dios 2, 17).

La filosofía occidental moderna ha llegado a pensar que «ver con claridad» consiste básicamente en determinar los hechos y razonar lógicamente a partir de ellos. Esto tiene poco o nada que ver con la ética. Sin embargo, no son pocos los filósofos que han establecido una conexión entre comprender con agudeza y ser bueno. En la filosofía india, las escuelas ortodoxas se conocen como *darśanas*, cuya raíz significa literalmente 'ver'. Otro término sánscrito, que significa «la ciencia de la investigación» —lo que en términos generales denominaríamos *filosofía*— es *ānvīkṣikī*, que originalmente significaba algo así como 'mirar'.

Incluso en la filosofía occidental ha persistido una corriente de pensamiento que atribuye una dimensión ética a la visión certera. Aristóteles escribió: «uno debe hacer caso de las aseveraciones y opiniones de los experimentados, ancianos y prudentes no menos que de las demostraciones, pues ellos ven rectamente porque poseen la visión de la experiencia».[6] Más idiosincrásico es un interesante comentario de Wittgenstein que sugiere que la lógica y la ética son inseparables: «¿Cómo puedo ser un lógico sin antes ser un humano decente?», preguntaba en una carta a Bertrand Russell. Ray Monk, biógrafo de Wittgenstein, explica que la conexión se basa en el hecho de que «Para pensar con claridad en la lógica, tiene que eliminar aquellas cosas que se interponen en el camino del pensamiento claro». Esa claridad de pensamiento requiere honestidad con uno mismo. Por ello, «Wittgenstein decía asimismo que lo que se necesita en filosofía no es inteligencia, sino voluntad».[7]

Ahora bien, ¿qué es lo que vemos con claridad cuando prestamos atención al mundo de la manera éticamente apropiada? En el Evangelio, Jesús no cesa de pedirnos que tengamos en cuenta dos cosas. La primera es nuestro propio desarrollo moral, algo en lo que hemos visto que Jesús se centra repetidamente. La segunda son las necesidades y los sufrimientos de los demás. Jesús no es un teórico moral abstracto que dispense fríamente órdenes. En varias de sus parábolas, presenta a personas motivadas a hacer lo correcto no por principio, sino por una respuesta empática poderosamente emocional a la necesidad y al sufrimiento. En la parábola del siervo despiadado, «Movido a compasión el señor de aquel siervo, le dejó en libertad y le perdonó la deuda» (Sin Dios 8, 38). Cuando el padre del hijo pródigo vio que este había regresado, «conmovido, corrió, se echó a su cuello y le besó efusivamente» (Sin Dios 8, 49). Cuando el buen samaritano vio al hombre dado por muerto por los ladrones, «tuvo compasión» de él (Sin Dios 9, 21). El propio Jesús aparece respondiendo emocionalmente a las dificultades ajenas, como cuando vio a una multitud de sus seguidores y «sintió compasión de ellos, pues estaban como ovejas que no tienen pastor» (Sin Dios 8, 14).

La experiencia nos demuestra que la compasión es con mucha frecuencia el motor del cambio social. Consideremos, por ejemplo, la publicación en 1972 de la famosa fotografía de Nick Ut de una niña horriblemente quemada, Kim Phuc, que huía de un ataque con napalm en Vietnam del Sur. Esa imagen contribuyó a transformar la opinión pública sobre la injusticia de la guerra más que cualquier cantidad de análisis desapasionados. Análogamente, nada contrarrestó la hostilidad hacia los refugiados en Europa tanto como la foto del niño sirio kurdo de tres años Alan Kurdi ahogado en 2015.

El énfasis de Jesús en la compasión tiene un fuerte paralelismo con la idea de la simpatía moral que fue desarrollada en el siglo XVIII en Escocia por Francis Hutcheson, Adam Smith y, como vimos con anterioridad, David Hume. De maneras ligeramente diferentes, los tres argüían que la moralidad se basa únicamente en la capacidad de identificarse con los sentimientos de los demás. «Sentimos su dolor» en cierto grado y, por consiguiente, intentamos eliminar ese dolor. Compartimos su alegría y, por ende, nos sentimos motivados a hacer lo que podamos para garantizar que quienes nos rodean sean felices.

La preocupación por los demás es un instinto natural que nos agrada ejercitar. Como decía Hume: «todo acto de virtud o amistad va acompañado de un placer secreto». Esto podría parecer egoísmo: queremos aliviar el dolor de los demás solo porque nos duele a nosotros, y queremos aumentar su felicidad solo porque eso nos hace felices. No obstante, Hume insiste en que no está diciendo que estemos motivados a hacer el bien solo porque nos produce este placer. La flecha de la causalidad apunta en el otro sentido: «obtengo placer al hacer el bien a mi amigo porque le quiero, pero no le quiero porque busque ese placer».[8] Solo porque tenemos un «sentimiento o pasión virtuosa», actuar basándonos en dicho sentimiento nos produce placer. Alguien que solo tenga mala voluntad no podrá obtener ningún placer ayudando a otros, e incluso podría deleitarse en su sufrimiento.

La cruda compasión no basta por sí sola para conducirnos a la bondad. Antes bien, se requiere la compasión atenta, la simpatía sensible al contexto y a las cuestiones prácticas. La compasión no atenta e irreflexiva es con frecuencia poco más que una proyección de nuestras propias emociones sobre los otros, o malas conjeturas respecto de lo que estos desearían. Esta clase de compasión sentimental ingenua puede acarrear malas consecuencias. Imaginar que otros deben sentirse avergonzados porque nosotros lo estaríamos en su situación, por ejemplo, puede hacer que se sientan peor, no mejor. Responder sin pensar también puede resultar contraproducente, como cuando enviamos regalos no deseados e innecesarios a personas necesitadas que terminan apilados en almacenes sin utilizar, como sucedió tras una matanza masiva en una escuela de Estados Unidos. Jesús no dijo nada explícito sobre la diferencia entre la compasión atenta y la inatenta. No obstante, mediante su ejemplo, ofreció un modelo de la clase apropiada de atención.

Jesús no se amoldaba al estereotipo más común del maestro de moral, que emite juicios con certidumbre y reclama autoridad. Cuando la gente le preguntaba qué debía hacer, normalmente él se limitaba a responder que ya tenían los mandamientos. A veces no decía nada. Cuando le preguntaban quién era o con qué autoridad hablaba, devolvía la pregunta e indagaba qué pensaban los demás. Hablaba con acertijos, que preferimos llamar *parábolas*. Y al igual que Sócrates, no escribió ni una sola palabra, quizá porque, como el hijo de un carpintero en una sociedad en la que más del 95 % de las personas eran analfabetas, no sabía escribir.[9]

No obstante, caben pocas dudas de que, despojado de su estatus divino, el Jesús de *El Evangelio sin Dios* sigue siendo un genuino maestro de moral. No nos pide que aceptemos sus enseñanzas sobre la base de la mera autoridad, sino que nos invita más bien a prestar atención a las necesidades de los demás, a su propio ejemplo y a nuestras propias fragilidades. Quiere que pensemos por nosotros mismos, y por ello sus parábolas nos exigen descifrar su significado.

Irónicamente, la moral de Jesús no suele enseñarse tal como él mismo la enseñaba. Antes bien, se imparte con una claridad y una certidumbre que hablan de autoridad absoluta. Durante siglos en el cristianismo, «Jesús decía» ha introducido afirmaciones e instrucciones de una manera que supuestamente las torna incuestionables.

Si persiste alguna duda de que Jesús es un maestro moral, basta con preguntarnos cómo hemos aprendido nuestros valores morales. La mayoría de las personas responderían que se los enseñaron sus padres o sus tutores y su comunidad. Casi nadie menciona a un maestro que sea un experto en ética. Tampoco quieren decir que sus padres los sentaran y les hicieran seguir un programa educativo en casa sobre lo correcto y lo incorrecto. La manera en la que se enseña en realidad la moral es compleja y difusa. Damos a los niños algunas normas claras de lo que se debe y no se debe hacer. Les contamos historias en las que pueden apreciar la diferencia entre ser una buena y una mala persona. Intentamos dar buen ejemplo, enseñarles educación mostrando educación, y así sucesivamente. También tratamos de asegurarnos de que pasen su tiempo en ambientes que creamos que forjarán su carácter moral en lugar de erosionarlo. No es un proceso nada sistemático ni se basa en ningún principio fundamental claro. Así pues, no es de extrañar que cuando los niños preguntan por qué deberían comportarse como les decimos que lo hagan, nos cueste responderles con claridad.

Toda esta descripción de nuestra adquisición efectiva de nuestros valores morales identifica una característica importante de la clase de maestro de moral que habla directamente a las personas en lugar de escribir tratados. En primer lugar, tendrá un claro sentido de lo que es correcto o incorrecto en muchas situaciones. En segundo lugar, apreciará que las normas no son suficientes y que las personas tienen que desarrollar una sensibilidad moral propia. Con tal propósito, los maestros emplean con frecuencia historias que permiten que los individuos vean lo correcto y lo incorrecto en acción, y se imaginen a sí mismos enfrentándose a dilemas similares. En tercer lugar, practicarán lo que predican, ofreciendo un modelo de bondad, en parte porque mostrar es más poderoso que contar. Asimismo, esperarán y alentarán a otros a actuar como ejemplos, y animarán a evitar las tentaciones peligrosas. En cuarto lugar, a diferencia de la mayoría de los padres, tendrán algo claro que decir sobre el sentido que tiene ser bueno. Tendrán una concepción del *summum bonum*, el bien supremo hacia el que apunta la acción correcta.

Cualquiera que esté familiarizado con la vida y las enseñanzas de Jesús lo reconocerá en esta descripción, incluso si no reconoce su divinidad.

CONCLUSIÓN

En numerosas ocasiones me he preguntado si todo el proyecto de este libro está equivocado. Uno de esos momentos fue cuando Karen Kilby me sugirió que Jesús no ofreció «una ética completa» y probablemente no estuviera interesado en exponer un código moral universal. Después de todo, la mayoría de los estudiosos coinciden en que Jesús hablaba con la expectativa de que el fin de los tiempos estaba cerca. «No me parece que esté estableciendo el patrón para seguir adelante los próximos dos mil años. Me da la impresión de que existe una inmediatez en su desafío a las personas a las que se dirige.»

Sin embargo, poco después añadió algo que no solo me tranquilizó, sino que me ayudó a ver la mejor manera de interpretar las enseñanzas de Jesús en la actualidad: «Yo experimento las enseñanzas de Jesús como algo que me agarra, me desafía y me conmueve». A mi juicio, esas palabras captan la esencia de la significación duradera de Jesús. Podemos decidir que otras filosofías morales más completas ofrecen una base mejor para nuestras acciones. Ahora bien, sus enseñanzas plantean un reto muy necesario a nuestro pensamiento moral, que nos sacude de nuestra complacencia.

«Es como la masa madre —explica Kilby—. Tenemos ese fermento invisible y luego tenemos la harina subyacente. Yo comparo la harina con algún tipo de sabiduría humana, cultura o sistema moral general. La levadura es el Evangelio. El Evangelio no funciona por sí mismo, en un vacío. Si intentamos basarlo todo en él y solo en él, no podemos hacer que funcione realmente, o nos estaremos engañando a nosotros mismos. Por lo tanto, yo no lo concibo como un sistema completo en sí mismo, sino como un elemento transformador que puede integrarse en cualquier cultura.»

Esta me parece la manera adecuada de enmarcar *El Evangelio sin Dios* en la actualidad. No podemos desarraigar simplemente las enseñanzas morales de Jesús de su contexto en la Palestina del siglo I y trasplantarlas al presente. No obstante, podemos seguir su espíritu, más que su letra, lo cual es seguramente la forma más auténtica de recibirlo en todo caso. Y en su espíritu hallamos una serie de desafíos morales más que un sistema moral completo.

El primer reto consiste en «pasar de los poderosos a los impotentes», como dice Kilby. Como alguien que encuentra persuasivo el ideal aristotélico de la vida buena, considero esto extremadamente útil. Aristóteles ofrece una visión atractiva del florecimiento humano que implica vivir conforme a nuestra naturaleza lo más completa y plenamente posible. Eso es estupendo si posees los recursos y las habilidades necesarios para florecer, pero no hay ninguna bendición en ser pobre si no los posees. En tiempos de Aristóteles, el florecimiento humano era una ética para aristócratas atenienses. Hoy en día, el florecimiento se halla al alcance de más personas que nunca antes. No obstante, sigue habiendo miles de millones de pobres entre nosotros. Jesús nos recuerda que ignorarlos y centrarnos exclusivamente en nuestro propio florecimiento supone mostrar una profunda falta de compasión.

Otro de sus desafíos esenciales es nuestra necesidad de humildad. La humildad nos hace menos prejuiciosos, más indulgentes y más conscientes de nuestra dependencia de los demás. «En el corazón de la ética de Jesús mora el fundamental quebranto humano —dice Elizabeth Oldfield—. Ese es un buen punto de partida para la ética. Los límites de nuestra autocomprensión y las profundidades de nuestra capacidad de autoengaño significan que necesitamos vivir en una comunidad de prácticas. La ética no es algo que pueda darse en una sola persona. El humano integral solo cobra vida en las relaciones saludables porque sentimos nuestro mutuo quebranto.»

Jesús nos reta asimismo a comprometernos con lo que es bueno y verdadero, incluso si eso significa dar la espalda a lo agradable y a lo fácil. En una cultura en la que la gente declara detestar a las empresas internacionales evasoras de impuestos, pero continúa comprando sus bienes y servicios con regularidad por lo cómodo que resulta, esa es una decisión dura. Pero hay algo gozoso en el hecho de reconocer la bondad como la cosa más importante del mundo y consagrarte plenamente a ella. Jesús captó esto en dos analogías: «El Reino de los Cielos es semejante a un tesoro escondido en un campo que, al encontrarlo un hombre, vuelve a esconderlo y, por la alegría que le da, va, vende todo lo que tiene y compra el campo aquel. También es semejante el Reino de los Cielos a un mercader que anda buscando perlas finas, y que, al encontrar una perla de gran valor, va, vende todo lo que tiene y la compra» (Sin Dios 9, 8-9). Cuando encuentras el camino correcto, renuncias a todo por él.

Finalmente, Jesús nos reta a aspirar alto, más alto de lo que podemos alcanzar en realidad: «Sed perfectos» (Sin Dios 2, 45). Esto contradice un principio ético ampliamente aceptado, atribuido a Kant, en virtud del cual *deber* implica *poder*. En otras palabras, solo podemos decir que alguien está moralmente obligado a hacer algo si es efectivamente capaz de hacerlo. Esto parece razonable. Por ejemplo, uno no puede ser responsable de salvar la vida de alguien si no tiene ninguna forma de salvarlo. Entonces, ¿cómo puede significar la ética en el contexto cristiano, como dice Simon Critchley, que *deber* implica *no poder*?[1]

Porque está bien que la moral siempre pida más de nosotros de lo que somos capaces de dar. Quedarse corto es inevitable. Jesús nos está pidiendo que seamos perfectos, no magos. No está diciendo que deberíamos realizar acciones que son sencillamente imposibles. Está diciendo que deberíamos esforzarnos para llegar a ser mejores personas de lo que somos capaces de ser.

Esto no sonaría extraño en muchos contextos distintos de la moralidad. Los deportistas y los artistas, por ejemplo, dicen con frecuencia que se afanan para lograr la perfección, pero saben que no pueden alcanzarla. Tendemos a admirar esta aspiración y entendemos que refleja una seriedad de la intención, más que una creencia descabellada en lo imposible. Una crítica de la superficialidad de nuestra época es que probablemente no tratamos nuestro crecimiento moral con tanta seriedad como nuestro desarrollo deportivo, profesional o creativo.

Es una lástima que el cristianismo contemporáneo no parezca dispuesto o capaz de recalcar la radical dureza de las enseñanzas de Jesús. Hay demasiado Jesús dulce, manso y suave, o lo que una evangélica me describió en cierta ocasión como la forma de pensar del «Jesús es mi novio». «Jesús es moralmente exigente de un modo que requiere penitencia, autoexamen y búsqueda espiritual de la motivación de nuestras acciones, especialmente en relación con la agresión, la violencia y las actitudes hacia el otro —dice Brian Mountford—. Existe una cultura de la simplificación en la Iglesia anglicana, dirigida principalmente hacia el contenido intelectual de la fe, pero que ocasionalmente se extiende al compromiso moral en cuestiones políticas y fiscales, ya que intentamos mantener nuestro lugar en el *establishment* nacional.»

Y, sin embargo, Mountford también ve que «en una sociedad banalizadora, la gente sigue estando sedienta de algo más serio y más exigente en términos morales e intelectuales». El humanismo secular es incapaz a menudo de proporcionar esto. Siempre me estremezco cuando recuerdo la campaña de carteles en los laterales de los autobuses londinenses que rezaban: «Probablemente Dios no existe. Deja de preocuparte y disfruta tu vida». Menuda frivolidad. La religión en su máxima expresión aporta una cierta seriedad a la vida, a la pregunta de cómo debemos vivir. Philip Larkin captó esta idea en su poema «Church Going» [«Ir a la iglesia»], en el que describía la iglesia como «una casa seria en una tierra seria» que aborda «un hambre en sí mismo de ser más serio».

No necesitamos recurrir a la religión para saciar esa hambre. Si las religiones tienden a exhibir más seriedad moral es en gran medida porque tienen una mayor conciencia de que somos responsables de algo más que de nosotros mismos. Creo que este sentimiento de responsabilidad es algo que los ateos también pueden y deberían sentir. Todos somos responsables: ante nuestra sociedad, nuestra familia, nuestra conciencia y nuestra propia simpatía moral. Cada vez que la compasión nos permite sentir realmente el sufrimiento de otras personas, nos sentimos instintivamente movidos a hacer algo al respecto y a reconocer que hay algo injustificable en el hecho de centrarnos simplemente en nuestras propias necesidades egoístas.

No necesitamos creer que el bien ante el que somos responsables es divino o trascendente. Tanto los teólogos como los filósofos pueden estar demasiado atrapados en abstrusas complejidades metafísicas. A muchos les preocupa que, a menos que la bondad posea alguna clase de realidad objetiva independiente, la moralidad sea hueca e infundada. Sin embargo, esas personas se están viendo con muy malos ojos a sí mismas y a los demás. ¿Realmente piensan las personas religiosas que dejarían de preocuparse por los demás si cesaran de creer en Dios? No tenemos por qué obsesionarnos con la naturaleza última del bien para sentir su fuerza. El amor y la bondad son suficientemente reales como para poseer una importancia suprema, incluso si carecen de existencia más allá de este planeta.

El Evangelio sin Dios es desafiante, pero en cierto sentido se reduce a principios que son bastante simples. Una versión laica simplificada del padrenuestro (Sin Dios 6, 39) puede reducirse a tres cosas:

> Danos cada día nuestro pan cotidiano.
>
> Perdónanos nuestros pecados porque también nosotros perdonamos a todo el que nos debe.
>
> No nos dejes caer en la tentación, mas líbranos del mal.

La oración está estructurada como una alocución dirigida a un poder superior. Los ateos podrían entender esto simplemente como un medio de reconocer que no somos completamente autosuficientes, que necesitamos la ayuda de otros y que somos en algún sentido responsables de nuestras acciones. La oración podría convertirse en un mantra, un discurso dirigido a nosotros mismos:

> Tengamos nuestro pan de cada día.
>
> Que se perdonen nuestros pecados, pues también nosotros perdonamos a quienes están en deuda con nosotros.
>
> No caigamos en la tentación y librémonos del mal.

Es importante que este mantra vaya dirigido a «nosotros» en lugar de a «mí». Creo que una parte esencial de las enseñanzas de Jesús es que vivimos en una comunidad moral y, aunque el objetivo principal sea la transformación del yo, esta no puede ser lograda solo por el yo.

La primera frase es tanto un deseo como un recordatorio de la modestia de nuestras necesidades y las de los demás. Somos criaturas vulnerables de carne y hueso, y no podemos hacer nada sin las necesidades básicas de la vida. Pero no *necesitamos* más que estas. Por muy agradables que puedan ser los lujos que nos proporciona la vida moderna, no deberíamos desearlos. Eso promovería la codicia, el egoísmo, el materialismo y la insatisfacción con lo que tenemos.

Al mismo tiempo, al pensar en nuestras necesidades básicas, recordamos que no todos las tienen cubiertas. Hemos de tomarnos en serio el desafío de Jesús de no dar la espalda a los enfermos, los hambrientos y los desamparados. Para trabajar en nuestro desarrollo moral, que es el tema del resto del breve mantra, también tenemos que ocuparnos de las necesidades apremiantes de quienes nos rodean.

La segunda frase es una llamada a perdonar y un deseo de ser perdonados. Como hemos visto, no se trata de dispensar la absolución, borrando los errores como una bayeta húmeda moral. Es básicamente una cuestión de abstenerse de juzgar y de reestablecer las relaciones. No perdonamos porque ignoremos la maldad. Perdonamos porque sabemos que todos somos profundamente imperfectos y tenemos tantas razones para buscar el perdón de los demás como para solicitarlo de ellos. Aunque tenemos que juzgar *lo que* está bien o mal, no tenemos derecho a decir *quién* es bueno o malo. Cuando nos quedamos en el juicio y no avanzamos hasta el perdón, nos distraemos de nuestra tarea primordial de reformarnos a nosotros mismos y nos obsesionamos con la reforma de los demás. Asimismo, allí donde no existe el perdón, hay relaciones rotas. La vida es demasiado corta y nuestros vínculos son demasiado valiosos como para permitir que estas perturbaciones duren más de lo necesario.

La tercera frase es simplemente una resolución de resistirnos al mal. Es interesante que esta se formule negativamente. No se trata de hacer el bien, sino de no hacer el mal. Como principio de psicología moral, creo que es astuto. Con demasiada frecuencia pensamos que el reto de ser buenos consiste en realizar grandes obras, como hacernos cooperantes o voluntarios en un refugio para personas sin hogar. Sin embargo, el mundo sería un lugar mucho mejor si nos abstuviéramos simplemente de hacer el mal, aun cuando no hiciésemos nada heroico. Si no caemos en tentaciones tales como el engaño, la deshonestidad, la venganza maliciosa y el chismorreo cruel, viviremos una vida buena y decente. La máxima de Galeno «Lo primero es no hacer daño» no es solo para los médicos.

La importancia de resistirse al mal se representa en numerosas películas de los hermanos Coen. Muchas de ellas incluyen tres arquetipos: personas de bondad simple, personas que sucumben a la tentación y psicópatas. Estos últimos exceden sencillamente nuestra comprensión. Los dos primeros son extraordinariamente similares y representan a la inmensa mayoría de la humanidad. En sus películas, como en la vida misma, la mayor parte de las personas que mienten, roban o matan no son en el fondo *malas personas*, diferentes del resto de nosotros. Antes bien, se permiten ser tentadas, paso a paso, por una senda que conduce a la ruina. En *Fargo*, por ejemplo, Jerry es un tipo corriente que lucha por mantener el nivel de vida para su familia que tanto esta como la familia de su mujer esperan. No desea mucho, tan solo un poco más de autoestima, que erróneamente identifica con su capacidad de llevar el pan a casa. Así pues, sucumbe a la primera pequeña tentación de una contabilidad un tanto creativa, hasta que la entidad de crédito lo pilla. Esto lo lleva a organizar el secuestro de su mujer para obtener un rescate de su padre, que después de todo es un rico hijo de puta que tiene el dinero y desprecia a Jerry, un vendedor de coches de segunda mano. El plan se tuerce con fatales consecuencias. Jerry no necesitaba una buena teoría moral para evitar que eso sucediese. Simplemente necesitaba resistirse a la lenta erosión de su carácter moral por una serie de pequeñas y comprensibles tentaciones. Habría bastado con que, en esos momentos decisivos, hubiera recordado aquello de *No caigamos en la tentación y librémonos del mal*.

Por muy poderosas que sean estas enseñanzas morales, persiste un interrogante: ¿qué es lo que les confiere unidad? ¿Por qué seguirlas? Todos los sistemas éticos responden esta pregunta con una noción explícita o implícita del *summum bonum*, el bien supremo hacia el que nos conduce la acción correcta. En el utilitarismo, este es la máxima felicidad del mayor número; en Aristóteles, el florecimiento humano; en el budismo, el fin del sufrimiento. En muchas éticas religiosas, el *summum bonum* es la vida en el paraíso o algún tipo de unión con lo divino, como en la idea india del retorno a la unidad suprema del *Brahman*.

Cuando pregunté a mis teólogos entrevistados cuál pensaban que era el *summum bonum* de las enseñanzas de Jesús, su respuesta tenía invariablemente alguna versión laica. Para Brian Mountford, el *summum bonum* es «el amor abnegado». A su juicio, esto es algo con lo que se identifican incluso quienes no profesan religión alguna: «Hablo con mucha frecuencia con los no creyentes en los servicios nupciales y creo que un tema importante del matrimonio es el amor abnegado. Habitualmente trato de desarrollar esa idea en una interpretación más comunitaria, nacional e internacional, de lo que podría suponer en realidad para la sociedad el hecho de obrar desinteresadamente, y la respuesta que obtengo es siempre entusiasta y afirmativa».

Keith Ward tiene una concepción similar del *summum bonum* al que apuntan las enseñanzas de Jesús: «una comunidad en la que las personas se sirven mutuamente y están llenas del amor de Dios». Lucy Winkett concibe asimismo el *summum bonum* como un «futuro que es discernible, que está prácticamente aquí, y es realizable en la vida cotidiana. No nos aguarda cuando muramos. Jesús lo llamaba *basileia*, el reino o la comunidad de Dios. La imagen que empleaba con frecuencia era la de una comida o un banquete en el que todos son bienvenidos y donde todos son alimentados por igual. Hay un reparto equitativo de la generosidad de la tierra, donde las personas son diferentes unas de otras, pero los pobres son especialmente bienvenidos».

Karen Kilby resume el *summum bonum* como «amor a Dios y al prójimo. Como sociedades humanas siempre estamos marginando, estratificando y creando patrones de opresión. La vida moral siempre se resiste a esto. Su meta es que los individuos florezcan en comunidad, según la imagen de una comida compartida».

No se requiere mucha imaginación para concebir esta clase de bien último en términos laicos. Se asemeja mucho a otras numerosas concepciones de la sociedad justa. Para muchas personas religiosas, sin embargo, este amor supremo no puede enraizarse sino en la imperfección humana. «Todo cuanto existe procede del polvo del *big bang* —dice Mountford—. Por consiguiente, me resulta difícil creer que nuestras nociones del bien y del amor sean meras invenciones de la mente humana y que no estén incorporadas de algún modo a la materia del universo.»

También es cierto que, sin Dios, nuestra capacidad de hacer realidad este «Reino de Dios» es extremadamente limitada. Por eso dice Elizabeth Oldfield que si secularizamos completamente las enseñanzas de Jesús, «no nos quedan demasiadas esperanzas para seguir adelante. Lo que tal vez nos aporta la dimensión trascendente es la resiliencia y la alegría». Winkett se hace eco de estos pensamientos: «Ciertas cosas sencillamente no son resolubles en la vida. Existe la creencia de que hay algún modo de reconciliar esas cosas después de la muerte. Sin ello, vivir con nuestros errores puede ser más desolador». Análogamente, Kilby dice: «A mi parecer, para que el cristianismo funcione ha de incluir la confianza en una actividad escatológica de Dios radicalmente impensable, con el fin de redimir todo lo que claramente no es bueno en este mundo».

Puedo entender por qué los cristianos piensan que el Evangelio necesita a Dios. Sin una resurrección, sin la asistencia divina, la humanidad nunca será capaz de superar plenamente sus debilidades y sus limitaciones. Sin embargo, creo que la falta de una deidad vuelve *El Evangelio sin Dios* aún más desafiante y creíble que la versión religiosa. Se toma con más seriedad los mismos temas e ideas que el cristianismo ha enfatizado. Los seres humanos somos criaturas «caídas» y rotas. En lugar de imaginar que podamos ser plenamente sanados, hemos de aceptar que así es como somos y necesitamos sacar el máximo partido de nuestra condición. Reconocemos que la bondad exige de nosotros más de lo que podemos dar. En vez de imaginar que Dios puede salvar la brecha entre quienes somos y quienes deberíamos ser en términos ideales, simplemente tenemos que intentar hacerlo lo mejor posible, siendo indulgentes con nosotros mismos y con los demás cuando fallemos. Los pobres siempre estarán con nosotros. En lugar de permitirnos pensar en un utópico reino de los cielos que nos consuele asegurándonos que todo resultará bien al final, tenemos más motivos aún para hacer lo que podamos ahora, antes de que sea demasiado tarde para aquellos que hoy están sufriendo. A veces, el amor a los demás y el compromiso de vivir con integridad nos exigen renunciar a nuestra propia vida. En vez de imaginar una resurrección que disminuya la seriedad de esta, deberíamos ver el sacrificio como real y final, un testamento a la capacidad de la humanidad para el verdadero amor desinteresado y autovaciante.

En muchos sentidos, este Evangelio sin Dios se me antoja más fiel al espíritu de las enseñanzas de Jesús que la versión en la que Dios es el gran garante cósmico, que está ahí para garantizar un final feliz. Jesús nunca prometió una tierra de leche y miel, y jamás hizo que su camino pareciera fácil. Advertía de que son muchos los llamados, pero pocos los elegidos, e insistía en que el reino de los cielos está dentro de nosotros y en que el gran amor requería dar nuestra vida. No aspiraba a fundar una acogedora Iglesia establecida, sino que lideraba algo más parecido a lo que Richard Holloway, antiguo obispo de Edimburgo, denomina un «movimiento guerrillero clandestino». Jesús continúa siendo una fuerza contracultural en nuestras vidas en la misma medida en que lo fue en la suya.

No sabemos qué pensaba en realidad el Jesús histórico, pero me pregunto si su mensaje original sería simplemente demasiado difícil de seguir. Cuando su vida acabó en la cruz, aquello debió de ser el ejemplo decisivo de la seriedad con la que se tomaba la idea del sacrificio y la necesidad de vivir bien, incluso si ello implicaba vivir una vida más breve. Con el tiempo, sin embargo, sus seguidores necesitaron un final feliz. Añadieron una resurrección, ignoraron lo que él había dicho acerca de que el reino de los cielos estaba dentro de nosotros y lo imaginaron como un mundo venidero. Tornaron más apetecibles y atractivas sus enseñanzas, pero, al hacerlo, las debilitaron.

Dicen los cristianos que Jesús murió por nosotros. Quizá haya llegado el momento de que muera de nuevo, esta vez para siempre, con el fin de que lo más importante de su mensaje pueda resucitar.

SEGUNDA PARTE

El Evangelio sin Dios

UNA NOTA SOBRE EL TEXTO

La edición de *El Evangelio sin Dios* ha sido un proceso imperfecto y defectuoso, como lo fue la edición de los Evangelios originales. No solo había muchos más evangelios en circulación de los que fueron seleccionados para el Nuevo Testamento, sino que, además, podemos tener la seguridad de que las versiones de Mateo, Marcos, Lucas y Juan con las que hoy contamos contienen decisiones idiosincrásicas de escritores y copistas, así como errores de transcripción. Aunque espero que no haya ninguno de estos últimos en este Evangelio sin Dios, parecería más probable que haya, de hecho, unos cuantos.

Pese a que he eliminado de este Evangelio sin Dios todas las menciones de profecías, Dios, milagros y demás, persisten algunas referencias religiosas: por ejemplo, a la oración y al sábado. En tales casos creo que es suficientemente fácil interpretar lo que se dice sin asumir la realidad de un Dios trascendente. Estos pasajes ponen de manifiesto que no es nada sencillo determinar qué partes de los Evangelios deberían considerarse esencialmente religiosas en su contenido. Es preciso emitir juicios.

En las contadas ocasiones en que parece tener sentido, he reemplazado *Dios* por *bien*. Aparte de eso, no he variado la redacción. He elegido la versión del rey Jacobo por la simple razón de que es generalmente aceptado que se trata de la más poética. He consultado otras traducciones consideradas más literalmente precisas para intentar evitar confusiones respecto del significado del texto.

Son muchas las historias que aparecen en más de un Evangelio. A fin de evitar las repeticiones, he creado versiones híbridas para *El Evangelio sin Dios* que no omiten ningún elemento sin duplicaciones. Las fuentes se indican al final del libro. Las referencias ofrecidas contienen a menudo mucho más de lo que ha sido seleccionado, pero deberían incluir todos esos pasajes.

He preservado la cronología original cuando ha sido posible y deseable. No obstante, los Evangelios originales sitúan numerosos acontecimientos en diferentes momentos. En particular, Jesús purifica el templo al comienzo de su ministerio en Juan, pero al final en Mateo, Marcos y Lucas. Así pues, no me ha preocupado jugar con la cronología de sucesos y enseñanzas que no tenían un contexto específico en la vida de Jesús y he agrupado esos pasajes temáticamente.

CAPÍTULO 1

El comienzo

El nacimiento de Jesús

[1] Comienzo del evangelio de Jesús.

[2] Sucedió por aquellos días del rey Herodes que salió un edicto
de César Augusto ordenando que se empadronase todo el mundo.
Iban todos a empadronarse, cada uno a su ciudad. [3] Subió también
José desde Galilea, de la ciudad de Nazaret, a Judea, a la ciudad de
David, que se llama Belén, por ser él de la casa y familia de David,
para empadronarse con María, su esposa, que estaba encinta.

[4] Y sucedió que, mientras ellos estaban allí, se le cumplieron los
días del alumbramiento, y dio a luz a su hijo primogénito, le envolvió en pañales y le acostó en un pesebre, porque no tenían sitio en
el alojamiento.

Infancia

[5] El niño crecía y se fortalecía, llenándose de sabiduría. [6] Sus padres
iban todos los años a Jerusalén a la fiesta de la Pascua. Cuando tuvo
doce años, subieron ellos como de costumbre a la fiesta.

[7] Y, al volverse, pasados los días, el niño Jesús se quedó en Jeru-

salén, sin saberlo sus padres. 8 Pero creyendo que estaría en la cara-
vana, hicieron un día de camino, y le buscaban entre los parientes y
conocidos; pero al no encontrarle, se volvieron a Jerusalén en su
busca.

9 Y sucedió que, al cabo de tres días, le encontraron en el Tem-
plo sentado en medio de los maestros, escuchándoles y preguntán-
doles; todos los que le oían, estaban estupefactos por su inteligencia
y sus respuestas. Jesús progresaba en sabiduría y en estatura.

Jesús inicia sus enseñanzas

10 Tenía Jesús, al comenzar, unos treinta años. 11 Se volvió del Jor-
dán y se dirigió al desierto. No comió nada en aquellos días y, al
cabo de ellos, sintió hambre. 12 Acabada toda tentación, Jesús vol-
vió a Galilea.

13 Desde entonces comenzó Jesús a predicar y decir: «Conver-
tíos, porque el Reino de los Cielos ha llegado». 14 Él iba enseñando
en sus sinagogas, alabado por todos, y su fama se extendió por to-
dos los lugares de la región.

15 Viniendo a su patria, les enseñaba en la sinagoga, de tal mane-
ra que decían maravillados: «¿De dónde le viene a este esa sabidu-
ría? 16 ¿No es este el hijo del carpintero? ¿No se llama su madre
María, y sus hermanos Santiago, José, Simón y Judas? Y sus herma-
nas ¿no están todas entre nosotros? Entonces, ¿de dónde le viene
todo esto?».

17 Y se escandalizaban a causa de él. Mas Jesús les dijo: «Un
profeta solo en su patria, entre sus parientes y en su casa carece de
prestigio».

18 Oyendo estas cosas, todos los de la sinagoga se llenaron de ira;
y, levantándose, le arrojaron fuera de la ciudad, y le llevaron a una
altura escarpada del monte sobre el cual estaba edificada su ciudad,
para despeñarle.

19 Pero él, pasando por medio de ellos, se marchó. Bajó a Cafar-
naúm, ciudad de Galilea, junto al mar, en el término de Zabulón y
Neftalí, y los sábados les enseñaba. 20 Quedaban asombrados de su
doctrina, porque hablaba con autoridad. Y su fama se extendió por
todos los lugares de la región.

21 Al hacerse de día, salió y se fue a un lugar solitario. La gente le
andaba buscando y, llegando donde él, trataba de retenerle para
que no les dejara. 22 Pero él les dijo: «También a otras ciudades ten-
go que anunciar la Buena Nueva del Reino de Dios, porque a esto
he sido enviado». E iba predicando por las sinagogas de Judea.

Jesús llama a sus discípulos

23 Caminando por la ribera del mar de Galilea vio a dos hermanos,
Simón, llamado Pedro, y su hermano Andrés, echando la red en el
mar, pues eran pescadores, y les dice: «Venid conmigo, y os haré
pescadores de hombres». Y ellos al instante, dejando las redes, le
siguieron.

24 Caminando un poco más adelante, vio a Santiago, el de Zebe-
deo, y a su hermano Juan: estaban también en la barca arreglando
las redes; y al instante los llamó. Y ellos, dejando a su padre Zebe-
deo en la barca con los jornaleros, se fueron tras él.

25 Llegaron a Cafarnaúm. Al llegar el sábado entró en la sinago-
ga y se puso a enseñar. 26 Cuando salió de la sinagoga se fue con
Santiago y Juan a casa de Simón y Andrés.

27 De madrugada, cuando todavía estaba muy oscuro, se levan-
tó, salió y fue a un lugar solitario y allí se puso a hacer oración.
28 Simón y sus compañeros fueron en su busca. Llamó a sus doce
discípulos para que estuvieran con él, y para enviarlos a predicar.
29 Los nombres de los doce apóstoles son estos: primero Simón, lla-
mado Pedro, y su hermano Andrés; Santiago el de Zebedeo y su
hermano Juan, a quienes puso por nombre Boanerges, es decir, hi-

jos del trueno; Felipe y Bartolomé; Tomás y Mateo el publicano; Santiago el de Alfeo y Tadeo; Simón el Cananeo y Judas el Iscariote, el mismo que le entregó.

30 Él les dice: «Vayamos a otra parte, a los pueblos vecinos, para
que también allí predique; pues para eso he salido». Jesús recorría todas las ciudades y aldeas, enseñando en sus sinagogas.

CAPÍTULO 2

El sermón de la montaña

Las bienaventuranzas

[1] Y le siguió una gran muchedumbre de Galilea, Decápolis, Jerusalén
y Judea, y de la región costera de Tiro y Sidón, y del otro lado del
Jordán. Viendo la muchedumbre, subió al monte, se sentó, y sus dis-
cípulos se le acercaron. Y tomando la palabra, les enseñaba diciendo:

[2] Bienaventurados los pobres, porque vuestro es el Reino de los
Cielos.

[3] Bienaventurados los pobres de espíritu y los limpios de cora-
zón.

[4] Bienaventurados los que se lamentan, porque ellos serán con-
solados.

[5] Bienaventurados los que tenéis hambre ahora, porque seréis
saciados.

[6] Bienaventurados los que lloráis ahora, porque reiréis.

[7] Bienaventurados los mansos, porque ellos poseerán en heren-
cia la tierra.

[8] Bienaventurados los que tienen hambre y sed de la justicia,
porque ellos serán saciados.

[9] Bienaventurados los misericordiosos, porque ellos alcanzarán
misericordia.

[10] Bienaventurados los que trabajan por la paz, porque ellos serán llamados hijos de Dios.

[11] Bienaventurados seréis cuando los hombres os odien, cuando os expulsen, os injurien y proscriban vuestro nombre como malo, por mi causa. Alegraos ese día y saltad de gozo, que vuestra recompensa será grande.

[12] Pero ¡ay de vosotros, los ricos!, porque habéis recibido vuestro consuelo.

¡Ay de vosotros, los que ahora estáis hartos!, porque tendréis hambre. ¡Ay de los que reís ahora!, porque tendréis aflicción y llanto.

[13] ¡Ay cuando todos los hombres hablen bien de vosotros!, pues de ese modo trataban sus padres a los falsos profetas.

[14] Bienaventurados los perseguidos por causa de la justicia.

Bienaventurados seréis cuando os injurien, y os persigan y digan con mentira toda clase de mal contra vosotros por mi causa.

[15] Vosotros sois la sal de la tierra. Mas si la sal se desvirtúa, ¿con qué se la salará? Ya no sirve para nada más que para ser tirada afuera y pisoteada por los hombres. El que tenga oídos para oír, que oiga.

La luz del mundo

[16] Vosotros sois la luz del mundo. No puede ocultarse una ciudad situada en la cima de un monte. Ni tampoco se enciende una lámpara y la ponen debajo del celemín, sino sobre el candelero, para que alumbre a todos los que están en la casa.

[17] La lámpara de tu cuerpo es tu ojo. Cuando tu ojo está sano,* también todo tu cuerpo está luminoso; pero cuando está malo, también tu cuerpo está a oscuras. Mira, pues, que la luz que hay en ti no sea oscuridad.

* Ve con claridad.

18 Si, pues, tu cuerpo está enteramente luminoso, no teniendo parte alguna oscura, estará tan enteramente luminoso, como cuando la
lámpara se ilumina con su fulgor. 19 Brille así vuestra luz delante de los
hombres, para que vean vuestras buenas obras. 20 Pues nada hay oculto si no es para que sea manifestado; nada ha sucedido en secreto,
sino para que venga a ser descubierto.

Cumplimiento de la ley

21 No penséis que he venido a abolir la Ley. No he venido a abolir, sino a dar cumplimiento. Sí, os lo aseguro: el cielo y la tierra pasarán antes que pase una i o una tilde de la Ley sin que todo suceda.

22 Por tanto, el que traspase uno de estos mandamientos más pequeños y así lo enseñe a los hombres, será el más pequeño; en
cambio, el que los observe y los enseñe, ese será grande. 23 Porque
os digo que vuestra justicia ha de ser mayor que la de los escribas y los fariseos.

24 Habéis oído que se dijo a los antepasados: *No matarás*; y aquel que mate será reo ante el tribunal. Pues yo os digo: Todo aquel que se encolerice contra su hermano, será reo ante el tribunal; pero el que llame a su hermano «imbécil», será reo ante el Sanedrín; y el que le llame «renegado», será reo de la gehena de fuego.

25 Si, pues, al presentar tu ofrenda te acuerdas entonces de que un hermano tuyo tiene algo contra ti, deja tu ofrenda allí, y vete primero a reconciliarte con tu hermano; luego vuelves y presentas
tu ofrenda. 26 Ponte enseguida a buenas con tu adversario mientras
vas con él por el camino; no sea que tu adversario te entregue al juez y el juez al guardia y te metan en la cárcel. Yo te aseguro: no saldrás de allí hasta que no hayas pagado el último céntimo.

27 Habéis oído que se dijo: *No cometerás adulterio*. Pues yo os digo: Todo el que mira a una mujer deseándola, ya cometió adulte-
rio con ella en su corazón. 28 Si, pues, tu ojo derecho te es ocasión

de pecado, sácatelo y arrójalo de ti; más te conviene que se pierda
uno de tus miembros, que no que todo tu cuerpo sea arrojado a la
gehena. 29 Y si tu mano te es ocasión de pecado, córtatela. Más vale
que entres manco en la Vida que, con las dos manos, ir a la gehena,
al fuego que no se apaga. 30 Y si tu pie te es ocasión de pecado cór-
tatelo. Más vale que entres cojo en la Vida que, con los dos pies, ser
arrojado a la gehena.

31 ¡Ay del mundo por los escándalos! Es forzoso, ciertamente, que vengan escándalos, pero ¡ay de aquel hombre por quien el escándalo viene!

32 También se dijo: *El que repudie a su mujer, que le dé acta de divorcio*. Pues yo os digo: Todo el que repudia a su mujer, excepto el caso de fornicación, la hace ser adúltera; y el que se case con una repudiada, comete adulterio.

33 Habéis oído también que se dijo a los antepasados: *No perjurarás, sino que cumplirás al Señor tus juramentos*. Pues yo os digo que no juréis en modo alguno: ni por el Cielo ni por la Tierra, ni por Jerusalén.

34 Ni tampoco jures por tu cabeza, porque ni a uno solo de tus cabellos puedes hacerlo blanco o negro. Sea vuestro lenguaje: «Sí, sí»; «no, no»: que lo que pasa de aquí viene del mal.

Ama a tus enemigos

35 Habéis oído que se dijo: *Ojo por ojo y diente por diente*. Pues yo
os digo: no resistáis al mal; antes bien, al que te abofetee en la me-
jilla derecha ofrécele también la otra. 36 Al que quiera pleitear con-
tigo para quitarte la túnica, déjale también el manto; y al que te
obligue a andar una milla vete con él dos. A quien te pida da, y al
que desee que le prestes algo no le vuelvas la espalda.

37 Habéis oído que se dijo: *Amarás a tu prójimo y odiarás a tu enemigo*. Pero yo os digo a los que me escuchéis: Amad a vuestros

enemigos, haced bien a los que os odien, bendecid a los que os mal-
digan, rogad por los que os difamen y os persigan.
38 Y lo que queráis que os hagan los hombres, hacédselo voso-
tros igualmente. 39 Si amáis a los que os aman, ¿qué mérito tenéis?
Pues también los pecadores aman a los que les aman. Si hacéis bien
a los que os lo hacen a vosotros, ¿qué mérito tenéis? Pues también
los pecadores hacen otro tanto.
40 Si prestáis a aquellos de quienes esperáis recibir, ¿qué mérito
tenéis? También los pecadores prestan a los pecadores para recibir
lo correspondiente. Y si no saludáis más que a vuestros hermanos,
¿qué hacéis de particular? ¿no hacen eso mismo también los publi-
canos? 41 Más bien, amad a vuestros enemigos; haced el bien, y pres-
tad sin esperar nada a cambio; y vuestra recompensa será grande, y
seréis hijos del Altísimo.
42 *Amarás a tu prójimo como a ti mismo*. No existe otro manda-
miento mayor que este.
43 Os doy un mandamiento nuevo: que, como yo os he amado,
así os améis también vosotros los unos a los otros. En esto conoce-
rán todos que sois discípulos míos: si os tenéis amor los unos a los
otros.
44 Nadie tiene mayor amor que el que da su vida por sus amigos.
45 Sed compasivos. Sed perfectos.

CAPÍTULO 3

El sermón de la montaña (continuación)

NO LO VAYAS TROMPETEANDO POR DELANTE

1 Cuidad de no practicar vuestra justicia delante de los hombres para ser vistos por ellos. Por tanto, cuando hagas limosna, no lo vayas trompeteando por delante como hacen los hipócritas en las sinagogas y en las calles, con el fin de ser honrados por los hombres; en verdad os digo que ya reciben su paga. Tú, en cambio, cuando hagas limosna, que no sepa tu mano izquierda lo que hace tu derecha; así tu limosna quedará en secreto.

2 Y cuando oréis, no seáis como los hipócritas, que gustan de orar en las sinagogas y en las esquinas de las plazas bien plantados para ser vistos de los hombres; en verdad os digo que ya reciben su paga. Y al orar, no charléis mucho, como los gentiles, que se figuran que por su palabrería van a ser escuchados. No seáis como ellos.

3 Cuando ayunéis, no pongáis cara triste, como los hipócritas, que desfiguran su rostro para que los hombres vean que ayunan; en verdad os digo que ya reciben su paga. Tú, en cambio, cuando ayunes, perfuma tu cabeza y lava tu rostro, para que tu ayuno no sea visto por los hombres.

No andéis preocupados por vuestra vida

4 No os amontonéis tesoros en la tierra, donde hay polilla y he-
rrumbre que corroen, y ladrones que socavan y roban. Porque
donde está tu tesoro, allí estará también tu corazón.
5 Nadie puede servir a dos señores: porque aborrecerá a uno
y amará al otro; o bien se entregará a uno y despreciará al otro.
No podéis servir al bien y al dinero. 6 Por eso os digo: No andéis
preocupados por vuestra vida, qué comeréis, ni por vuestro cuer-
po, con qué os vestiréis. ¿No vale más la vida que el alimento, y el
cuerpo más que el vestido?
7 Mirad las aves del cielo: no siembran, ni cosechan ni recogen
en graneros. ¿No valéis vosotros más que ellas? Por lo demás,
¿quién de vosotros puede, por más que se preocupe, añadir un
solo codo a la medida de su vida? 8 Y del vestido, ¿por qué preo-
cuparos? Observad los lirios del campo, cómo crecen; no se fati-
gan ni hilan. Pero yo os digo que ni Salomón, en toda su gloria, se
vistió como uno de ellos.
9 No andéis, pues, preocupados diciendo: ¿Qué vamos a co-
mer?, ¿qué vamos a beber?, ¿con qué vamos a vestirnos? Buscad
primero la justicia y todas esas cosas se os darán por añadidura.
10 Así que no os preocupéis del mañana: el mañana se preocupará
de sí mismo. Cada día tiene bastante con su propio mal.

No juzguéis para no ser juzgados

11 ¿Podrá un ciego guiar a otro ciego? ¿No caerán los dos en el
hoyo? 12 No está el discípulo por encima del maestro. Todo el que
esté bien formado, será como su maestro.
13 ¿Cómo puedes decirle a tu hermano: «Hermano, deja que
saque la brizna que hay en tu ojo», no viendo tú mismo la viga
que hay en el tuyo? Hipócrita, saca primero la viga de tu ojo, y en-

tonces podrás ver para sacar la brizna que hay en el ojo de tu her-
mano.
14 No juzguéis para que no seáis juzgados, no condenéis para
que no seáis condenados, perdonad para que seáis perdonados.
15 Porque con el juicio con que juzguéis seréis juzgados, y con la
medida con que midáis se os medirá.*

Buscad y hallaréis

16 Dad y se os dará: una medida buena, apretada, remecida, rebo-
sante pondrán en el halda de vuestros vestidos.
17 Les dijo también: «Si uno de vosotros tiene un amigo y, acu-
diendo a él a medianoche, le dice: "Amigo, préstame tres panes, porque ha llegado de viaje a mi casa un amigo mío y no tengo qué ofrecerle, y aquel, desde dentro, le responde: "No me molestes; la puerta ya está cerrada, y mis hijos y yo estamos acostados, no puedo levantarme a dártelos".
18 »Os aseguro que, si no se levanta a dárselos por ser su amigo, al
menos se levantará por su importunidad, y le dará cuanto necesite».
19 Yo os digo: «Pedid y se os dará; buscad y hallaréis; llamad y se os
abrirá. 20 ¡Qué es eso de si puedes! ¡Todo es posible para quien cree!».
21 Por eso os digo: todo cuanto pidáis en la oración, creed que
ya lo habéis recibido y lo obtendréis. Porque todo el que pide, re-
cibe; el que busca, halla; y al que llama, se le abrirá. 22 ¿Qué padre
hay entre vosotros que al hijo que le pide pan le dé una piedra, o si le pide un pez, le dé una culebra; o, si pide un huevo, le da un es-
corpión? 23 Por tanto, todo cuanto queráis que os hagan los hom-
bres, hacédselo también vosotros a ellos.

* Mateo emplea la fórmula «No juzguéis, para que no seáis juzgados», Lucas «No juzguéis y no seréis juzgados», extendiendo esto a la condena y al perdón. Yo he adoptado la expresión de Mateo «para que no seáis», en lugar de «y no seréis».

Por sus frutos los conoceréis

24 Guardaos de los falsos profetas, que vienen a vosotros con disfraces de ovejas, pero por dentro son lobos rapaces. 25 Por sus frutos los conoceréis. No se recogen higos de los espinos, ni de la zarza se vendimian uvas. 26 Así, todo árbol bueno da frutos buenos, pero el árbol malo da frutos malos. Un árbol bueno no puede producir frutos malos, ni un árbol malo producir frutos buenos. Todo árbol que no da buen fruto, es cortado y arrojado al fuego.

27 El hombre bueno, del buen tesoro del corazón saca lo bueno, y el malo, del malo saca lo malo. Porque de lo que rebosa el corazón habla su boca.

28 El ladrón no viene más que a robar, matar y destruir. Yo he venido para que tengan vida y la tengan en abundancia.

29 Muchos me dirán: «Señor, Señor, ¿no profetizamos en tu nombre, y en tu nombre hicimos muchos milagros?». Y entonces les declararé: «¡Jamás os conocí; apartaos de mí, agentes de iniquidad! ¿Por qué me llamáis: "Señor, Señor", y no hacéis lo que os digo?».

30 Así pues, todo el que oiga estas palabras mías y las ponga en práctica, será como el hombre prudente que edificó su casa sobre roca: cayó la lluvia, vinieron los torrentes, soplaron los vientos, y embistieron contra aquella casa; pero ella no cayó, porque estaba cimentada sobre roca. 31 Y todo el que oiga estas palabras mías y no las ponga en práctica, será como el hombre insensato que edificó su casa sobre arena: cayó la lluvia, vinieron los torrentes, soplaron los vientos, irrumpieron contra aquella casa y cayó, y fue grande su ruina.

32 Y sucedió que cuando acabó Jesús estos discursos, la gente quedaba asombrada de su doctrina; porque les enseñaba como quien tiene autoridad, y no como sus escribas.

CAPÍTULO 4

Siguiendo a Jesús

La puerta estrecha

1 Jesús atravesaba ciudades y pueblos enseñando, mientras camina-
ba hacia Jerusalén. Uno le dijo: «Señor, ¿son pocos los que se sal-
van?». Él les dijo: 2 «Entrad por la entrada estrecha; porque ancha
es la entrada y espacioso el camino que lleva a la perdición, y son
muchos los que entran por ella; mas ¡qué estrecha la entrada y qué
angosto el camino que lleva a la Vida!; y pocos son los que lo en-
cuentran».
3 Cuando el dueño de la casa se levante y cierre la puerta, os
pondréis los que estéis fuera a llamar a la puerta, diciendo: «¡Señor,
ábrenos!». Y os responderá: «No sé de dónde sois». 4 Entonces
empezaréis a decir: «Hemos comido y bebido contigo, y has ense-
ñado en nuestras plazas»; y os volverá a decir: «No sé de dónde sois.
¡Retiraos de mí, todos los agentes de injusticia!».
5 Y vendrán de oriente y de occidente, del norte y del sur, y se
pondrán a la mesa en el Reino de los Cielos. Y hay últimos que serán
primeros, y hay primeros que serán últimos.
6 Decía, pues, Jesús a los judíos que habían creído en él: «Si os
mantenéis en mi Palabra, seréis verdaderamente mis discípulos, y
conoceréis la verdad y la verdad os hará libres».

7 Ellos le respondieron: «Nosotros somos descendencia de
Abraham y nunca hemos sido esclavos de nadie. ¿Cómo dices tú:
Os haréis libres?». Jesús les respondió: «En verdad, en verdad os
digo: todo el que comete pecado es un esclavo».

El precio de ser discípulo

8 Mientras iba caminando, uno le dijo: «Te seguiré adondequiera
que vayas». Jesús le dijo: «Las zorras tienen guaridas, y las aves del
cielo, nidos; pero yo no tengo donde reclinar la cabeza».
9 A otro dijo: «Sígueme». Él respondió: «Déjame primero ir a
enterrar a mi padre». Le respondió: «Deja que los muertos entie-
rren a sus muertos; tú vete a anunciar el Reino de Dios».
10 También otro le dijo: «Te seguiré, Señor; pero déjame antes
despedirme de los de mi casa». Le dijo Jesús: «Si alguno viene don-
de mí y no odia a su padre, a su madre, a su mujer, a sus hijos, a sus
hermanos, a sus hermanas y hasta su propia vida, no puede ser dis-
cípulo mío. Nadie que pone la mano en el arado y mira hacia atrás
es apto para el Reino de Dios».
11 Porque ¿quién de vosotros, que quiere edificar una torre, no
se sienta primero a calcular los gastos, y ver si tiene para acabarla?
No sea que, habiendo puesto los cimientos y no pudiendo terminar,
todos los que lo vean se pongan a burlarse de él, diciendo: Este co-
menzó a edificar y no pudo terminar. 12 O ¿qué rey, que sale a en-
frentarse contra otro rey, no se sienta antes y delibera si con diez mil
puede salir al paso del que viene contra él con veinte mil? Y si no,
cuando está todavía lejos, envía una embajada para pedir condicio-
nes de paz.
13 Pues, de igual manera, cualquiera de vosotros que no renun-
cie a todos sus bienes, no puede ser discípulo mío.

Llamando a la gente a la vez que a sus discípulos, les dijo: «Si alguno quiere venir en pos de mí, niéguese a sí mismo, tome su cruz y sígame. 14 Porque quien se avergüence de mí y de mis palabras, también el Hijo del hombre se avergonzará de él. Porque quien quiera salvar su vida, la perderá; pero quien pierda su vida por mí y por el Evangelio, la salvará. 15 Pues ¿de qué le servirá al hombre ganar el mundo entero si arruina su vida? O ¿qué puede dar el hombre a cambio de su alma?».

La parábola del banquete

16 Dijo también al que le había invitado: «Cuando des una comida o una cena, no llames a tus amigos, ni a tus hermanos, ni a tus parientes ni a tus vecinos ricos; no sea que ellos te inviten a su vez, y tengas ya tu recompensa. 17 Cuando des un banquete, llama a los pobres, a los lisiados, a los cojos, a los ciegos; y serás dichoso, porque no te pueden corresponder». 18 Habiendo oído esto, uno de los comensales le dijo: «¡Dichoso el que pueda comer en el Reino de Dios!».

19 Tomando Jesús de nuevo la palabra les habló con parábolas, diciendo: «Un rey celebró el banquete de bodas de su hijo. Envió sus siervos a llamar a los invitados a la boda. Pero ellos, sin hacer caso, se fueron el uno a su campo, el otro a su negocio.

20 »Envió todavía otros siervos, con este encargo: Decid a los invitados: "Mirad, mi banquete está preparado, se han matado ya mis novillos y animales cebados, y todo está a punto; venid a la boda". 21 Pero todos a una empezaron a excusarse. El primero le dijo: "He comprado un campo y tengo que ir a verlo; te ruego me dispenses". Y otro dijo: "He comprado cinco yuntas de bueyes y voy a probarlas; te ruego me dispenses". Otro dijo: "Me he casado, y por eso no puedo ir". 22 Y los demás agarraron a los siervos, los escarnecieron y los mataron.

»Se airó el rey y, enviando sus tropas, dio muerte a aquellos homicidas y prendió fuego a su ciudad. 23 Entonces dice a sus sier-

vos: “La boda está preparada, pero los invitados no eran dignos. Id,
pues, a los cruces de los caminos y, a cuantos encontréis, invitadlos
a la boda. Haced entrar aquí a los pobres y lisiados, y ciegos y co-
jos”.

24 »Los siervos salieron a los caminos, reunieron a todos los que
encontraron, malos y buenos. Dijo el siervo: “Señor, se ha hecho lo
que mandaste, y todavía hay sitio”.

25 »Dijo el señor al siervo: “Sal a los caminos y cercas, y obliga a
entrar hasta que se llene mi casa. Porque os digo que ninguno de
aquellos invitados probará mi cena”.

26 »Entró el rey a ver a los comensales, y al notar que había allí
uno que no tenía traje de boda, 27 le dice: “Amigo, ¿cómo has entra-
do aquí sin traje de boda?”. Él se quedó callado. 28 Entonces el rey
dijo a los sirvientes: “Atadle de pies y manos, y echadle a las tinie-
blas de fuera; allí será el llanto y el rechinar de dientes”. 29 Porque
muchos son llamados, mas pocos, escogidos. Pero muchos prime-
ros serán últimos y los últimos, primeros».

CAPÍTULO 5

Enseñanzas en Cafarnaúm

Humildad

[1] Cuando hubo acabado de dirigir todas estas palabras al pueblo,
entró en Cafarnaúm. [2] Se encontraba mal y a punto de morir un sier-
vo de un centurión, muy querido de este. Habiendo oído hablar de Jesús, envió donde él unos ancianos de los judíos, para rogarle que
viniera y salvara a su siervo. [3] Estos, llegando donde Jesús, le suplica-
ban insistentemente diciendo: «Merece que se lo concedas, porque ama a nuestro pueblo, y él mismo nos ha edificado la sinagoga».

[4] Iba Jesús con ellos y, estando ya no lejos de la casa, envió el centurión a unos amigos a decirle: «Señor, no te molestes, porque no soy digno de que entres bajo mi techo, por eso ni siquiera me consi-
deré digno de salir a tu encuentro. [5] Porque también yo, que soy un
subalterno, tengo soldados a mis órdenes, y digo a este: "Vete", y va, y a otro: "Ven", y viene; y a mi siervo: "Haz esto", y lo hace».

[6] Al oír esto Jesús, quedó admirado de él, y volviéndose dijo a la muchedumbre que le seguía: «Os digo que ni en Israel he encontra-
do una fe tan grande». [7] Notando cómo los invitados elegían los
primeros puestos, les dijo una parábola: «Cuando seas convidado por alguien a una boda, no te pongas en el primer puesto, no sea que haya sido convidado por él otro más distinguido que tú, y vi-

niendo el que os convidó a ti y a él, te diga: "Deja el sitio a este", y
entonces vayas a ocupar avergonzado el último puesto. 8 Al contra-
rio, cuando seas convidado, vete a sentarte en el último puesto, de
manera que, cuando venga el que te convidó, te diga: "Amigo, sube
más arriba". Y esto será un honor para ti delante de todos los que
estén contigo a la mesa. 9 Porque todo el que se ensalce, será humi-
llado; y el que se humille, será ensalzado».

10 Dijo también a algunos que se tenían por justos y desprecia-
ban a los demás, esta parábola: 11 «Dos hombres subieron al templo
a orar; uno fariseo, otro publicano. 12 El fariseo, de pie, oraba en su
interior de esta manera: "¡Oh, Dios! Te doy gracias porque no
soy como los demás hombres, rapaces, injustos, adúlteros, ni tam-
poco como este publicano. Ayuno dos veces por semana, doy el
diezmo de todas mis ganancias". 13 En cambio el publicano, mante-
niéndose a distancia, no se atrevía ni a alzar los ojos al cielo, sino
que se golpeaba el pecho, diciendo: "¡Oh, Dios! ¡Ten compasión
de mí, que soy pecador!".

14 »Os digo que este bajó a su casa justificado y aquel no. Porque
todo el que se ensalce, será humillado; y el que se humille, será en-
salzado».

Amos y siervos

15 Entonces dice a sus discípulos: «La mies es mucha y los obreros,
pocos. 16 ¿Quién de vosotros tiene un siervo arando o pastoreando
y, cuando regresa del campo, le dice: "Pasa al momento y ponte a la
mesa?". 17 ¿No le dirá más bien: "Prepárame algo para cenar, y cí-
ñete para servirme hasta que haya comido y bebido, y después co-
merás y beberás tú?". 18 ¿Acaso tiene que agradecer al siervo porque
hizo lo que le fue mandado? De igual modo vosotros, cuando hayáis
hecho todo lo que os fue mandado, decid: "Somos siervos inútiles;
hemos hecho lo que debíamos hacer".

»Vosotros sois mis amigos, si hacéis lo que yo os mando. 19 Sa-
béis que los jefes de las naciones las dominan como señores abso-
lutos, y los grandes las oprimen con su poder. 20 No ha de ser así
entre vosotros, sino que el que quiera llegar a ser grande entre vo-
sotros será vuestro servidor, y el que quiera ser el primero entre
vosotros será vuestro esclavo».

21 Durante la cena, se levanta de la mesa, se quita sus vestidos y,
tomando una toalla, se la ciñó. Luego echa agua en un lebrillo y se
puso a lavar los pies de los discípulos y a secárselos con la toalla con
que estaba ceñido.

22 Llega a Simón Pedro; este le dice: «Señor, ¿tú lavarme a mí los
pies?». 23 Jesús le respondió: «Lo que yo hago, tú no lo entiendes
ahora; lo comprenderás más tarde».

24 Le dice Pedro: «No me lavarás los pies jamás». Jesús le res-
pondió: «Si no te lavo, no tienes parte conmigo».

25 Le dice Simón Pedro: «Señor, no solo los pies, sino hasta las
manos y la cabeza».

26 Jesús le dice: «El que se ha bañado, no necesita lavarse; está del
todo limpio. Y vosotros estáis limpios, aunque no todos». 27 Sabía
quién le iba a entregar, y por eso dijo: «No estáis limpios todos».

28 Después que les lavó los pies, tomó sus vestidos, volvió a la
mesa, y les dijo: «¿Comprendéis lo que he hecho con vosotros?
Vosotros me llamáis "el Maestro" y "el Señor", y decís bien, porque
lo soy. Pues si yo, el Señor y el Maestro, os he lavado los pies, voso-
tros también debéis lavaros los pies unos a otros. 29 Porque os he
dado ejemplo, para que también vosotros hagáis como yo he hecho
con vosotros. En verdad, en verdad os digo: no es más el siervo que
su amo, ni el enviado más que el que le envía. Sabiendo esto, dicho-
sos seréis si lo cumplís. 30 No os llamo ya siervos, porque el siervo
no sabe lo que hace su amo; a vosotros os he llamado amigos, por-
que todo lo que he oído a mi Padre os lo he dado a conocer.

31 »Si el mundo os odia, sabed que a mí me ha odiado antes que
a vosotros. Si fuerais del mundo, el mundo amaría lo suyo; pero,

como no sois del mundo, porque yo al elegiros os he sacado del
mundo, por eso os odia el mundo. 32 Acordaos de la palabra que os
he dicho: El siervo no es más que su señor. Si a mí me han persegui-
do, también os perseguirán a vosotros; si han guardado mi Palabra,
también la vuestra guardarán».

Instruyendo a los apóstoles

33 En verdad, en verdad os digo: si el grano de trigo no cae en tierra
y muere, queda él solo; pero si muere, da mucho fruto. 34 El que ama
su vida, la pierde; y el que odia su vida en este mundo, la guardará.
35 Si alguno me sirve, que me siga, y donde yo esté, allí estará tam-
bién mi servidor.

36 Id; mirad que os envío como corderos en medio de lobos. No
toméis nada para el camino, fuera de un bastón, ni pan, ni alforja ni
calderilla en la faja; sino calzados con sandalias y no vistáis dos tú-
nicas. Y no saludéis a nadie en el camino.

37 En la casa en que entréis, decid primero: «Paz a esta casa». Y
si hubiere allí un hijo de paz, vuestra paz reposará sobre él; si no, se
volverá a vosotros. 38 Permaneced en la misma casa, comiendo y
bebiendo lo que tengan, porque el obrero merece su salario. No
vayáis de casa en casa. 39 Si algún lugar no os recibe y no os escu-
chan, marchaos de allí sacudiendo el polvo de la planta de vuestros
pies, en testimonio contra ellos. 40 No echéis vuestras perlas delante
de los puercos, no sea que las pisoteen con sus patas, y después,
volviéndose, os despedacen.

41 Sabéis que los que son tenidos como jefes de las naciones, las dominan como señores absolutos y sus grandes los oprimen con su poder. Pero no ha de ser así entre vosotros, sino que el que quiera llegar a ser grande entre vosotros, será vuestro servidor, y el que quiera ser el primero entre vosotros, será esclavo de todos.

42 Y, yéndose de allí, predicaron que se convirtieran.

CAPÍTULO 6

Viajes y enseñanzas

Las migajas de la mesa de sus amos

1 Saliendo de allí Jesús se retiró hacia la región de Tiro y de Sidón.
En esto, una mujer cananea, que había salido de aquel territorio,
gritaba diciendo: «¡Ten piedad de mí, Señor, hijo de David! Mi hija
está malamente endemoniada».
2 Pero él no le respondió palabra.
3 Sus discípulos, acercándose, le rogaban: «Concédeselo, que
viene gritando detrás de nosotros». Respondió él: «No he sido en-
viado más que a las ovejas perdidas de la casa de Israel».
4 Ella, no obstante, vino a postrarse ante él y le dijo: «¡Señor,
socórreme!». Él respondió: «No está bien tomar el pan de los hijos
y echárselo a los perritos». 5 «Sí, Señor —repuso ella—, pero tam-
bién los perritos comen de las migajas que caen de la mesa de sus
amos.»

Entonces Jesús le respondió: «Mujer, grande es tu fe; que te
suceda como deseas».
6 Pasando de allí Jesús vino junto al mar de Galilea; subió al
monte y se sentó allí.

Verdadera caridad

7 Estando todo el pueblo oyendo, dijo a los discípulos: «Guardaos
de los escribas, que gustan pasear con amplio ropaje y quieren ser
saludados en las plazas, ocupar los primeros asientos en las sinago-
gas, y los primeros puestos en los banquetes; y que devoran la ha-
cienda de las viudas so capa de largas oraciones. Esos tendrán una
sentencia más rigurosa».
8 Alzando la mirada, vio a unos ricos que echaban sus donativos
en el arca del Tesoro; vio también a una viuda pobre que echaba allí
dos moneditas, 9 y dijo: «De verdad os digo que esta viuda pobre ha
echado más que todos. Porque todos estos han echado como dona-
tivo de lo que les sobraba, esta, en cambio, ha echado de lo que ne-
cesitaba, todo cuanto tenía para vivir».
10 Sucedió que, estando él diciendo estas cosas, alzó la voz una
mujer de entre la gente, y dijo: «¡Dichoso el seno que te llevó y los
pechos que te criaron!». 11 Pero él dijo: «Dichosos más bien los que
oyen la Palabra y la guardan».

El ojo de la aguja

12 Se ponía ya en camino cuando uno corrió a su encuentro y arro-
dillándose ante él, le preguntó: «Maestro bueno, ¿qué he de hacer
para tener en herencia vida eterna?».
13 Él le dijo: «¿Por qué me llamas bueno? Uno solo es el Bueno.
Mas si quieres entrar en la vida, guarda los mandamientos».
14 «¿Cuáles?» —le dice él.
Y Jesús dijo: «Ya conoces los mandamientos: *No matarás, no
cometerás adulterio, no robarás, no levantarás falso testimonio, hon-
ra a tu padre y a tu madre, y amarás a tu prójimo como a ti mismo*».
15 Dícele el joven: «Maestro, todo eso lo he guardado desde mi
juventud; ¿qué más me falta?».

16 Jesús, fijando en él su mirada, le amó y le dijo: «Si quieres ser perfecto, anda, vende lo que tienes y dáselo a los pobres; luego ven, y sígueme».

17 Al oír estas palabras, el joven se marchó entristecido, porque tenía muchos bienes.

18 Jesús, mirando a su alrededor, dice a sus discípulos: «¡Qué difícil es que los que tienen riquezas entren en el Reino de los Cielos!».

19 Los discípulos quedaron sorprendidos al oírle estas palabras. Mas Jesús, tomando de nuevo la palabra, les dijo: «¡Hijos, qué difícil es entrar en el Reino de los Cielos! Es más fácil que un camello pase por el ojo de la aguja, que el que un rico entre en el Reino de los Cielos».

20 Pero ellos se asombraban aún más y se decían unos a otros: «¿Y quién se podrá salvar?».

21 Jesús, mirándolos fijamente, dijo: «Todo es posible».

AUTÉNTICAS RIQUEZAS

22 Uno de la gente le dijo: «Maestro, di a mi hermano que reparta la herencia conmigo».

23 Él le respondió: «¡Hombre! ¿quién me ha constituido juez o repartidor entre vosotros?». Y les dijo: «Mirad y guardaos de toda codicia, porque, aun en la abundancia, la vida de uno no está asegurada por sus bienes».

24 Les dijo una parábola: «Los campos de cierto hombre rico
dieron mucho fruto: y pensaba entre sí, diciendo: "¿Qué haré, pues
no tengo donde reunir mi cosecha?". 25 Y dijo: "Voy a hacer esto:
Voy a demoler mis graneros, y edificaré otros más grandes y reuniré
allí todo mi trigo y mis bienes, y diré a mi alma: Alma, tienes muchos
bienes en reserva para muchos años. Descansa, come, bebe, ban-
quetea".

26 »“¡Necio! Esta misma noche te reclamarán el alma; las cosas que preparaste, ¿para quién serán?”.

»Así es el que atesora riquezas para sí, y no se enriquece.

27 »Vended vuestros bienes y dad limosna. Haceos bolsas que no se deterioran, un tesoro inagotable en los cielos, donde no llega el ladrón ni la polilla. Estén ceñidos vuestros lomos y las lámparas encendidas».*

Marta y María

28 Yendo ellos de camino, entró en un pueblo; y una mujer, llamada Marta, le recibió en su casa. Tenía ella una hermana llamada María, que, sentada a los pies del Señor, escuchaba su Palabra.

29 Pero Marta estaba atareada en muchos quehaceres. Acercándose, pues, dijo: «Señor, ¿no te importa que mi hermana me deje sola en el trabajo? Dile, pues, que ayude».

30 Le respondió el Señor: «Marta, Marta, te preocupas y te agitas por muchas cosas; y hay necesidad de pocas, o mejor, de una sola. María ha elegido la parte buena, que no le será quitada».

Dejad que los niños vengan a mí

31 En aquel momento se acercaron a Jesús los discípulos y le dijeron: «¿Quién es, pues, el mayor?».

Entonces se sentó, llamó a los Doce, y les dijo: «Si uno quiere ser el primero, sea el último de todos y el servidor de todos».

32 Y tomando un niño, le puso en medio de ellos, le estrechó entre sus brazos y les dijo: «Así pues, quien se haga pequeño como
este niño, ese es el mayor. 33 El que reciba a un niño como este en mi

* Que significa: «Estad preparados».

nombre, a mí me recibe; y el que me reciba a mí, no me recibe a mí,
sino a Aquel que me ha enviado; pues el más pequeño de entre vo-
sotros, ese es mayor, y el que no está contra nosotros, está por noso-
tros. 34 Pero el que escandalice a uno de estos pequeños que creen
en mí, más le vale que le cuelguen al cuello una de esas piedras de
molino que mueven los asnos, y le hundan en lo profundo del mar.

»Dejad que los niños vengan a mí, y no se lo impidáis porque de
los que son como estos es el Reino de los Cielos. 35 Yo os aseguro: el
que no reciba el Reino de Dios como niño, no entrará en él». 36
Y abrazaba a los niños, y los bendecía poniendo las manos sobre
ellos.

Oración

37 Subió al monte a solas para orar; al atardecer estaba solo allí.
38 Y sucedió que, estando él orando en cierto lugar, cuando termi-
nó, le dijo uno de sus discípulos: «Señor, enséñanos a orar».

39 Él les dijo: «Cuando oréis, decid: danos cada día nuestro pan
cotidiano, y perdónanos nuestros pecados porque también noso-
tros perdonamos a todo el que nos debe, y no nos dejes caer en
tentación, mas líbranos del mal».

CAPÍTULO 7

Parábolas

Las parábolas del sembrador

[1] Aquel día, salió Jesús de casa y se sentó a orillas del mar. Y se reunió tanta gente junto a él, que hubo de subir a sentarse en una barca, y toda la gente quedaba en la ribera.

[2] Y les habló muchas cosas con parábolas. Decía: «Una vez salió un sembrador a sembrar. [3] Y al sembrar, unas semillas cayeron a lo largo del camino; vinieron las aves y se las comieron. [4] Otras cayeron en pedregal, donde no tenían mucha tierra, y brotaron enseguida por no tener hondura de tierra; pero en cuanto salió el sol se agostaron y, por no tener raíz, se secaron. [5] Otras cayeron entre abrojos; crecieron los abrojos y las ahogaron, y no dieron fruto. [6] Otras cayeron en tierra buena y dieron fruto, algunas, una centena, otras, una sesentena y otras, una treintena».

[7] Dicho esto, exclamó: «Quien tenga oídos para oír, que oiga».

[8] Cuando quedó a solas, los que le seguían a una con los Doce le preguntaban sobre las parábolas. Él les dijo:

[9] «A vosotros se os ha dado el misterio del Reino de los Cielos. Atended a lo que escucháis. Con la medida con que midáis, se os medirá y aun con creces. Porque a quien tiene se le dará y le sobrará; pero a quien no tiene, aun lo que crea tener se le quitará. [10] Por

eso les hablo con parábolas, porque viendo no ven, y oyendo no oyen ni entienden. Porque se ha embotado el corazón de este pueblo, han hecho duros sus oídos, y sus ojos han cerrado; no sea que vean con sus ojos, con sus oídos oigan, con su corazón entiendan y se conviertan, y yo los sane. [11] ¡Pero dichosos vuestros ojos, porque ven, y vuestros oídos, porque oyen!».

Y les dice: «¿No entendéis esta parábola? ¿Cómo, entonces, comprenderéis todas las parábolas? [12] El sembrador siembra la Palabra. Los que están a lo largo del camino donde se siembra la Palabra son aquellos que, en cuanto lo oyen, viene el maligno y se lleva la Palabra sembrada en ellos. [13] De igual modo, los sembrados en terreno pedregoso son los que, al oír la Palabra, al punto la reciben con alegría, pero no tienen raíz en sí mismos, sino que son inconstantes; y en cuanto se presenta una tribulación o persecución por causa de la Palabra, sucumben enseguida. [14] Y otros son los sembrados entre los abrojos; son los que han oído la Palabra, pero las preocupaciones del mundo, la seducción de las riquezas y las demás concupiscencias les invaden y ahogan la Palabra, y queda sin fruto. [15] Y los sembrados en tierra buena son aquellos que, con un corazón bueno y honesto, oyen la Palabra, la acogen y, con paciencia, dan fruto».

La parábola de la cizaña

[16] Otra parábola les propuso, diciendo: «Un hombre sembró buena semilla en su campo. [17] Pero, mientras su gente dormía, vino su enemigo, sembró encima cizaña entre el trigo, y se fue. Cuando brotó la hierba y produjo fruto, apareció entonces también la cizaña.

[18] »Los siervos del amo se acercaron a decirle: "Señor, ¿no sembraste semilla buena en tu campo? ¿Cómo es que tiene cizaña?".

[19] »Él les contestó: "Algún enemigo ha hecho esto". Dícenle los siervos: "¿Quieres, pues, que vayamos a recogerla?".

[20] »Díceles: "No, no sea que, al recoger la cizaña, arranquéis a la

vez el trigo. 21 Dejad que ambos crezcan juntos hasta la siega. Y al
tiempo de la siega, diré a los segadores: Recoged primero la cizaña
y atadla en gavillas para quemarla, y el trigo recogedlo en mi gra-
nero"».

Las parábolas del grano de mostaza y la levadura

22 Otra parábola les propuso: «¿Con qué compararemos el Reino de
los Cielos o con qué parábola lo expondremos? 23 Es como un grano
de mostaza que, cuando se siembra en la tierra, es más pequeña que
cualquier semilla que se siembra en la tierra; pero una vez sembra-
da, crece y se hace mayor que todas las hortalizas y echa ramas tan
grandes que las aves del cielo anidan a su sombra».
24 También decía: «El Reino de los Cielos es como un hombre
que echa el grano en la tierra; duerma o se levante, de noche o de
día, el grano brota y crece, sin que él sepa cómo. 25 La tierra da el
fruto por sí misma; primero hierba, luego espiga, después trigo
abundante en la espiga. Y cuando el fruto lo admite, enseguida se le
mete la hoz, porque ha llegado la siega».
26 Les dijo otra parábola: «El Reino de los Cielos es semejante a
la levadura que tomó una mujer y la metió en tres medidas de hari-
na, hasta que fermentó todo».
27 Y les anunciaba la Palabra con muchas parábolas como estas,
según podían entenderle; no les hablaba sin parábolas; pero a sus
propios discípulos se lo explicaba todo en privado.

La parábola de los viñadores

28 Escuchad otra parábola. Era un propietario que plantó una viña,
la rodeó de una cerca, cavó en ella un lagar y edificó una torre; la
arrendó a unos labradores y se ausentó. 29 Cuando llegó el tiempo

de los frutos, envió sus siervos a los labradores para recibir sus fru-
tos. Pero los labradores agarraron a los siervos, y a uno le golpea-
ron, a otro le mataron, a otro le apedrearon.
30 De nuevo envió otros siervos en mayor número que los prime-
ros; pero los trataron de la misma manera. 31 Y envió a otro y a este le
mataron; y también a otros muchos, hiriendo a unos, matando a otros.
32 Todavía le quedaba un hijo querido; les envió a este, el último,
diciendo: «a mi hijo le respetarán».
33 Pero aquellos labradores dijeron entre sí: «Este es el heredero.
Vamos, matémosle, y será nuestra la herencia». Le agarraron, le
mataron y le echaron fuera de la viña. 34 Cuando venga, pues, el
dueño de la viña, ¿qué hará con aquellos labradores?
35 Dícenle: «A esos miserables les dará una muerte miserable y
arrendará la viña a otros labradores, que le paguen los frutos a su
tiempo».
36 Pero él, clavando en ellos la mirada, dijo: «Pues, ¿qué es lo
que está escrito: *La piedra que los constructores desecharon en piedra
angular se ha convertido?* 37 Todo el que caiga sobre esta piedra, se
destrozará, y a aquel sobre quien ella caiga, le aplastará».
38 Los escribas y los sumos sacerdotes trataron de echarle mano
en aquel mismo momento —pero tuvieron miedo al pueblo— por-
que habían comprendido que aquella parábola la había dicho por
ellos. 39 Quedándose ellos al acecho, le enviaron unos espías, que
fingieran ser justos, para sorprenderle en alguna palabra y poderle
entregar al poder y autoridad del procurador.

La parábola del administrador infiel

40 Decía también a sus discípulos: «Era un hombre rico que tenía un
administrador a quien acusaron ante él de malbaratar su hacienda;
41 le llamó y le dijo: "¿Qué oigo decir de ti? Dame cuenta de tu ad-
ministración, porque ya no podrás seguir administrando".

42 »Se dijo a sí mismo el administrador: "¿Qué haré, pues mi
señor me quita la administración? Cavar, no puedo; mendigar, me
da vergüenza. Ya sé lo que voy a hacer, para que cuando sea remo-
vido de la administración me reciban en sus casas".

43 »Y convocando uno por uno a los deudores de su señor, dijo
al primero: "¿Cuánto debes a mi señor?". Respondió: "Cien medi-
das de aceite". Él le dijo: "Toma tu recibo, siéntate enseguida y es-
cribe cincuenta".

44 »Después dijo a otro: "Tú, ¿cuánto debes?". Contestó: "Cien
cargas de trigo". Dícele: "Toma tu recibo y escribe ochenta".

45 »El señor alabó al administrador injusto porque había obrado
astutamente, pues los hijos de este mundo son más astutos con los
de su generación que los hijos de la luz. 46 Yo os digo: Haceos ami-
gos con el dinero injusto, para que, cuando llegue a faltar, os reci-
ban en las eternas moradas. 47 El que es fiel en lo mínimo, lo es
también en lo mucho; y el que es injusto en lo mínimo, también lo
es en lo mucho. 48 Si, pues, no fuisteis fieles con el dinero injusto,
¿quién os confiará lo verdadero? Y si no fuisteis fieles con lo aje-
no, ¿quién os dará lo vuestro? 49 Ningún criado puede servir a dos
señores, porque aborrecerá a uno y amará al otro; o bien se entrega-
rá a uno y despreciará al otro. No podéis servir al bien y al dinero».

50 Estaban oyendo todas estas cosas los fariseos, que eran amigos
del dinero, y se burlaban de él.

Y les dijo: «Vosotros sois los que os la dais de justos delante de los hombres; porque lo que es estimable para los hombres, es abominable ante el bien».

La parábola de los talentos

51 Un hombre, al ausentarse, llamó a sus siervos y les encomendó su
hacienda: a uno dio cinco talentos, a otro dos y a otro uno, a cada
cual según su capacidad; y se ausentó. 52 Pero sus ciudadanos le

odiaban y enviaron detrás de él una embajada que dijese: «No queremos que ese reine sobre nosotros».

[53] Enseguida, el que había recibido cinco talentos se puso a negociar con ellos y ganó otros cinco. Igualmente, el que había recibido dos ganó otros dos. [54] En cambio, el que había recibido uno se fue, cavó un hoyo en tierra y escondió el dinero de su señor.

[55] Y sucedió que, cuando regresó, después de recibir la investidura real, mandó llamar a aquellos siervos suyos, a los que había dado el dinero, para saber lo que había ganado cada uno.

[56] Llegándose el que había recibido cinco talentos, presentó otros cinco, diciendo: «Señor, cinco talentos me entregaste; aquí tienes otros cinco que he ganado».

Su señor le dijo: «¡Bien, siervo bueno y fiel!; en lo poco has sido fiel, al frente de lo mucho te pondré; entra en el gozo de tu señor».

[57] Llegándose también el de los dos talentos dijo: «Señor, dos talentos me entregaste, aquí tienes otros dos que he ganado».

Su señor le dijo: «¡Bien, siervo bueno y fiel!; en lo poco has sido fiel, al frente de lo mucho te podré; entra en el gozo de tu señor».

[58] Llegándose también el que había recibido un talento dijo: «Señor, sé que eres un hombre duro, que cosechas donde no sembraste y recoges donde no esparciste. Por eso me dio miedo, y fui y escondí en tierra tu talento. Mira, aquí tienes lo que es tuyo».

[59] Dícele: «Por tu propia boca te juzgo, siervo malo; sabías que yo soy un hombre severo, que tomo lo que no puse y cosecho lo que no sembré; pues ¿por qué no colocaste mi dinero en el banco? Y así, al volver yo, lo habría cobrado con los intereses». [60] Quitadle, por tanto, su talento y dádselo al que tiene los diez talentos.

[61] Porque a todo el que tiene, se le dará y le sobrará; pero al que no tiene, aun lo que tiene se le quitará. A quien se le dio mucho, se le reclamará mucho; y a quien se confió mucho, se le pedirá más. [62] Y a ese siervo inútil, echadle a las tinieblas de fuera. Allí será el llanto y el rechinar de dientes. Pero a aquellos enemigos míos, los que

no quisieron que yo reinara sobre ellos, traedlos aquí y matadlos
delante de mí.

La parábola de los obreros de la viña

63 Un propietario salió a primera hora de la mañana a contratar
obreros para su viña. Habiéndose ajustado con los obreros en un
denario al día, los envió a su viña. 64 Salió luego hacia la hora tercia
y al ver a otros que estaban en la plaza parados, les dijo: «Id también
vosotros a mi viña, y os daré lo que sea justo». Y ellos fueron. 65
Volvió a salir a la hora sexta y a la nona e hizo lo mismo. 66 Todavía
salió a eso de la hora undécima y, al encontrar a otros que estaban
allí, les dice: «¿Por qué estáis aquí todo el día parados?». Dícenle:
«Es que nadie nos ha contratado». Díceles: «Id también vosotros a
la viña y os daré lo que sea justo».

67 Al atardecer, dice el dueño de la viña a su administrador:
«Llama a los obreros y págales el jornal, empezando por los últimos
hasta los primeros». 68 Vinieron, pues, los de la hora undécima y
cobraron un denario cada uno.

69 Al venir los primeros pensaron que cobrarían más, pero ellos
también cobraron un denario cada uno. 70 Y al cobrarlo, murmura-
ban contra el propietario, diciendo: «Estos últimos no han trabaja-
do más que una hora, y les pagas como a nosotros, que hemos
aguantado el peso del día y el calor».

71 Pero él contestó a uno de ellos: «Amigo, no te hago ninguna
injusticia. ¿No te ajustaste conmigo en un denario? Pues toma lo
tuyo y vete. Por mi parte, quiero dar a este último lo mismo que a ti.
72 ¿Es que no puedo hacer con lo mío lo que quiero? ¿O va a ser tu
ojo malo porque yo soy bueno?». 73 Así, los últimos serán primeros
y los primeros, últimos. Porque muchos son llamados, mas pocos,
escogidos.

La parábola de las diez vírgenes

74 Diez vírgenes, que, con su lámpara en la mano, salieron al encuen-
tro del novio. Cinco de ellas eran necias, y cinco, prudentes. 75 Las
necias, en efecto, al tomar sus lámparas, no se proveyeron de aceite;
las prudentes, en cambio, junto con sus lámparas tomaron aceite
en las alcuzas.

76 Como el novio tardara, se adormilaron todas y se durmieron.
77 Mas a media noche se oyó un grito: «¡Ya está aquí el novio! ¡Salid
a su encuentro!». Entonces todas aquellas vírgenes se levantaron y
arreglaron sus lámparas. 78 Y las necias dijeron a las prudentes:
«Dadnos de vuestro aceite, que nuestras lámparas se apagan».

79 Pero las prudentes replicaron: «No, no sea que no alcance
para nosotras y para vosotras; es mejor que vayáis donde los vende-
dores y os lo compréis». 80 Mientras iban a comprarlo, llegó el no-
vio, y las que estaban preparadas entraron con él al banquete de
boda, y se cerró la puerta.

81 Más tarde llegaron las otras vírgenes diciendo: «¡Señor, señor,
ábrenos!». Pero él respondió: «En verdad os digo que no os co-
nozco».*

* Tanto esta parábola como la de los talentos se refieren al regreso del Hijo del hombre, por lo que puede que no contengan ningún mensaje ético.

CAPÍTULO 8

Entre pecadores

Leví, el recaudador de impuestos

1 Entró de nuevo en Cafarnaúm; al poco tiempo había corrido la voz
de que estaba en casa. Salió de nuevo por la orilla del mar, toda la
gente acudía a él, y él les enseñaba. 2 Al pasar, vio a Leví, el de Alfeo,
sentado en el despacho de impuestos, y le dice: «Sígueme». Él se
levantó y le siguió.

3 Leví le ofreció en su casa un gran banquete. Había un gran
número de publicanos y pecadores, y estaban a la mesa con Jesús y
sus discípulos. 4 Los fariseos y sus escribas murmuraban diciendo a
los discípulos: «¿Por qué coméis y bebéis con los publicanos y pe-
cadores?».

5 Les respondió Jesús: «No necesitan médico los que están sa-
nos, sino los que están mal. No he venido a llamar a conversión a
justos, sino a pecadores».

Zaqueo, el recaudador de impuestos

6 Habiendo entrado en Jericó, atravesaba la ciudad. Había un hombre
llamado Zaqueo, que era jefe de publicanos, y rico. 7 Trataba de ver

quién era Jesús, pero no podía a causa de la gente, porque era de pequeña estatura. Se adelantó corriendo y se subió a un sicómoro para verle, pues iba a pasar por allí.

8 Y cuando Jesús llegó a aquel sitio, alzando la vista, le dijo: «Zaqueo, baja pronto; porque conviene que hoy me quede yo en tu casa». 9 Se apresuró a bajar y le recibió con alegría.

10 Al verlo, todos murmuraban diciendo: «Ha ido a hospedarse a casa de un hombre pecador».

11 Zaqueo, puesto en pie, dijo al Señor: «Daré, Señor, la mitad de mis bienes a los pobres; y si en algo defraudé a alguien, le devolveré el cuádruplo».

12 Y Jesús le dijo: «Hoy ha llegado la salvación a esta casa, pues el Hijo del hombre ha venido a buscar y salvar lo que estaba perdido. 13 Venid a mí todos los que estáis fatigados y sobrecargados, y yo os daré descanso. Tomad sobre vosotros mi yugo, y aprended de mí, que soy manso y humilde de corazón; y hallaréis descanso para vuestras almas. Pues mi yugo es suave, y mi carga, ligera».

La oveja perdida

14 Y al desembarcar, vio mucha gente, sintió compasión de ellos, pues estaban como ovejas que no tienen pastor, y se puso a enseñarles muchas cosas. Todos los publicanos y pecadores se acercaban a él para oírle, 15 y los fariseos y los escribas murmuraban, diciendo: «Este acoge a los pecadores y come con ellos».

16 Entonces les dijo esta parábola. «¿Quién de vosotros que tiene cien ovejas, si pierde una de ellas, no deja las noventa y nueve en el desierto, y va a buscar la que se perdió hasta que la encuentra? 17 Y si llega a encontrarla, os digo de verdad que tiene más alegría por ella que por las noventa y nueve no descarriadas. Y llegando a casa, convoca a los amigos y vecinos, y les dice: "Alegraos conmigo, porque he hallado la oveja que se me había perdido". 18 Os digo que, de igual

modo, habrá más alegría por un solo pecador que se convierta que por noventa y nueve justos que no tengan necesidad de conversión.

19 »O, ¿qué mujer que tiene diez dracmas, si pierde una, no enciende una lámpara y barre la casa y busca cuidadosamente hasta que la encuentra? Y cuando la encuentra, convoca a las amigas y vecinas, y dice: "Alegraos conmigo, porque he hallado la dracma que había perdido". 20 Del mismo modo, os digo, se produce alegría por un solo pecador que se convierta. Pues el Hijo del hombre ha venido a buscar y salvar lo que estaba perdido.

21 »Yo soy el buen pastor; y conozco mis ovejas y las mías me conocen a mí. El buen pastor da su vida por las ovejas. 22 Pero el asalariado, que no es pastor, a quien no pertenecen las ovejas, ve venir al lobo, abandona las ovejas y huye, y el lobo hace presa de ellas y las dispersa, porque es asalariado y no le importan nada las ovejas. 23 También tengo otras ovejas, que no son de este redil; también a esas las tengo que conducir y escucharán mi voz; y habrá un solo rebaño, un solo pastor».

El perdón

24 Subiendo a la barca, pasó a la otra orilla y vino a su ciudad. 25 En esto le trajeron un paralítico postrado en una camilla. Viendo Jesús la fe de ellos, dijo al paralítico: «¡Ánimo!, hijo, tus pecados te son perdonados».

26 Pero he aquí que algunos escribas dijeron para sí: «Este está blasfemando».

27 Jesús, conociendo sus pensamientos, dijo: «Yo os aseguro que se perdonará todo a los hijos de los hombres, los pecados y las blasfemias, por muchas que estas sean. ¿Por qué pensáis mal en vuestros corazones? 28 Sabed que el Hijo del hombre tiene en la tierra poder de perdonar pecados. 29 Cuidaos de vosotros mismos. Si tu hermano peca, repréndele; y si se arrepiente, perdónale».

30 Pedro se acercó entonces y le dijo: «Señor, ¿cuántas veces tengo que perdonar las ofensas que me haga mi hermano? ¿Hasta siete veces?».

31 Dícele Jesús: «No te digo hasta siete veces, sino hasta setenta veces siete. Y si peca contra ti siete veces al día, y siete veces se vuelve a ti diciendo: "Me arrepiento", le perdonarás. 32 Si tu hermano llega a pecar, vete y repréndele, a solas tú con él. Si te escucha, habrás ganado a tu hermano. 33 Si no te escucha, toma todavía contigo uno o dos, para que todo asunto quede zanjado por la palabra de dos o tres testigos. 34 Si les desoye a ellos, díselo a la comunidad. Y si hasta la comunidad desoye, sea para ti como el gentil y el publicano».

La parábola del siervo despiadado

35 Un rey quiso ajustar cuentas con sus siervos. 36 Al empezar a ajustarlas, le fue presentado uno que le debía diez mil talentos. 37 Como no tenía con qué pagar, ordenó el señor que fuese vendido él, y su mujer y sus hijos y todo cuanto tenía, y que se le pagase. Entonces el siervo se echó a sus pies, y postrado le decía: «Ten paciencia conmigo, que todo te lo pagaré». 38 Movido a compasión el señor de aquel siervo, le dejó en libertad y le perdonó la deuda.

39 Al salir de allí aquel siervo se encontró con uno de sus compañeros, que le debía cien denarios; le agarró y, ahogándole, le decía: «Paga lo que debes». Su compañero, cayendo a sus pies, le suplicaba: «Ten paciencia conmigo, que ya te pagaré». 40 Pero él no quiso, sino que fue y le echó en la cárcel, hasta que pagase lo que debía. 41 Al ver sus compañeros lo ocurrido, se entristecieron mucho, y fueron a contar a su señor todo lo sucedido.

42 Su señor entonces le mandó llamar y le dijo: «Siervo malvado, yo te perdoné a ti toda aquella deuda porque me lo suplicaste. ¿No debías tú también compadecerte de tu compañero, del mis-

mo modo que yo me compadecí de ti?». 43 Y encolerizado su se-
ñor, le entregó a los verdugos hasta que pagase todo lo que le
debía.

La parábola del hijo pródigo

44 Dijo: «Un hombre tenía dos hijos; y el menor de ellos dijo al pa-
dre: "Padre, dame la parte de la hacienda que me corresponde". Y
él les repartió la hacienda. 45 Pocos días después el hijo mejor lo reu-
nió todo y se marchó a un país lejano donde malgastó su hacienda
viviendo como un libertino.

»Cuando lo hubo gastado todo, sobrevino un hambre extrema
en aquel país, y comenzó a pasar necesidad. 46 Entonces, fue y se
ajustó con uno de los ciudadanos de aquel país, que le envió a sus
fincas a apacentar puercos. Y deseaba llenar su vientre con las alga-
rrobas que comían los puercos, pero nadie se las daba.

47 »Y entrando en sí mismo, dijo: "¡Cuántos jornaleros de mi
padre tienen pan en abundancia, mientras yo aquí me muero de
hambre!". 48 Me levantaré, iré a mi padre y le diré: Padre, pequé
contra el cielo y ante ti. Ya no merezco ser llamado hijo tuyo, tráta-
me como a uno de tus jornaleros.

49 »Y, levantándose, partió hacia su padre. Estando él todavía
lejos, le vio su padre y, conmovido, corrió, se echó a su cuello y le
besó efusivamente.

50 »El hijo le dijo: "Padre, pequé contra el cielo y ante ti; ya no
merezco ser llamado hijo tuyo".

51 »Pero el padre dijo a sus siervos: "Traed aprisa el mejor vesti-
do y vestidle, ponedle un anillo en su mano y unas sandalias en los
pies. Traed el novillo cebado, matadlo, y comamos y celebremos
una fiesta, porque este hijo mío estaba muerto y ha vuelto a la vida;
estaba perdido y ha sido hallado". Y comenzaron la fiesta.

52 »Su hijo mayor estaba en el campo y, al volver, cuando se

acercó a la casa, oyó la música y las danzas; y llamando a uno de los
criados, le preguntó qué era aquello. 53 Él le dijo: "Ha vuelto tu
hermano y tu padre ha matado el novillo cebado, porque le ha reco-
brado sano". Él se irritó y no quería entrar. Salió su padre, y le su-
plicaba.
54 »Pero él replicó a su padre: "Hace tantos años que te sirvo, y
jamás dejé de cumplir una orden tuya, pero nunca me has dado un
cabrito para tener una fiesta con mis amigos; y ¡ahora que ha venido
ese hijo tuyo, que ha devorado tu hacienda con prostitutas, has ma-
tado para él el novillo cebado!".
55 »Pero él le dijo: "Hijo, tú siempre estás conmigo, y todo lo
mío es tuyo; pero convenía celebrar una fiesta y alegrarse, porque
este hermano tuyo estaba muerto y ha vuelto a la vida; estaba perdi-
do y ha sido hallado"».

La mujer sorprendida en adulterio

56 Mas Jesús se fue al monte de los Olivos. Pero de madrugada se
presentó otra vez en el Templo, y todo el pueblo acudía a él. Enton-
ces se sentó y se puso a enseñarles. 57 «Todo el que repudia a su
mujer y se casa con otra, comete adulterio; y el que se casa con una
repudiada por su marido, comete adulterio.»
58 Los escribas y los fariseos le llevan una mujer sorprendida en
adulterio, la ponen en medio y le dicen: «Maestro, esta mujer ha
sido sorprendida en flagrante adulterio. 59 Moisés nos mandó en la
Ley apedrear a estas mujeres. ¿Tú qué dices?».
Esto lo decían para tentarle, para tener de qué acusarle. Pero
Jesús, inclinándose, se puso a escribir con el dedo en la tierra.
60 Pero, como ellos insistían en preguntarle, se incorporó y les dijo:
«Aquel de vosotros que esté sin pecado, que le arroje la primera
piedra». E inclinándose de nuevo, escribía en la tierra.
61 Ellos, al oír estas palabras, se iban retirando uno tras otro,

comenzando por los más viejos; y se quedó solo Jesús con la mujer, que seguía en medio.

62 Incorporándose Jesús le dijo: «Mujer, ¿dónde están? ¿Nadie te ha condenado?».

63 Ella respondió: «Nadie, Señor». Jesús le dijo: «Tampoco yo te condeno. Vete, y en adelante no peques más».

CAPÍTULO 9

Más parábolas

La primera parábola de la higuera

1 Les añadió una parábola: «Mirad la higuera y todos los árboles.
Cuando ya echan brotes, al verlos, sabéis que el verano está ya
cerca. 2 Así también vosotros, cuando veáis que sucede esto, sa-
bed que el Reino de los Cielos está cerca».

La parábola de los dos hijos

3 «Un hombre tenía dos hijos. Llegándose al primero, le dijo: "Hijo,
vete hoy a trabajar en la viña". 4 Y él respondió: "No quiero", pero
después se arrepintió y fue. 5 Llegándose al segundo, le dijo lo mis-
mo. Y él respondió: "Voy, Señor", y no fue.

6 »¿Cuál de los dos hizo la voluntad del padre?» «El primero»,
le dicen. Díceles Jesús: «En verdad os digo que los publicanos y las
rameras llegan antes que vosotros al Reino de los Cielos. 7 Porque
vino Juan a vosotros por camino de la justicia, y no creísteis en él,
mientras que los publicanos y las rameras creyeron en él. Y voso-
tros, ni viéndolo, os arrepentís después, para creer en él».

La parábola del tesoro escondido

8 «El Reino de los Cielos es semejante a un tesoro escondido en un
campo que, al encontrarlo un hombre, vuelve a esconderlo y, por la
alegría que le da, va, vende todo lo que tiene y compra el campo
aquel. 9 También es semejante a un mercader que anda buscando
perlas finas, y que, al encontrar una perla de gran valor, va, vende
todo lo que tiene y la compra. 10 También es semejante el Reino de
los Cielos a una red que se echa en el mar y recoge peces de todas
clases; y cuando está llena, la sacan a la orilla, se sientan, y recogen
en cestos los buenos y tiran los malos. 11 ¿Habéis entendido todo
esto?» Dícenle: «Sí, Señor».

12 «Así, todo escriba que se ha hecho discípulo del Reino de los
Cielos es semejante al dueño de una casa que saca de sus arcas lo
nuevo y lo viejo.» 13 Y sucedió que, cuando acabó Jesús estas pará-
bolas, partió de allí.

El buen samaritano

14 Se levantó un legista, y dijo para ponerle a prueba: «Maestro,
¿qué he de hacer para tener en herencia vida eterna?».

15 Él le dijo: «¿Qué está escrito en la Ley? ¿Cómo lees?».

16 Respondió: «*Amarás a tu prójimo como a ti mismo*».

17 Díjole entonces: «Bien has respondido. Haz eso y vivirás».

18 Pero él, queriendo justificarse, dijo a Jesús: «¿y quién es mi
prójimo?».

19 Jesús respondió: «Bajaba un hombre de Jerusalén a Jericó, y
cayó en manos de salteadores, que, después de despojarle y golpear-
le, se fueron dejándole medio muerto. 20 Casualmente, bajaba por
aquel camino un sacerdote y, al verle, dio un rodeo. De igual modo,
un levita que pasaba por aquel sitio le vio y dio un rodeo. 21 Pero un
samaritano que iba de camino llegó junto a él, y al verle tuvo com-

pasión; y, acercándose, vendó sus heridas, echando en ellas aceite y
vino; y montándole sobre su propia cabalgadura, le llevó a una po-
sada y cuidó de él. 22 Al día siguiente, sacando dos denarios, se los
dio al posadero y dijo: "Cuida de él y, si gastas algo más, te lo paga-
ré cuando vuelva".

23 »¿Quién de estos tres te parece que fue prójimo del que cayó
en manos de los salteadores?».

24 Él dijo: «El que practicó la misericordia con él». Díjole Jesús:
«Vete y haz tú lo mismo».

La segunda parábola de la higuera

25 Al día siguiente, saliendo ellos de Betania, sintió hambre. Y vien-
do de lejos una higuera con hojas, fue a ver si encontraba algo en
ella; acercándose a ella, no encontró más que hojas; es que no era
tiempo de higos. 26 Entonces Jesús le dijo: «¡Que nunca jamás coma
nadie fruto de ti!». Y sus discípulos oían esto.

27 Les dijo esta parábola: «Un hombre tenía plantada una higuera
en su viña, y fue a buscar fruto en ella y no lo encontró. 28 Dijo enton-
ces al viñador: "Ya hace tres años que vengo a buscar fruto en esta
higuera, y no lo encuentro; córtala; ¿para qué va a cansar la tierra?".

29 »Pero él le respondió: "Señor, déjala por este año todavía y
mientras tanto cavaré a su alrededor y echaré abono, por si da fruto
en adelante; y si no da, la cortas".

30 »Suponed un árbol bueno, y su fruto será bueno; suponed un
árbol malo, y su fruto será malo; porque por el fruto se conoce el árbol.

31 »Raza de víboras, ¿cómo podéis vosotros hablar cosas buenas
siendo malos? Porque de lo que rebosa el corazón habla la boca. El
hombre bueno, del buen tesoro saca cosas buenas, y el hombre
malo, del tesoro malo saca cosas malas. 32 Os digo que de toda pala-
bra ociosa que hablen los hombres darán cuenta. Porque por tus
palabras serás declarado justo y por tus palabras serás condenado».

CAPÍTULO 10

Filosofías radicales

Una mujer unge a Jesús

1 Estando él en Betania, en casa de Simón el leproso, recostado a la mesa, vino una mujer pecadora pública, que traía un frasco de alabastro con perfume puro de nardo, de mucho precio; quebró el frasco y, poniéndose detrás, a los pies de él, comenzó a llorar, y con sus lágrimas le mojaba los pies y con los cabellos de su cabeza se los secaba; besaba sus pies y los ungía con el perfume.

2 Había algunos que se decían entre sí indignados: «¿Para qué este despilfarro de perfume? Se podía haber vendido este perfume por más de trescientos denarios y habérselo dado a los pobres». Y refunfuñaban contra ella.

3 Dice Judas Iscariote, el hijo de Simón, el que lo había de entregar: «¿Por qué no se ha vendido este perfume por trescientos denarios y se ha dado a los pobres?».

4 Pero no decía esto porque le preocuparan los pobres, sino porque era ladrón, y como tenía la bolsa, se llevaba lo que echaban en ella.

5 Jesús dijo: «Déjala, que lo guarde para el día de mi sepultura. Porque pobres siempre tendréis con vosotros; pero a mí no siempre me tendréis».

6 Al verlo el fariseo que le había invitado, se decía para sí: «Si este fuera un profeta, sabría quién y qué clase de mujer es la que le está tocando, pues es una pecadora».

7 Jesús le respondió: «Simón, tengo algo que decirte». Él dijo: «Di, maestro».

8 «Un acreedor tenía dos deudores: uno debía quinientos denarios y el otro cincuenta. Como no tenían para pagarle, perdonó a los dos. ¿Quién de ellos le amará más?».

9 Respondió Simón: «Supongo que aquel a quien perdonó más». Él le dijo: «Has juzgado bien».

10 Y volviéndose hacia la mujer, dijo a Simón: «¿Ves a esta mu-
jer? Entré en tu casa y no me diste agua para los pies. Ella, en cam-
bio, ha mojado mis pies con lágrimas, y los ha secado con sus cabe-
llos. 11 No me diste el beso. Ella, desde que entró, no ha dejado de
besarme los pies. No ungiste mi cabeza con aceite. Ella ha ungido
mis pies con perfume. Una obra buena ha hecho conmigo. Yo os
aseguro: dondequiera que se proclame esta Buena Nueva, en el
mundo entero, se hablará también de lo que esta ha hecho para
memoria suya. 12 Por eso te digo que quedan perdonados sus mu-
chos pecados, porque ha mostrado mucho amor. A quien poco se le
perdona, poco amor muestra».

Y le dijo a ella: «Vete en paz».

¿Con qué autoridad?

13 Vuelven a Jerusalén y, mientras paseaba por el Templo, se le acercan los sumos sacerdotes, los escribas y los ancianos, y le decían: «¿Con qué autoridad haces esto?, o ¿quién te ha dado tal autoridad para hacerlo?».

14 Jesús les dijo: «Os voy a preguntar una cosa. Respondedme y os diré con qué autoridad hago esto. El bautismo de Juan, ¿era del cielo o de los hombres? Respondedme».

15 Ellos discurrían entre sí: «Si decimos: "Del cielo", dirá: "Entonces, ¿por qué no le creísteis?". Pero ¿vamos a decir: "De los hombres"?». Tenían miedo a la gente; pues todos tenían a Juan por un verdadero profeta.
16 Responden, pues, a Jesús: «No sabemos». Jesús entonces les dice: «Tampoco yo os digo con qué autoridad hago esto».

El sábado

17 Sucedió que cruzaba en sábado por unos sembrados; sus discípulos sintieron hambre y arrancaban y comían espigas desgranándolas
con las manos. 18 Algunos de los fariseos dijeron: «¿Por qué hacéis lo que no es lícito en sábado? Hay seis días en que se puede trabajar y no en día de sábado».
19 Pero él les dijo: «¿No habéis leído lo que hizo David cuando sintió hambre él y los que le acompañaban?, ¿cómo entró en la Casa de Dios y comieron los panes de la Presencia, que no le era lícito comer a él, ni a sus compañeros, sino solo a los sacerdotes?
20 »¿Tampoco habéis leído en la Ley que en día de sábado los sacerdotes, en el Templo, quebrantan el sábado sin incurrir en culpa? Pues yo os digo que hay aquí algo mayor que el Templo. Porque el Hijo del hombre es señor del sábado».
21 Y les dijo: «El sábado ha sido instituido para el hombre y no el hombre para el sábado».
22 Entró de nuevo en la sinagoga, y había allí un hombre que tenía la mano paralizada. Estaban al acecho a ver si le curaba en sábado para poder acusarle.
23 Él les dijo: «¡Hipócritas! ¿No desatáis del pesebre todos vosotros en sábado a vuestro buey o vuestro asno para llevarlos a abrevar? ¿Quién de vosotros que tenga una sola oveja, si esta cae
en un hoyo en sábado, no la agarra y la saca? 24 Pues, ¡cuánto más vale un hombre que una oveja! ¿Es lícito en sábado hacer el bien

en vez del mal, salvar una vida en vez de destruirla?». Pero ellos
callaban.
25 Él les miró con ira, apenado por la dureza de su corazón.
26 En cuanto salieron los fariseos, se confabularon con los hero-
dianos contra él para ver cómo eliminarle.

La ley

27 Entonces se acercan a Jesús algunos fariseos y escribas venidos de
Jerusalén. Y al ver que algunos de sus discípulos comían con manos
impuras, es decir, no lavadas, encontraron falta. 28 Es que los fari-
seos y todos los judíos no comen sin haberse lavado las manos hasta
el codo, aferrados a la tradición de los antiguos, y al volver de la
plaza, si no se bañan, no comen; y hay otras muchas cosas que ob-
servan por tradición, como la purificación de copas, jarros y ban-
dejas.
29 Por ello, los fariseos y los escribas le preguntan: «¿Por qué tus
discípulos no viven conforme a la tradición de los antepasados, sino
que comen con manos impuras?».
30 Pero el Señor les dijo: «¡Bien! Vosotros, los fariseos, purificáis
por fuera la copa y el plato, mientras por dentro estáis llenos de ra-
piña y maldad. ¡Insensatos! El que hizo el exterior, ¿no hizo tam-
bién el interior? Dad más bien en limosna lo que tenéis, y así todas
las cosas serán puras para vosotros.
31 »Y vosotros, ¿por qué traspasáis el mandamiento de Dios por
vuestra tradición? Porque Dios dijo: *Honra a tu padre y a tu madre,*
y: *El que maldiga a su padre o a su madre, sea castigado con la muerte.*
32 »Pero vosotros decís: El que diga a su padre o a su madre: “Lo
que de mí podrías recibir como ayuda es ofrenda”, ese no tendrá que
honrar a su padre y a su madre. Así habéis anulado la Palabra de
Dios por vuestra tradición.
33 »Hipócritas. Este pueblo me honra con los labios, pero su

corazón está lejos de mí. Dejando el precepto de Dios, os aferráis a la tradición de los hombres, como la purificación de los jarros y las copas, y muchas cosas semejantes a estas». Les decía también: «¡Qué bien violáis el mandamiento de Dios, para conservar vuestra tradición!».

34 Llamó otra vez a la gente y les dijo: «Oídme todos y entended. Quien tenga oídos para oír, que oiga. Todo lo que de fuera entra en el hombre no puede contaminarle, pues no entra en su corazón, sino en el vientre y va a parar al excusado» —así declaraba puros todos los alimentos—. Y decía: «Lo que sale del hombre, eso es lo que contamina al hombre.

35 »Porque de dentro, del corazón de los hombres, salen las intenciones malas: fornicaciones, robos, asesinatos, adulterios, avaricias, maldades, fraude, libertinaje, envidia, injuria, insolencia, insensatez. Todas estas perversidades salen de dentro y contaminan al hombre».

36 Entonces se acercan los discípulos y le dicen: «¿Sabes que los fariseos se han escandalizado al oír tu palabra?». Él les respondió: «Dejadlos: son ciegos que guían a ciegos. Y si un ciego guía a otro ciego, los dos caerán en el hoyo».

37 Les dijo también una parábola: «Nadie rompe un vestido nuevo para echar un remiendo a uno viejo; de otro modo, desgarraría el nuevo, y al viejo no le iría el remiendo del nuevo.

38 »Nadie echa tampoco vino nuevo en pellejos viejos; de otro modo, el vino nuevo reventaría los pellejos, el vino se derramaría, y los pellejos se echarían a perder; sino que el vino nuevo debe echarse en pellejos nuevos. Nadie, después de beber el vino añejo, quiere del nuevo porque dice: "El añejo es el bueno"».

39 Y partiendo de allí, se fue a la región de Tiro, y entrando en una casa quería que nadie lo supiese, pero no logró pasar inadvertido.

El ayuno

40 Entonces se le acercan los discípulos de Juan y le dicen: «¿Por qué
nosotros y los fariseos ayunamos, y tus discípulos no ayunan?».
41 Jesús les dijo: «¿Pueden acaso los invitados a la boda ponerse
tristes mientras el novio está con ellos? Días vendrán en que les será
arrebatado el novio; entonces ayunarán».

Buscadores de señales

42 Algunos, para ponerle a prueba, le pedían una señal del cielo. Pero
él, conociendo sus pensamientos, les dijo: «Todo reino dividido con-
tra sí mismo queda asolado, y casa contra casa, cae. 43 Cuando uno
fuerte y bien armado custodia su palacio, sus bienes están en seguro;
pero si llega uno más fuerte que él y le vence, le quita las armas en las
que estaba confiado y reparte sus despojos. 44 El que no está conmi-
go, está contra mí, y el que no recoge conmigo, desparrama».
45 Habiéndose reunido la gente, comenzó a decir: «Esta generación
es una generación malvada; pide una señal, y no se le dará otra señal».
46 Decía también a la gente: «Cuando veis una nube que se le-
vanta en el occidente, al momento decís: "Va a llover", y así sucede.
Y cuando sopla el sur, decís: "Viene bochorno", y así sucede. 47 ¡Hipó-
critas! Sabéis explorar el aspecto de la tierra y del cielo, ¿cómo no
exploráis, pues, este tiempo? ¿Por qué no juzgáis por vosotros mis-
mos lo que es justo?».

Viniendo con una espada

48 Llegan su madre y sus hermanos, y quedándose fuera, le envían a
llamar. Le dicen: «¡Oye!, tu madre, tus hermanos y tus hermanas
están fuera y te buscan».

49 Él les responde: «¿Quiénes son mi madre y mis hermanos?».
50 Y mirando en torno a los que estaban sentados en corro, a su alrededor, dice: «Estos son mi madre y mis hermanos. Quien haga el bien, ese es mi hermano, mi hermana y mi madre.*

51 »¿Creéis que estoy aquí para dar paz a la tierra? No, os lo ase-
guro, sino división. No he venido a traer paz, sino espada. 52 Porque
desde ahora habrá cinco en una casa y estarán divididos; tres contra dos, y dos contra tres; estarán divididos el padre contra el hijo y el hijo contra el padre; la madre contra la hija y la hija contra la madre; la suegra contra la nuera y la nuera contra la suegra. Y enemigos de cada cual serán los que conviven con él.

53 »El que ama a su padre o a su madre más que a mí, no es digno de mí; el que ama a su hijo o a su hija más que a mí, no es digno de
mí. El que no toma su cruz y me sigue detrás no es digno de mí. 54 El
que encuentre su vida, la perderá; y el que pierda su vida por mí,
la encontrará. 55 Quien a vosotros recibe, a mí me recibe, y quien
me recibe a mí, recibe a Aquel que me ha enviado. Quien reciba a un profeta por ser profeta, recompensa de profeta recibirá, y quien reciba a un justo por ser justo, recompensa de justo recibirá.
56 Quien a vosotros os escucha, a mí me escucha; y quien a vosotros os rechaza, a mí me rechaza».

57 Juan le dijo: «Maestro, hemos visto a uno que actuaba en tu nombre y tratamos de impedírselo porque no venía con nosotros».

58 Pero Jesús dijo: «No se lo impidáis, pues el que no está contra nosotros, está por nosotros».

* El original dice «Quien cumpla la voluntad de Dios», no «quien haga el bien».

CAPÍTULO 11

Problemas en Jerusalén

Llegada a Jerusalén

1 Cuando salían de Jericó, le siguió una gran muchedumbre. Y lle-
varon un pollino a Jesús, echaron encima sus mantos y se sentó so-
bre él. Muchos extendieron sus mantos por el camino; otros, follaje
cortado de los campos. 2 Los que iban delante y los que le seguían,
gritaban: «¡*Hosanna* al hijo de David! *¡Bendito el que viene en nom-
bre del Señor!* ¡*Hosanna* en las alturas!».

3 Y al entrar él en Jerusalén, toda la ciudad se conmovió. «¿Quién
es este?», decían. Y la gente decía: «Este es el profeta Jesús, de Na-
zaret de Galilea».

4 Algunos de los fariseos, que estaban entre la gente, le dijeron:
«Maestro, reprende a tus discípulos».

5 Respondió: «Os digo que si estos callan, gritarán las piedras».

6 Entonces, los fariseos se dijeron entre sí: «¿Veis cómo no ade-
lantáis nada?, todo el mundo se ha ido tras él».

La purificación del templo

7 Entró Jesús en el Templo, y encontró en el Templo a los vendedo-
res de bueyes, ovejas y palomas, y a los cambistas en sus puestos.

8 Haciendo un látigo con cuerdas, echó a todos fuera del Templo, con las ovejas y los bueyes; volcó las mesas de los cambistas y los puestos de los vendedores de palomas y no permitía que nadie transportase cosas por el Templo. 9 Y les enseñaba, diciéndoles: «¿No está escrito: *Mi Casa será llamada Casa de oración para todas las gentes*? ¡Pero vosotros la tenéis hecha una *cueva de bandidos*!».

10 Se enteraron de esto los sumos sacerdotes y los escribas y buscaban cómo podrían matarle; porque le tenían miedo, pues toda la gente estaba asombrada de su doctrina.

La destrucción del Templo

11 Al salir del Templo, le dice uno de sus discípulos: «Maestro, mira qué piedras y qué construcciones».

12 Jesús le dijo: «¿Ves estas grandiosas construcciones? No quedará piedra sobre piedra que no sea derruida». 13 Surgirán muchos falsos profetas, que engañarán a muchos. Y al crecer cada vez más la iniquidad, la caridad de la mayoría se enfriará. Pero el que persevere hasta el fin, ese se salvará. 14 Se proclamará esta Buena Nueva del Reino en el mundo entero, para dar testimonio a todas las naciones. Y entonces vendrá el fin. El cielo y la tierra pasarán, pero mis palabras no pasarán.

15 Habiéndole preguntado los fariseos cuándo llegaría el Reino de los Cielos, les respondió: «El Reino de los Cielos viene sin dejarse sentir. Y no dirán: "Vedlo aquí o allí", porque el Reino de los Cielos ya está entre vosotros».

Dad al César

16 Entonces, los fariseos se fueron y celebraron consejo sobre la forma de sorprenderle en alguna palabra. 17 Y le envían sus discípulos,

junto con los herodianos, a decirle: «Maestro, sabemos que eres veraz y que enseñas el camino con franqueza y que no te importa por nadie, porque no miras la condición de las personas. Dinos, pues, qué te parece, ¿es lícito pagar tributo al César o no? ¿Pagamos o dejamos de pagar?».

18 Mas Jesús, conociendo su malicia, dijo: «Hipócritas, ¿por qué
me tentáis? 19 Mostradme la moneda del tributo». Ellos le presentaron un denario. Y les dice: «¿De quién es esta imagen y la inscripción?».

20 Dícenle: «Del César». Entonces les dice: «Pues lo del César devolvédselo al César».

21 Al oír esto, quedaron maravillados, y dejándole, se fueron.

Fariseos y saduceos

22 Y se le acercaron unos fariseos que, para ponerle a prueba, le dijeron: «¿Puede uno repudiar a su mujer por un motivo cualquiera?».

23 Él respondió: «¿No habéis leído que el Creador, desde el comienzo, *los hizo varón y hembra*, y que dijo: *Por eso dejará el hombre a su padre y a su madre y se unirá a su mujer, y los dos se harán una*
sola carne? 24 De manera que ya no son dos, sino una sola carne.
Pues bien, lo que Dios unió no lo separe el hombre».

25 Dícenle: «Pues ¿por qué Moisés prescribió dar acta de divorcio y repudiarla?».

26 Díceles: «Moisés, teniendo en cuenta la dureza de vuestro corazón, os permitió repudiar a vuestras mujeres; pero al principio no
fue así. 27 Ahora bien, os digo que quien repudie a su mujer —no por fornicación— y se case con otra, comete adulterio; y si ella repudia a su marido y se casa con otro, comete adulterio».

28 Dícenle sus discípulos: «Si tal es la condición del hombre respecto de su mujer, no trae cuenta casarse».

29 Pero él les dijo: «No todos entienden este lenguaje, sino aque-
llos a quienes se les ha concedido. Porque hay eunucos que nacie-
ron así del seno materno, y hay eunucos hechos por los hombres, y
hay eunucos que se hicieron tales a sí mismos por el Reino de los
Cielos. Quien pueda entender, que entienda».
30 Aquel mismo día se le acercaron unos saduceos, esos que nie-
gan que haya resurrección, y le preguntaron: «Maestro, Moisés dijo:
Si alguien muere sin tener hijos, su hermano se casará con la mujer
de aquel para dar descendencia a su hermano. 31 Eran siete herma-
nos; habiendo tomado mujer el primero, murió sin hijos; y la tomó
el segundo, luego el tercero; del mismo modo los siete murieron
también sin dejar hijos. Finalmente, también murió la mujer. Esta,
pues, ¿de cuál de ellos será mujer en la resurrección? Porque los
siete la tuvieron por mujer».
32 Jesús les respondió: «Estáis en un error. No es un bien de
muertos, sino de vivos. Los hijos de este mundo toman mujer o
marido».
33 Al oír esto, la gente se maravillaba de su doctrina.

Los hipócritas

34 Entonces, Jesús se dirigió a la gente y a sus discípulos y les dijo:
«Nada hay encubierto que no haya de ser descubierto ni oculto que
no haya de saberse. Porque cuanto dijisteis en la oscuridad, será
oído a la luz, y lo que hablasteis al oído en las habitaciones privadas,
será proclamado desde los terrados. 35 Os digo a vosotros, amigos
míos: No temáis a los que matan al cuerpo, y después de esto no
pueden hacer más».
36 «¿Con quién, pues, compararé a los hombres de esta genera-
ción? ¿Y a quién se parecen? Se parecen a los chiquillos que están
sentados en la plaza y se gritan unos a otros diciendo: "Os hemos
tocado la flauta, y no habéis bailado, os hemos entonado endechas,

y no habéis llorado". 37 Porque ha venido Juan el Bautista, que no comía pan ni bebía vino, y decís: "Demonio tiene". Ha venido el Hijo del hombre, que come y bebe, y decís: "Ahí tenéis un comilón y un borracho, amigo de publicanos y pecadores". 38 Y la Sabiduría se ha acreditado por todos sus hijos.»

39 «En la cátedra de Moisés se han sentado los escribas y los fariseos. Haced, pues, y observad todo lo que os digan, pero no imitéis su conducta, porque dicen y no hacen. 40 Atan cargas pesadas y las echan a las espaldas de la gente, pero ellos ni con el dedo quieren moverlas. 41 Todas sus obras las hacen para ser vistos por los hombres; se hacen bien anchas las filacterias* y bien largas las orlas del manto; quieren el primer puesto en los banquetes y los primeros asientos en las sinagogas, que se les salude en las plazas y que la gente les llame "Rabí".

42 »Vosotros, en cambio, no os dejéis llamar "Rabí"; y vosotros sois todos hermanos. Ni tampoco os dejéis llamar "Directores". El mayor entre vosotros será vuestro servidor. 43 Pues el que se ensalce, será humillado; y el que se humille, será ensalzado.

44 »¡Ay de vosotros, escribas y fariseos hipócritas, que cerráis a los hombres el Reino de los Cielos! Vosotros ciertamente no entráis; y a los que están entrando no les dejáis entrar.

45 »¡Ay de vosotros, los fariseos, que amáis el primer asiento en las sinagogas y que se os salude en las plazas!

46 »¡Ay de vosotros, escribas y fariseos, pues sois como los sepulcros que no se ven, sobre los que andan los hombres sin saberlo!

47 »¡Ay de vosotros, escribas y fariseos hipócritas, que devoráis la hacienda de las viudas so capa de largas oraciones! Por ello tendréis una sentencia más rigurosa.

48 »¡Ay de vosotros, escribas y fariseos hipócritas, que recorréis mar y tierra para hacer un prosélito, y, cuando llega a serlo, le hacéis hijo de condenación el doble que vosotros!

* Rollos de pergamino que contienen pasajes de la Torá, guardados en una caja de cuero negro.

49 »¡Ay de vosotros, escribas y fariseos hipócritas, que pagáis el
diezmo de la menta, del aneto y del comino, y descuidáis lo más
importante de la Ley: la justicia, la misericordia y la fe! Esto es lo
que había que practicar, aunque sin descuidar aquello. ¡Guías ciegos, que coláis el mosquito y os tragáis el camello!
50 »¡Ay de vosotros, escribas y fariseos hipócritas, que purificáis
por fuera la copa y el plato, mientras por dentro están llenos de rapiña e intemperancia! ¡Fariseo ciego, purifica primero por dentro
la copa, para que también por fuera quede pura!
51 »¡Ay de vosotros, escribas y fariseos hipócritas, pues sois semejantes a sepulcros blanqueados, que por fuera parecen bonitos,
pero por dentro están llenos de huesos de muertos y de toda inmundicia! Así también vosotros, por fuera aparecéis justos ante los
hombres, pero por dentro estáis llenos de hipocresía y de iniquidad.
52 »¡Ay de vosotros, escribas y fariseos hipócritas, porque edificáis los sepulcros de los profetas y adornáis los monumentos de los
justos, y decís: "Si nosotros hubiéramos vivido en el tiempo de
nuestros padres, no habríamos tenido parte con ellos en la sangre
de los profetas!".
53 »Con lo que atestiguáis contra vosotros mismos que sois hijos
de los que mataron a los profetas. ¡Colmad también vosotros la
medida de vuestros padres! Desde la sangre del inocente Abel hasta la sangre de Zacarías, a quien matasteis entre el Santuario y el
altar. Yo os aseguro: todo esto recaerá sobre esta generación.»
54 Uno de los legistas le respondió: «¡Maestro, diciendo estas
cosas, también nos injurias a nosotros!».
55 Pero él dijo: «¡Ay también de vosotros, los legistas, que imponéis a los hombres cargas intolerables, y vosotros no las tocáis ni
con uno de vuestros dedos!
56 »¡Ay de vosotros, los legistas, que os habéis llevado la llave de
la ciencia! No entrasteis vosotros, y a los que están entrando se lo
habéis impedido. ¡Serpientes, raza de víboras! ¿Cómo vais a escapar a la condenación?

57 »¡Jerusalén, Jerusalén, la que mata a los profetas y apedrea a los que le son enviados! ¡Cuántas veces he querido reunir a tus hijos, como una gallina reúne a sus pollos bajo las alas, y no habéis querido! Pues bien, se os va a dejar desierta vuestra casa».

58 Y cuando salió de allí, comenzaron los escribas y los fariseos a acosarle implacablemente y hacerle hablar de muchas cosas, buscando, con insidias, cazar alguna palabra en su boca.

Los sumos sacerdotes conspiran

59 Entonces, los sumos sacerdotes, los escribas y los ancianos del pueblo se reunieron en el palacio del Sumo Sacerdote, llamado Caifás, y decían: «¿Qué hacemos? Si le dejamos que siga así, todos creerán en él y vendrán los romanos y destruirán nuestro Lugar Santo y nuestra nación».

60 Pero uno de ellos, Caifás, que era el Sumo Sacerdote de aquel año, les dijo: «Vosotros no sabéis nada, ni caéis en la cuenta que os conviene que muera uno solo por el pueblo y no perezca toda la nación».

61 Desde ese día, decidieron darle muerte. Pero decían: «Durante la fiesta no, no sea que haya alboroto del pueblo».

CAPÍTULO 12

La trampa está tendida

Judas conspira contra los sacerdotes

1 Por el día enseñaba en el Templo y salía a pasar la noche en el
monte llamado de los Olivos. Y todo el pueblo madrugaba para ir
donde él y escucharle en el Templo.
2 Se acercaba la fiesta de los Ázimos, llamada Pascua. Los sumos sacerdotes y los escribas buscaban cómo hacerle desaparecer, pues temían al pueblo.
3 Entonces, uno de los Doce, llamado Judas Iscariote, fue donde los sumos sacerdotes, y les dijo: «¿Qué queréis darme, y yo os lo entregaré?».
4 Al oírlo ellos, se alegraron y prometieron darle treinta monedas de plata. Él aceptó y andaba buscando una oportunidad para entregarle sin que la gente lo advirtiera.

La última cena

5 El primer día de los Ázimos, sus discípulos salieron, llegaron a
la ciudad y prepararon la Pascua. Al atardecer, se puso a la mesa
con los Doce. 6 Entre ellos hubo también un altercado sobre quién
de ellos parecía ser el mayor.

7 Él les dijo: «Que el mayor entre vosotros sea como el más joven y el que gobierna como el que sirve. Porque, ¿quién es mayor, el que está a la mesa o el que sirve? ¿No es el que está a la mesa? Pues yo estoy en medio de vosotros como el que sirve. 8 Vosotros sois los que habéis perseverado conmigo en mis pruebas». Y les dijo: «Con ansia he deseado comer esta Pascua con vosotros antes de padecer».

9 Tomó luego pan, y, dadas las gracias, lo partió y se lo dio diciendo: «Este es mi cuerpo que es entregado por vosotros; haced esto en recuerdo mío».

10 Tomó luego una copa y, dadas las gracias, se la dio diciendo: «Bebed de ella todos, porque esta es mi sangre de la Alianza que es derramada por muchos». Y todos bebieron de ella.

11 Y mientras comían, dijo: «En verdad, en verdad os digo que uno de vosotros me entregará». Muy entristecidos, se pusieron a decirle uno por uno: «¿Acaso soy yo, Señor?».

12 Él respondió: «Uno de los Doce que moja conmigo en el mismo plato».

13 Simón Pedro, recostándose sobre el pecho de Jesús, le dice: «Señor, ¿quién es?». Le responde Jesús: «Es aquel a quien dé el bocado que voy a mojar». Y, mojando el bocado, lo toma y se lo da a Judas, hijo de Simón Iscariote.

14 Entonces, preguntó Judas, el que iba a entregarle: «¿Soy yo acaso, Maestro?». Dícele: «Sí, tú lo has dicho. Lo que vas a hacer, hazlo pronto».

15 Pero ninguno de los comensales entendió por qué se lo decía. Como Judas tenía la bolsa, algunos pensaban que Jesús quería decirle: «Compra lo que nos hace falta para la fiesta», o que diera algo a los pobres.

16 En cuanto tomó Judas el bocado, salió. Era de noche. Y cantados los himnos, salieron hacia el monte de los Olivos.

El monte de los Olivos

17 Simón Pedro le dice: «Señor, ¿a dónde vas?». Jesús le respondió: «Adonde yo voy no puedes seguirme ahora; me seguirás más tarde».

18 Pedro le dice: «¿Por qué no puedo seguirte ahora? Yo daré mi vida por ti».

19 Entonces, les dice Jesús: «Todos vosotros vais a escandalizaros de mí esta noche».

20 Pedro intervino y le dijo: «Aunque todos se escandalicen de ti, yo nunca me escandalizaré. Estoy dispuesto a ir contigo hasta la cárcel y la muerte».

21 Jesús le dijo: «Yo te aseguro que negarás tres veces que me conoces».

22 Dícele Pedro: «Aunque tenga que morir contigo, yo no te negaré». Y lo mismo dijeron también todos los discípulos.

23 Y les dijo: «Cuando os envié sin bolsa, sin alforja y sin sandalias, ¿os faltó algo?». Ellos dijeron: «Nada». Les dijo: «Pues ahora, el que tenga bolsa que la tome y lo mismo alforja, y el que no tenga que venda su manto y compre una espada».

24 Ellos dijeron: «Señor, aquí hay dos espadas». Él les dijo: «Basta».

El huerto de Getsemaní

25 Entonces va Jesús con ellos a una propiedad llamada Getsemaní, y dice a los discípulos: «Sentaos aquí, mientras voy allá a orar».
26 Y tomando consigo a Pedro y a los dos hijos de Zebedeo, comenzó a sentir tristeza y angustia. Entonces les dice: «Mi alma está triste
hasta el punto de morir; quedaos aquí y velad conmigo». 27 Y adelantándose un poco, cayó rostro en tierra, y oraba.

28 Viene entonces donde los discípulos y los encuentra dormi-

dos; y dice a Pedro: «¿Conque no habéis podido velar una hora
conmigo? Velad y orad, para que no caigáis en tentación; que el
espíritu está pronto, pero la carne es débil».

29 Y alejándose de nuevo, sumido en agonía, insistía más en su
oración. Su sudor se hizo como gotas espesas de sangre que caían
en tierra. 30 Volvió otra vez y los encontró dormidos, pues sus ojos
estaban cargados; ellos no sabían qué contestarle. Los dejó y se fue
a orar por tercera vez.

31 Viene entonces donde los discípulos y les dice: «Ahora ya
podéis dormir y descansar. Mirad, ha llegado la hora en que el Hijo
del hombre va a ser entregado en manos de pecadores. ¡Levan-
taos!, ¡vámonos! Mirad que el que me va a entregar está cerca».

32 Todavía estaba hablando, cuando llegó Judas, uno de los
Doce, acompañado de un grupo numeroso con linternas, antor-
chas, espadas y palos, de parte de los sumos sacerdotes y los ancia-
nos del pueblo. 33 El que le iba a entregar les había dado esta señal:
«Aquel a quien yo dé un beso, ese es; prendedle». Y al instante se
acercó a Jesús y le dijo: «¡Salve, Maestro!», y le dio un beso.

34 Jesús le dijo: «Amigo, ¡a lo que estás aquí! ¡Judas, con un
beso entregas al Hijo del hombre!».

35 Jesús se adelanta y les pregunta: «¿A quién buscáis?».

36 Le contestaron: «A Jesús el Nazareno». Díceles: «Yo soy; así
que si me buscáis a mí, dejad marchar a estos».

37 Entonces, aquellos se acercaron, echaron mano a Jesús y le
prendieron. 38 Viendo los que estaban con él lo que iba a suceder, di-
jeron: «Señor, ¿herimos a espada?» y uno de ellos hirió al siervo del
Sumo Sacerdote y le llevó la oreja derecha. El siervo se llamaba Malco.

39 Dícele entonces Jesús: «Vuelve tu espada a su sitio, porque
todos los que empuñen espada, a espada perecerán».

40 En aquel momento dijo Jesús a la gente: «¿Como contra un
salteador habéis salido a prenderme con espadas y palos? Todos
los días me sentaba en el Templo para enseñar, y no me detuvisteis;
pero esta es vuestra hora y el poder de las tinieblas».

41 Entonces, los discípulos le abandonaron todos y huyeron.
Llevaron a Jesús ante el Sumo Sacerdote, y se reúnen todos los su-
mos sacerdotes, los ancianos y los escribas.

Jesús ante Caifás

42 Entonces, la cohorte, el tribuno y los guardias de los judíos pren-
dieron a Jesús, le ataron y le llevaron primero a casa de Anás, pues
era suegro de Caifás, el Sumo Sacerdote de aquel año. Caifás era el
que aconsejó a los judíos que convenía que muriera un solo hombre
por el pueblo. 43 El Sumo Sacerdote interrogó a Jesús sobre sus
discípulos y su doctrina.

44 Jesús le respondió: «He hablado abiertamente ante todo el
mundo; he enseñado siempre en la sinagoga y en el Templo, donde
se reúnen todos los judíos, y no he hablado nada a ocultas. ¿Por qué
me preguntas? Pregunta a los que me han oído lo que les he habla-
do; ellos saben lo que he dicho».

45 Apenas dijo esto, uno de los guardias que allí estaba dio una
bofetada a Jesús, diciendo: «¿Así contestas al Sumo Sacerdote?».

46 Jesús le respondió: «Si he hablado mal, declara lo que está
mal; pero si he hablado bien, ¿por qué me pegas?».

47 Anás entonces le envió atado al Sumo Sacerdote Caifás, don-
de se habían reunido los escribas y los ancianos. Pedro le iba si-
guiendo de lejos hasta el palacio del Sumo Sacerdote; y, entrando
dentro, se sentó con los criados para ver el final, calentándose.

48 Los sumos sacerdotes y el Sanedrín entero andaban buscando
un falso testimonio contra Jesús con ánimo de darle muerte, y no lo
encontraron, a pesar de que se presentaron muchos falsos testigos.
Al fin se presentaron dos, 49 que dijeron: «Este dijo: Yo puedo des-
truir el Santuario de Dios, y en tres días edificarlo».

50 Entonces, se levantó el Sumo Sacerdote y le dijo: «¿No res-
pondes nada? ¿Qué es lo que estos atestiguan contra ti?».

51 Pero Jesús seguía callado. El Sumo Sacerdote le dijo: «Yo te conjuro por Dios vivo que nos digas si tú eres el Cristo, el Hijo de Dios».

52 Dícele Jesús: «Sí, tú lo has dicho».

53 Entonces, el Sumo Sacerdote rasgó sus vestidos y dijo: «¡Ha blasfemado! ¿Qué necesidad tenemos ya de testigos? Acabáis de oír la blasfemia. ¿Qué os parece?». Respondieron ellos diciendo: «Es reo de muerte».

54 Entonces, se pusieron a escupirle en la cara y a abofetearle; y otros a golpearle, diciendo: «Adivínanos, Cristo. ¿Quién es el que te ha pegado?».

Pedro niega a Jesús

55 Pedro, entretanto, estaba sentado fuera en el patio; y una criada se acercó a él y le dijo: «También tú estabas con Jesús el Galileo». Pero él lo negó delante de todos: «No sé qué dices».

56 Cuando salía al portal, le vio otra criada y dijo a los que estaban allí: «Este estaba con Jesús el Nazareno». Y de nuevo lo negó con juramento: «¡Yo no conozco a ese hombre!».

57 Poco después se acercaron los que estaban allí y dijeron a Pedro: «¡Ciertamente, tú también eres de ellos, pues además tu misma habla te descubre!». Entonces él se puso a echar imprecaciones y a jurar: «¡Yo no conozco a ese hombre!».

58 Y Pedro se acordó de aquello que le había dicho Jesús: «Me negarás tres veces». Y, saliendo fuera, rompió a llorar amargamente.

CAPÍTULO 13

Juicio y ejecución

Jesús ante Pilato y Herodes

1 De la casa de Caifás llevan a Jesús al pretorio y le entregan al procurador Pilato. Era de madrugada. Ellos no entraron en el pretorio para no contaminarse y poder así comer la Pascua.

2 Entonces, Judas, el que le entregó, viendo que había sido condenado, fue acosado por el remordimiento, y devolvió las treinta monedas de plata a los sumos sacerdotes y a los ancianos, diciendo: «Pequé entregando sangre inocente». Ellos dijeron: «A nosotros, ¿qué? Tú verás».

3 Él tiró las monedas en el Santuario; después se retiró y fue y se ahorcó.

4 Los sumos sacerdotes recogieron las monedas y dijeron: «No es lícito echarlas en el tesoro de las ofrendas, porque son precio de sangre». Y después de deliberar, compraron con ellas el Campo del Alfarero como lugar de sepultura para los forasteros. Por esta razón ese campo se llamó «Campo de Sangre», hasta hoy.

5 Jesús compareció ante el procurador, y el procurador le preguntó: «¿Eres tú el Rey de los judíos?». Respondió Jesús: «Sí, tú lo dices».

6 Salió entonces Pilato fuera donde ellos y dijo: «¿Qué acusación traéis contra este hombre?».

7 Ellos le respondieron: «Si este no fuera un malhechor, no te lo
habríamos entregado».
8 Pilato replicó: «Tomadle vosotros y juzgadle según vuestra
Ley». Los judíos replicaron: «Nosotros no podemos dar muerte a
nadie». Pilato dijo a los sumos sacerdotes y a la gente: «Ningún
delito encuentro en este hombre».
9 Pero ellos insistían diciendo: «Solivianta al pueblo, enseñando
por toda Judea, desde Galilea, donde comenzó, hasta aquí».
10 Al oír esto, Pilato preguntó si aquel hombre era galileo. Y, al
saber que era de la jurisdicción de Herodes, le remitió a Herodes,
que por aquellos días estaba también en Jerusalén.
11 Cuando Herodes vio a Jesús se alegró mucho, pues hacía largo
tiempo que deseaba verle, por las cosas que oía de él, y esperaba
presenciar alguna señal que él hiciera. 12 Le preguntó con mucha
palabrería, pero él no respondió nada.
13 Estaban allí los sumos sacerdotes y los escribas acusándole con
insistencia. Pero Herodes, con su guardia, después de despreciarle y
burlarse de él, le puso un espléndido vestido y le remitió a Pilato.
14 Aquel día Herodes y Pilato se hicieron amigos, pues antes es-
taban enemistados.
15 Entonces, Pilato entró de nuevo al pretorio y llamó a Jesús y
le dijo: «¿Eres tú el Rey de los judíos?».
16 Respondió Jesús: «¿Dices eso por tu cuenta, o es que otros te
lo han dicho de mí?».
17 Pilato respondió: «¿Es que yo soy judío? Tu pueblo y los su-
mos sacerdotes te han entregado a mí. ¿Qué has hecho?».
18 Respondió Jesús: «Mi Reino no es de este mundo».
19 Y Pilato volvió a preguntarle: «¿Eres tú el Rey de los judíos?».
Y él respondió: «Tú lo dices». 20 Y mientras los sumos sacerdotes le
acusaban de muchas cosas, no respondió nada.
21 Entonces, le dice Pilato: «¿No oyes de cuántas cosas te acu-
san?». 22 Pero él a nada respondió, de suerte que el procurador es-
taba muy sorprendido.

23 Entonces, Pilato le dijo: «¿Luego tú eres Rey?». Respondió Jesús: «Sí, como dices, soy Rey. He nacido para dar testimonio de la verdad. Todo el que es de la verdad, escucha mi voz».

24 Le dice Pilato: «¿Qué es la verdad?». Y, dicho esto, volvió a salir donde los judíos y les dijo: «Yo no encuentro ningún delito en él. Pero es costumbre entre vosotros que os ponga en libertad a uno por la Pascua. ¿Queréis, pues, que os ponga en libertad al Rey de los judíos?».

25 Ellos volvieron a gritar diciendo: «¡A ese, no; a Barrabás!». Barrabás era un salteador, que estaba encarcelado con aquellos sediciosos que en el motín habían cometido un asesinato.

26 Pilato entonces tomó a Jesús y mandó azotarle. Los soldados trenzaron una corona de espinas, se la pusieron en la cabeza y le vistieron un manto de púrpura; y, acercándose a él, le decían: «Salve, Rey de los judíos». Y le daban bofetadas.

27 Volvió a salir Pilato y les dijo: «Mirad, os lo traigo fuera para que sepáis que no encuentro ningún delito en él». Salió entonces Jesús fuera llevando la corona de espinas y el manto de púrpura. Díceles Pilato: «Aquí tenéis al hombre».

28 Cuando lo vieron los sumos sacerdotes y los guardias, gritaron: «¡Crucifícalo, crucifícalo!». Les dice Pilato: «Tomadlo vosotros y crucificadle, porque yo ningún delito encuentro en él».

29 Los judíos le replicaron: «Nosotros tenemos una ley y según esa Ley debe morir, porque se tiene por Hijo de Dios».

30 Cuando oyó Pilato estas palabras, se atemorizó aún más. Volvió a entrar en el pretorio y dijo a Jesús: «¿De dónde eres tú?». Pero Jesús no le dio respuesta. 31 Dícele Pilato: «¿A mí no me hablas? ¿No sabes que tengo poder para soltarte y poder para crucificarte?».

32 Respondió Jesús: «No tendrías contra mí ningún poder si no se te hubiera dado de arriba; por eso, el que me ha entregado a ti tiene mayor pecado».

33 Desde entonces Pilato trataba de librarle. Pero los judíos gritaron: «Si sueltas a ese, no eres amigo del César; todo el que se

hace rey se enfrenta al César». 34 Al oír Pilato estas palabras, hizo
salir a Jesús y se sentó en el tribunal, en el lugar llamado Enlosado,
en hebreo Gabbatá. Era el día de la Preparación de la Pascua, ha-
cia la hora sexta. Dice Pilato a los judíos: «Aquí tenéis a vuestro
Rey».

35 Replicaron los sumos sacerdotes: «No tenemos más rey que
el César». Y los judíos gritaron «¡Fuera, fuera! ¡Crucifícale!». Les
dice Pilato: «¿A vuestro Rey voy a crucificar? Pero ¿qué mal ha
hecho este?». Pero ellos seguían gritando con más fuerza: «¡Cruci-
fícale, crucifícale!».

36 Entonces, Pilato, viendo que nada adelantaba, sino que más
bien se promovía tumulto, tomó agua y se lavó las manos delante
de la gente diciendo: «Inocente soy de la sangre de este justo. Vo-
sotros veréis».

37 Pilato, entonces, queriendo complacer a la gente, soltó al que
habían pedido, el que estaba en la cárcel por motín y asesinato, y a
Jesús se lo entregó a su voluntad, después de azotarle, para que
fuera crucificado. Tomaron, pues, a Jesús y se lo llevaron.

La crucifixión

38 Entonces, los soldados del procurador llevaron consigo a Jesús
al pretorio y reunieron alrededor de él a toda la cohorte. Le desnu-
daron y le echaron encima un manto de púrpura; y, trenzando una
corona de espinas, se la pusieron sobre su cabeza, y en su mano
derecha una caña; y doblando la rodilla delante de él, le hacían
burla diciendo: «¡Salve, Rey de los judíos!».

39 Y después de escupirle, cogieron la caña y le golpeaban en la
cabeza. Cuando se hubieron burlado de él, le quitaron el manto, le
pusieron sus ropas y le llevaron a crucificarle.

40 Al salir, obligaron a uno que pasaba, a Simón de Cirene, que
volvía del campo, el padre de Alejandro y de Rufo, a que llevara su

cruz. [41] Le seguía una gran multitud del pueblo y mujeres que se dolían y se lamentaban por él. Jesús, volviéndose a ellas, dijo: «Hijas de Jerusalén, no lloréis por mí; llorad más bien por vosotras y por vuestros hijos».

[42] Llegados a un lugar llamado Gólgota, esto es, «Calvario», le dieron a beber vino mezclado con mirra; pero él, después de probarlo, no quiso beberlo.

[43] Los soldados, después que crucificaron a Jesús, tomaron sus vestidos, con los que hicieron cuatro lotes, un lote para cada soldado, y la túnica. La túnica era sin costura, tejida de una pieza de arriba abajo. Por eso se dijeron: «No la rompamos; sino echemos a suertes a ver a quién le toca».

[44] Y se quedaron sentados allí para custodiarle. Sobre su cabeza pusieron, por escrito, la causa de su condena: «Este es Jesús, el Rey de los judíos». Esta inscripción la leyeron muchos judíos, porque el lugar donde había sido crucificado Jesús estaba cerca de la ciudad; y estaba escrita en hebreo, latín y griego.

[45] Los sumos sacerdotes de los judíos dijeron a Pilato: «No escribas: "El Rey de los judíos", sino "Este ha dicho: Yo soy Rey de los judíos"».

[46] Pilato respondió: «Lo que he escrito, lo he escrito».

[47] Junto a la cruz de Jesús estaban su madre y la hermana de su
madre, María, mujer de Clopás, y María Magdalena. [48] Jesús, viendo
a su madre y junto a ella al discípulo a quien amaba, dice a su madre: «Mujer, ahí tienes a tu hijo». Luego dice al discípulo: «Ahí tienes a tu madre». Y desde aquella hora el discípulo la acogió en su casa.

[49] Con él crucificaron a dos salteadores, uno a su derecha y otro a su izquierda. Jesús decía: «Padre, perdónales, porque no saben lo que hacen».

[50] Uno de los malhechores colgados le insultaba: «¿No eres tú el Cristo? Pues ¡sálvate a ti y a nosotros!». Pero el otro le respondió diciendo: «Nosotros nos hemos merecido nuestra condena con nuestras obras; en cambio, este nada malo ha hecho».

51 Y los que pasaban por allí le insultaban, meneando la cabeza
y diciendo: «¡Eh, tú!, que destruyes el Santuario y en tres días lo
levantas, ¡sálvate a ti mismo, si eres Hijo de Dios, y baja de la cruz!».
52 Igualmente, los sumos sacerdotes junto con los escribas y los
ancianos se burlaban de él diciendo: «A otros salvó y a sí mismo no
puede salvarse. Rey de Israel es: que baje ahora de la cruz, y creere-
mos en él. Ha puesto su confianza en Dios; que le salve ahora, si es
que de verdad le quiere; ya que dijo: "Soy Hijo de Dios"».
53 Desde la hora sexta hubo oscuridad sobre toda la tierra hasta
la hora nona. Y alrededor de la hora nona clamó Jesús con fuerte
voz. 54 Al oírlo algunos de los que estaban allí decían: «A Elías llama
este». Y enseguida uno de ellos fue corriendo a tomar una esponja,
la empapó en vinagre y, sujetándola a una caña, le ofreció de beber,
diciendo: «Dejad, vamos a ver si viene Elías a descolgarle».
55 Pero Jesús, dando de nuevo un fuerte grito, expiró.

La sepultura

56 Estaban a distancia, viendo estas cosas, todos sus conocidos y las
mujeres que le habían seguido desde Galilea, que se volvieron gol-
peándose el pecho. 57 Había allí muchas mujeres mirando desde
lejos, aquellas que habían seguido a Jesús desde Galilea para servir-
le. Entre ellas estaban María Magdalena, María la madre de Santia-
go y de José, y la madre de los hijos de Zebedeo.
58 Al atardecer, vino un hombre rico de Arimatea, llamado José,
que se había hecho también discípulo de Jesús. 59 Se presentó a Pi-
lato y pidió el cuerpo de Jesús. Se extrañó Pilato de que ya estuvie-
se muerto y, llamando al centurión, le preguntó si había muerto
hacía tiempo. Informado por el centurión, concedió el cuerpo a
José.
60 Fue también Nicodemo —aquel que anteriormente había ido a
verle de noche— con una mezcla de mirra y áloe de unas cien libras.

61 José tomó el cuerpo, lo envolvió en una sábana limpia con los
aromas, y lo puso en un sepulcro nuevo que había hecho excavar en
la roca; luego, hizo rodar una gran piedra hasta la entrada del sepul-
cro y se fue.
62 Estaban allí María Magdalena y la otra María, sentadas frente
al sepulcro.

NOTAS DE LA PRIMERA PARTE

Introducción

1. Centro de Investigación Pew, «The Changing Global Religious Landscape», 5 de abril de 2017, <https://www.pewforum.org/2017/04/05/the-changing-global-religious-landscape/>.

2. Barna Group, «What Do Americans Believe About Jesus? 5 Popular Beliefs», 1 de abril de 2015, <https://www.barna.com/research/what-do-americans-believe-about-jesus-5-popular-beliefs/>.

3. Dato de Christian Research (<www.christian-research.org>), citado en Jonathan Petre, «One third of clergy do not believe in the Resurrection», *Daily Telegraph*, 31 de julio de 2002.

4. Pódcast *National Conversations* de John Harris: Richard Dawkins, 24 de octubre de 2011.

5. Encuesta de ComRes sobre los milagros para BBC English Regions, 30 de septiembre de 2018, <www.comresglobal.com>.

6. Ruth Gledhill, «Archbishop of Westminster attacks atheism but says nothing on child abuse», *The Times*, 22 de mayo de 2009.

7. Papa emérito Benedicto XVI, «The Church and the scandal of sexual abuse», <www.catholicnewsagency.com>, 10 de abril de 2019 (trad. cast.: «La Iglesia y el escándalo de los abusos sexuales», en <https://paraula.org/noticias/documento-de-benedicto-xvi-la-iglesia-y-el-escandalo-de-los-abusos-sexuales/>).

8. Voltaire, «Épître à l'auteur du Nouveau libre *Des trois imposteurs*» (Epístola al autor del *Tratado de los tres impostores*) (1769).

9. «Religion is on the decline – yet our society is underpinned by faith», *The Spectator*, 9 de septiembre de 2017.

10. C. S. Lewis, *Mere Christianity*, Geoffrey Bles, 1952, pág. 41 (trad. cast.: *Mero cristianismo*, Madrid, Rialp, 2017).

11. Albert Schweitzer, *The Quest of the Historical Jesus*, A. & C. Black, 1911, pág. 4.

1. Una revolución del alma

1. Nueva Versión Estándar Revisada: la mayoría de las traducciones no utilizan una versión de *vaciamiento*, pero el término griego original es la forma verbal de *kenosis*, *kenóō*, 'vaciar'.

2. Una cuestión de carácter

1. Xunzi 2, en Philip J. Ivanhoe y Bryan W. Van Norden (comps.), *Readings in Classical Chinese Philosophy*, 2.ª ed., Hackett, 2005, pág. 261.

2. Obsérvese que los Evangelios originales añaden asimismo: «Amarás al Señor, tu Dios, con todo tu corazón, con toda tu alma, con toda tu mente y con todas tus fuerzas». La supresión de esta oración en *El Evangelio sin Dios* no tiene por qué suponer una edición tan significativa como podría parecer a primera vista. Como decía otra entrevistada, Elizabeth Oldfield: «Hay al menos una escuela que diría que amar a Dios y amar al prójimo son una misma cosa. Si Dios se nos revela principalmente en la creación y a través de otras personas, cuando amamos la creación y a otras personas estamos amando a Dios».

3. *Analects* 7.8, en James Legge, *The Chinese Classics*, vol. 1, Oxford University Press, 1893, pág. 197 (trad. cast.: Confucio, *Analectas*, Madrid, Edaf, 2013).

4. Bankei Yōtaku, «The Unborn», en James W. Hesig, Thomas P. Kasulis y John C. Maraldo (comps.), *Japanese Philosophy: A Sourcebook*, University of Hawai'i Press, 2011, pág. 199.

5. Akeel Bilgrami, «Gandhi's Religion and Its Relation to His Politics», en J. M. Brown y A. Parel (comps.), *The Cambridge Companion to Gandhi*, Cambridge University Press, 2011, págs. 93-116.

6. *Bhagavad-Gītā* 3:21, en Sarvepalli Radhakrishnan y Charles A. Moore (comps.), *A Sourcebook in Indian Philosophy*, Princeton University Press, 1957, pág. 114 (trad. cast.: *Bhagavad Gita: el canto del señor*, Málaga, Sirio, 2003).

7. *Mahābhārāta*, Libro 12: Santi Parva, §75, <www.sacred-texts.com/hin/m12/m12a074.htm> (trad. cast.: *El Mahabharata*, Madrid, Edaf, 1990).

8. *Analects* 2.3., en Ivanhoe y Van Norden (comps.), *Readings in Classical Chinese Philosophy*, pág. 5 (trad. cast.: Confucio, *Analectas*, Madrid, Edaf, 2013).

9. *Dhammapāda*, estrofa 54.

10. Corán, 33, 21.

11. Esto me lo señaló Lucy Winkett.

12. «Dialogue between His Holiness the Dalai Lama and Fr Laurence Freeman about the Teacher and Disciple in Sarnath, Varanasi», <www.dalailama.com>, 13 de enero de 2013 (trad. cast.: «Diálogo entre el Padre Laurence Freeman y Su Santidad el Dalái Lama sobre el Maestro y el Discípulo», <http://www.meditacioncristiana.net/sites/default/files/Di%C3%A1logo%20entre%20el%20P.%20Laurence%20y%20el%20Dalai%20Lama.pdf>).

3. Una revolución de la ley

1. John Cottingham, *How Can I Believe?*, SPCK, 2018, pág. 33.

2. Immanuel Kant, «On a Supposed Right to Lie from Philanthropy», 8:425, en Mary Gregor (trad. y comp.), *Immanuel Kant: Practical Philosophy*, Cambridge University Press, 1996, pág. 613 (trad. cast.: «Acerca de un pretendido derecho a mentir por filantropía», en Immanuel Kant y Benjamin Constant, *¿Hay derecho a mentir?*, Madrid, Tecnos, 2012).

3. Immanuel Kant, *Groundwork for the Metaphysic of Morals*, Sección I, en Gregor, *ibid.*, págs. 7-8 (trad. cast.: *Fundamentación de la metafísica de las costumbres*, Madrid, Espasa-Calpe, 1983, pág. 27).

4. Sección 2, *ibid.*, pág. 44 (trad. cast.: pág. 72)

5. *Ibid.*, pág. 38 (trad. cast.: págs. 82-83).

4. La renuncia al mundo

1. Diógenes Laercio, *The Lives of the Eminent Philosophers*, trad. de Pamela Mensch y ed. de James Miller, Oxford University Press, 2018, Libro 6, 58, pág. 286 (trad. cast.: *Vidas y opiniones de los filósofos ilustres*, Zamora, Lucina, 2010).

2. Prólogo a *The Rule of St Benedict* (516) (trad. cast.: *La Regla de San Benito*, citada en la edición digital de la Biblioteca de Silos, <http://www.bibliotecadesilos.es/es/contenido/?idsec=405>).

3. Nicholas Griffin (comp.), *The Selected Letters of Bertrand Russell: The Public Years, 1914-1970*, Routledge, 2001, Carta 334, pág. 199.

4. Robin Fox, «Calcutta Perspective: Mother Teresa's care for the dying», Robin Fox, *Lancet*, 17 de septiembre de 1994, <doi.org/10.1016/S0140-6736(94)92353-1>.

5. Serge Larivée, Carole Sénéchal y Geneviève Chénard, «Les côtés ténébreux de Mère Teresa», Studies in Religion/Sciences Religieuses, vol. 42, n.º 3, 1 de septiembre de 2013, págs. 319-345, <doi.org/10.1177/0008429812469894>.

6. Runar M. Thorsteinsson, *Jesus as Philosopher: The Moral Sage in the Synoptic Gospels*, Oxford University Press, 2018.

7. «Vijaya Sutta: Vijaya» (SN 5.4), trad. de Bhikkhu Bodhi, *Access to Insight* (ed. BCBS), 13 de junio de 2010, <www.accesstoinsight.org>.

8. Platón [Plato], *Phaedo*, trad. de Benjamin Jowett, <http://classics.mit.edu/Plato/phaedo.htm> (trad. cast.: *Fedón*, en *Diálogos III*, Barcelona, Nueva Biblioteca Clásica Gredos, 2020).

9. Roland J. Teske, «The aim of Augustine's proof that God truly is», *International Philosophical Quarterly*, vol. 26, n.º 3, 1986, págs. 253-268.

10. Brendan Cox, «Carrying on Jo's work against hate», *New York Times*, 23 de septiembre de 2016.

11. Aristóteles [Aristotle], *Nichomachean Ethics*, trad. de J. A. K. Thomson, Penguin, 1996, 3.9 (trad. cast.: Aristóteles, *Ética Nicomáquea*, Madrid, Biblioteca Clásica Gredos, 1998, II.9, 117b, pág. 203).

12. Peter Singer, «Famine, affluence, and morality», *Philosophy and Public Affairs*, vol. 1, n.º 1, primavera de 1972, págs. 229-243 (ed. rev.) (trad. cast.: Peter Singer, «Hambre, riqueza y moralidad», en *Una vida ética*, Madrid, Taurus, 2002, pág. 139).

13. Brian Mountford, *Christian Atheist*, O-Books, 2011, pág. 51.

5. La renuncia a la política

1. Rowan Williams, «Time for us to challenge the idols of high finance», *Financial Times*, 1 de noviembre de 2011.

2. «Dean Ison reflects on Occupy – one year on», <stpauls.co.uk>, 12 de octubre de 2012.

3. Giles Fraser, «My hopes for the Occupy St Paul's drama that puts me on the stage», *Guardian*, 24 de mayo de 2015.

4. Giles Fraser, «The Saturday interview: Justin Welby», *Guardian*, 21 de julio de 2012.

5. Platón [Plato], *Crito*, 49c (trad. cast.: *Critón* en *Diálogos I*, Madrid, Biblioteca Clásica Gredos, 1985, pág. 203).

6. Véase Daniel C. Maguire, *Christianity without God*, SUNY Press, 2014, págs. 87-90.

7. Guru Arjan Dev, *Guru Granth Sahib: Raga Gauri.*

8. Véase Maguire, *Christianity without God*, pág. 84.

6. Hacerse humilde

1. Bertrand Russell, «The Superior Virtue of the Oppressed», *Unpopular Essays*, Routledge, 1950 (trad. cast.: «La superior virtud de los oprimidos» en *Ensayos impopulares*, Barcelona, Edhasa, 2003).

2. Viktor Frankl, *Man's Search for Meaning*, Pocket Books, 1959, pág. 90 (trad. cast.: *El hombre en busca de sentido*, Barcelona, Paidós, 2012).

3. *Testament of Jean Meslier*, 1729, en <www.marxists.org> (trad. cast.: Jean Meslier, *Testamento de un cura ateo*, Buenos Aires, El Cuenco de Plata, 2011).

4. Albert Camus, «The Myth of Sisyphus» (1942) en *The Myth of Sisyphus and Other Essays*, Alfred A. Knopf, 1955 (trad. cast.: *El mito de Sísifo*, Barcelona, Literatura Random House, 2021).

7. Sin juzgar

1. Carta 211 (423 d. C.), en <www.newadvent.org/fathers/1102211.htm>.

2. Mohandas K. Gandhi, *An Autobiography: The Story of My Experiments with Truth*, Cuarta Parte, Sección 9: *A Tussle with Power*, en <www.columbia.edu/itc/mealac/pritchett/00litlinks/gandhi/.index.html > (trad. cast.: *Autobiografía: historia de mis experiencias con la verdad*, Madrid, Gaia Ediciones, 2014).

3. *Analects* 4.25, en Philip J. Ivanhoe y Bryan W. Van Norden (comps.), *Readings in Classical Chinese Philosophy*, 2.ª ed., Hackett, 2005, pág. 13 (trad. cast.: *Analectas*, Madrid, Edaf, 2013).

4. Aristóteles [Aristotle], *Nichomachean Ethics*, 1169b35-1170a24, trad. de J. A. K. Thomson, Penguin, 1996, pág. 305 (trad. cast.: *Ética Nicomáquea*, Madrid, Biblioteca Clásica Gredos, 1998, pág. 371).

5. *Sutrakritanga*, 1.11.33.

6. Gracias a John Cottingham por la indicación.

8. Contra los valores familiares

1. Harriet Sherwood, «Gay marriage vote could hit Methodist links with Church of England», *Guardian*, 30 de junio de 2019.

2. Harriet Sherwood, «Anglican church risks global schism over homosexuality», *Guardian*, 12 de enero de 2016.

3. «Whether it's gay or straight, sex outside marriage is wrong», *Anglican mainstream*, 17 de marzo de 2013, y Lucy Kellaway, «Lunch with the FT: Justin Welby», *Financial Times*, 10 de mayo de 2013.

10. El bien sin Dios

1. Patricia Churchland, *Conscience*, W. W. Norton, 2019, pág. 43.

2. John Cottingham, *How Can I Believe?*, SPCK, 2018, pág. 7.

3. Peter Singer, «Famine, Affluence, and Morality», *Philosophy and Public Affairs*, vol. 1, n.° 1, primavera de 1972, págs. 229-243 (trad. cast.: «Hambre, riqueza y moralidad» en *Una vida ética: escritos*, Madrid, Taurus, 2002, págs. 137 y 140).

4. David Hume, *An Enquiry concerning the Principles of Morals* (1751), Sección VIII, accesible en <davidhume.org/texts/m> (trad. cast.: *Investigación sobre los principios de la moral*, Madrid, Alianza Editorial, 2014).

5. *Ibid.*, Sección V, Primera Parte.

6. Aristóteles [Aristotle], *Nichomachean Ethics*, 1143b11-14, trad. de J. A. K. Thomson, Penguin, 1996, pág. 220 (trad. cast.: *Ética Nicomáquea*, Madrid, Biblioteca Clásica Gredos, 1998, pág. 285).

7. Ray Monk, «The Dark Side», en Julian Baggini y Jeremy Stangroom (comps.), *What Philosophers Think*, Continuum, 2003, pág. 165 (trad. cast.: *Lo que piensan los filósofos*, Barcelona, Paidós, 2011).

8. David Hume, «Of the Dignity or Meanness of Human Nature», en *Essays, Moral, Political, and Literary, Part I* (1741), accesible en <https://davidhume.org/texts/empl1/dm> (trad. cast.: «De la dignidad o mezquindad de la naturaleza humana», en *Ensayos morales, políticos y literarios*, Madrid, Trotta, 2011).

9. Véase Daniel C. Maguire, *Christianity without God*, SUNY Press, 2014, pág. 67.

Conclusión

1. Véase Simon Critchley, *Infinitely Demanding*, Verso, 1997, aunque la frase «deber implica no poder» fue pronunciada en una entrevista a *Philosophers' Magazine*, n.º 40 (primer trimestre de 2008).

REFERENCIAS DE LAS FUENTES DE LOS CUATRO EVANGELIOS DE LA SEGUNDA PARTE

1. El Comienzo

1-4 **El nacimiento de Jesús** Marcos 1, 1; 2, 1-7; 10, 42-44; 22, 34-39; Marcos 12, 28-31; Lucas 2, 1; Juan 13, 34-35; 15, 12-13

5-9 **Infancia** Lucas 2, 40-52

10-22 **Jesús inicia sus enseñanzas** Mateo 4, 13 y 17; 13, 54-57; Marcos 6, 2-6; Lucas 3, 23; 4, 1-44

23-30 **Jesús llama a sus discípulos** Mateo 4, 1-24; 9, 35; 10, 1-4; Marcos 1, 16-39; Lucas 6, 12-16

2. El sermón de la montaña

1-15 **Las bienaventuranzas** Mateo 4, 25; 5, 1-13; Marcos 9, 50; Lucas 6, 17-26; 14, 34-35

16-20 **La luz del mundo** Mateo 5, 14-16; Marcos 4, 21-22; Lucas 8, 16-17; 11, 33-36

21-34 **Cumplimiento de la ley** Mateo 5, 17-42; Marcos 9, 43-45; Lucas 12, 58-59

35-45 **Ama a tus enemigos** Mateo 5, 43-48; 18, 7-10; Marcos 12, 31; Lucas 6, 27-38; Juan 13, 34-35; 15, 12-13

3. El sermón de la montaña (continuación)

1-3 **No lo vayas trompeteando por delante** Mateo 6, 1-18
4-10 **No andéis preocupados por vuestra vida** Mateo 6, 19-35
11-15 **No juzguéis para que no seáis juzgados** Mateo 7, 1-5; Lucas 6, 37-42
16-23 **Buscad y hallaréis** Mateo 7, 7-12; Marcos 9, 23; 11, 24; Lucas 11, 5-12
24-32 **Por sus frutos los conoceréis** Mateo 7, 15-29; Lucas 6, 43-49; Juan 10, 10

4. Siguiendo a Jesús

1-7 **La puerta estrecha** Mateo 7, 13-14; Lucas 13, 22-30; Juan 8, 31-34
8-15 **El precio de ser discípulo** Mateo 8, 18-23; 16, 24-26; Marcos 8, 34-38; Lucas 9, 23-26 y 57-62; 14, 25-33
16-29 **La parábola del banquete** Mateo 22, 1-14; Marcos 10, 31; Lucas 14, 12-24

5. Enseñanzas en Cafarnaúm

1-14 **Humildad** Mateo 8, 5-10; Lucas 7, 1-9; 14, 7-11; 18, 9-14
15-32 **Amos y siervos** Mateo 20, 25-27; Lucas 17, 5-10; Juan 13, 2-17; 15, 14-20
33-42 **Instruyendo a los apóstoles** Marcos 6, 7-12; Lucas 6, 17-49; 9, 1-6; 10, 2-11; Juan 12, 24-26

6. Viajes y enseñanzas

1-6 **Las migajas de la mesa de sus amos** Mateo 15, 21-30
7-11 **Verdadera caridad** Marcos 12, 41-44; Lucas 11, 27-28; 20, 45-47; 21, 1-4
12-21 **El ojo de la aguja** Mateo 19, 16-26; Marcos 10, 17-27; Lucas 18, 18-25
22-27 **Auténticas riquezas** Lucas 12, 13-35
28-30 **Marta y María** Lucas 10, 38-42
31-36 **Dejad que los niños vengan a mí** Mateo 18, 1-6; 19, 13-15; Marcos 9, 34-42; 10, 13-16; Lucas 9, 46-48; 18, 15-17
37-39 **Oración** Mateo 14, 23; Lucas 11, 1-4

7. Parábolas

1-15 **La parábola del sembrador** Mateo 13, 1-23; Marcos 4, 1-25; Lucas 8, 1-18
16-21 **La parábola de la cizaña** Mateo 13, 24-30
22-27 **Las parábolas del grano de mostaza y la levadura** Mateo 13, 31-34; Marcos 4, 26-34; Lucas 13, 18-21
28-39 **La parábola de los viñadores** Mateo 21, 33-44; Marcos 12, 1-12; Lucas 20, 9-20
40-50 **La parábola del administrador infiel** Lucas 16, 1-15
51-62 **La parábola de los talentos** Mateo 25, 14-30; Lucas 12, 48; 19, 11-28
63-73 **La parábola de los obreros de la viña** Mateo 20, 1-16
74-81 **La parábola de las diez vírgenes** Mateo 25, 1-12

8. Entre pecadores

9. Más parábolas

10. Filosofías radicales

27-39 **La ley** Mateo 9, 16-17; 15, 1-20; Marcos 2, 21-22; 7, 1-24; Lucas 5, 35-39; 11, 37-41

40-41 **El ayuno** Mateo 9, 14-15; Marcos 2, 18-20; Lucas 5, 33-35

42-47 **Buscadores de señales** Mateo 12, 25-30 y 38-39; 16, 1-4; Marcos 8, 11-13; Lucas 11, 15-23 y 29; 12, 54-57

48-58 **Viniendo con una espada** Mateo 9, 34-41 y 46-49; Marcos 3, 23-27 y 31-35; Lucas 9, 50; 10, 16; 12, 51-53

11. Problemas en Jerusalén

1-6 **Llegada a Jerusalén** Mateo 20, 29-21, 11; Marcos 11, 7-11; Lucas 19, 29-40; Juan 12, 12-19

7-10 **La purificación del templo** Mateo 21, 12-13; Marcos 11, 15-18; Lucas 19, 45-48; Juan 2, 13-16

11-15 **La destrucción del templo** Mateo 24, 1-35; Marcos 13, 1-2; Lucas 17, 20-21; 21, 5-6

16-21 **Dad al César** Mateo 22, 15-22; Marcos 12, 13-17; Lucas 20, 21-26

22-33 **Fariseos y saduceos** Mateo 19, 1-12; 22, 23-33; Marcos 10, 1-22; Lucas 20, 27-39

34-58 **Los hipócritas** Mateo 23, 1-38; Marcos 12, 38-44; Lucas 11, 42-54; 12, 1-4

59-61 **Los sumos sacerdotes conspiran** Mateo 26, 3-5; Marcos 14, 1-2; Lucas 7, 31-35; Juan 11, 47-53

12. La trampa está tendida

1-4 **Judas conspira con los sacerdotes** Mateo 26, 14-16; Marcos 14, 10-11; Lucas 21, 37-38; 22, 1-6

5-16 **La última cena** Mateo 26, 17-30; Marcos 14, 12-26; Lucas 22, 7-28; Juan 13, 21-30

17-24 **El monte de los Olivos** Mateo 26, 31-35; Marcos 14, 27-31; Lucas 22, 33-38; Juan 13, 36-38
25-41 **El huerto de Getsemaní** Mateo 26, 36-56; Marcos 14, 32-53; Lucas 22, 39-54; Juan 18, 2-10
42-54 **Jesús ante Caifás** Mateo 26, 57-69; Marcos 14, 54-65; Lucas 22, 63-71; Juan 18, 12-14 y 19-24
55-58 **Pedro niega a Jesús** Mateo 26, 69-75; Marcos 14, 66-72; Lucas 22, 55-62; Juan 18, 15-18 y 25-27

13. Juicio y ejecución

1-37 **Jesús ante Pilato y Herodes** Mateo 27, 1-26; Marcos 15, 1-15; Lucas 23, 1-25; Juan 18, 28-40; 19, 1-16
38-55 **La crucifixión** Mateo 27, 27-61; Marcos 15, 16-41; Lucas 23, 26-46; Juan 19, 17-30
56-62 **La sepultura** Mateo 27, 55-61; Marcos 15, 42-47; Lucas 23, 48-55

AGRADECIMIENTOS

Quiero mostrar mi gratitud a Clare Carlisle, John Cottingham, Karen Kilby, Brian Mountford, Elizabeth Oldfield, Nick Spencer, Keith Ward y Lucy Winkett, que han dedicado su tiempo a hablar conmigo sobre las enseñanzas morales de Jesús y han contribuido a velar por que no las malinterpretase profundamente. He gozado del extraordinario apoyo de todo el equipo de Granta, especialmente de mi editora, Bella Lacey. Lesley Levene ha realizado un magnífico trabajo de corrección en circunstancias muy difíciles, y David Worthington ha elaborado una vez más un índice onomástico y de materias muy completo. Estoy encantado de que James Jones haya diseñado otra excelente cubierta. También estoy en deuda con el equipo comercial de la Independent Alliance, que lleva mis libros hasta las estanterías. En casa, Antonia Macaro continúa brindándome respaldo emocional, desafío intelectual y deleite cotidiano.

ÍNDICE ONOMÁSTICO Y DE MATERIAS